烈士日记中的五四

陈占彪·著

中国出版集团有限公司
研究出版社

图书在版编目（CIP）数据

烈士日记中的五四 / 陈占彪著. -- 北京：研究出版社，2024.9
ISBN 978-7-5199-1649-7

Ⅰ.①烈… Ⅱ.①陈… Ⅲ.①五四运动-史料 Ⅳ.①K261.106

中国国家版本馆CIP数据核字(2024)第053987号

出 品 人：陈建军
出版统筹：丁　波
责任编辑：张　璐

烈士日记中的五四

LIESHI RIJI ZHONG DE WUSI

陈占彪　著

研究出版社 出版发行

(100006　北京市东城区灯市口大街100号华腾商务楼)
北京新华印刷有限公司印刷　新华书店经销
2024年9月第1版　2024年9月第1次印刷
开本：710毫米×1000毫米　1/16　印张：16.5
字数：198千字
ISBN 978-7-5199-1649-7　定价：56.00元
电话（010）64217619　64217652（发行部）

版权所有·侵权必究
凡购买本社图书，如有印制质量问题，我社负责调换。

五四运动是在思想上和干部上准备了一九二一年中国共产党的成立,又准备了五卅运动和北伐战争。

　　　　——毛泽东:《新民主主义论》1940年1月

"至于看桃花的名所,是龙华,也有屠场。"(鲁迅)图为上海淞沪警备司令部遗址。2021年4月5日陈占彪摄

目 录

前言 "爝火燃回春浩浩，洪炉照破夜沉沉" / 1

一、愤国事以笔为剑
——恽代英日记中的五四 / 005

（一）一个中学老师的五四 / 010
国耻纪念与撰写宣言 / 010
从"武昌学生团"到"武汉学生联合会" / 018
五一八游行"居然成为事实" / 021
"六一"与"六三"：学生与官厅之宣战 / 029
放假令 / 040
罢市：既不能虎头蛇尾，亦不能要求过奢 / 043
对全国学生联合会意见书和"五烈士"追悼会 / 048
愿去职以救校 / 052
福州事件：游行是"很少价值的事" / 057

（二）五四运动中的恽代英 / 063
居幕后协助指导 / 063

发洪音奋笔疾书 / 068

热烈而理性，理想而务实 / 079

反省学生运动："不过乌合之众，虚张声势而已" / 089

"共产自给的共同生活" / 095

（三）评价五四优缺点 / 108

二、农村和共产的"预备"
——应修人日记中的五四 / 117

（一）一个银行小职员的"五四" / 121

日本"黎明会"和上海"国民大会" / 122

"救国十人团"的成立和解散 / 127

罢市捐款和五四余波 / 136

（二）功败垂成的"弃商就农" / 147

从"修士"到"修人" / 147

"学商何如学农好" / 151

从坚决辞职到无奈复职 / 159

（三）应修人的"前文学活动" / 168

三、"制造文明的武器"
——汪寿华日记中的五四 / 181

(一)"浙一师"的五四 / 183
闻消息学生愤恨,纪国耻校长激励 / 186
"五一二"游行:经亨颐"助呼万岁" / 189
焚日货"泼冷水"被揍 / 191
学生罢课,官厅放假 / 194
杭城罢市官方寂然,校长劝告勿要坚持 / 199

(二)巴黎受挫咎自取 / 202
万一他人肯交还,我们有保守的本事吗? / 203
徐谦与陆征祥病室相谈 / 205
"此日本货也,你们还可买么?" / 209

(三)中国之弱在无学 / 210

(四)"新眼光"衡"旧文明" / 215

(五)先生们的"教改" / 219
陈望道的课堂 / 220
"以学生主动为标准" / 228

前 言

"爝火燃回春浩浩，洪炉照破夜沉沉"

1921年7月23日，上海法租界的贝勒路树德里三号，中国共产党第一次代表大会在李汉俊和他的哥哥李书城家里秘密召开。

1938年5月，毛泽东在《论持久战》中提出："今年七月一日，是中国共产党建立十七周年纪念日。"① 是为中共领导人第一次明确提出将"七一"作为党的诞生纪念日。

一个新生命的诞生，必经十月的怀胎和孕育，党的诞生亦是如此。1942年3月30日，毛泽东在"如何研究中共党史"的讲话中这样说：

> 我们研究党史，只从一九二一年起还不能完全说明问题，恐怕要有前面这部分的材料说明共产党的前身。这前面的部分扯远了嫌太长，从辛亥革命说起差不多，从五四运动说起可能更好。

----

① 毛泽东：《论持久战》1938年5月，《毛泽东选集》第2卷，人民出版社1967年版，第408页。

在这里，毛泽东提出研究党史就要研究"建党之前"的历史。也就是说要弄清"党脱胎何处"这样的问题。

他提出从五四运动中去溯源中共建党。他说："研究中国共产党的历史，还应该把党成立以前的辛亥革命和五四运动的材料研究一下。不然就不能明了历史的发展。""不说明以前的辛亥革命、五四运动，对于共产党的成立和以后的历史，也就不能说得清楚。"只是这建党前的历史，五四运动比辛亥革命更为紧要。五四运动之所以更重要，是因为"五四运动是俄国十月革命的响应，所以比辛亥革命更深刻。""十月革命对世界的觉醒，对中国的觉醒，影响是很大的。五四运动时中国无产阶级开始有了觉悟，五四运动发生在一九一九年，一九二一年便产生了中国共产党。"①

也有人认为五四运动与中共建党关系"不很大"。被傅斯年的侄子傅乐成怀疑"极可能是国民党特务"②的毛子水就说："也有些人以为'五四'和共产党在中国的建立有关系。这一点我想也有可能，不过关系不很大罢了"③。

但是，在毛泽东看来，这两个历史事件关系密切。那么，他们之间又有着怎样的关系呢？他认为，党是从五四运动中孕育而来，五四运动为1921年的中共建党做了"思想"上和"干部"上的准备。这便是毛泽东对中共建党之前的历史——五四运动与中共建党的关系的权威的、经典的论述。1940年，毛泽东在他那著名的《新民主主义论》中这样说：

---

① 毛泽东：《如何研究中共党史》1942年3月30日，《毛泽东文集》第2卷，人民出版社2009年版，第402—404页。

② 傅乐成曾对李敖说："老毛（指毛子水）极可能是国特（国民党特务）"。国民党军统局局长毛人凤死后，毛子水曾为其作《故陆军上将毛君墓志铭》加以谀扬。（李敖：《老毛是国特？》，《李敖大全集》第24卷，中国友谊出版公司2010年版，第163—164页）

③ 毛子水：《"五四"五十年》，《传记文学》1969年第14卷第5期，第7页。

五四运动是在当时世界革命号召之下,是在俄国革命号召之下,是在列宁号召之下发生的。五四运动是当时无产阶级世界革命的一部分。五四运动时期虽然还没有中国共产党,但是已经有了大批的赞成俄国革命的具有初步共产主义思想的知识分子。……五四运动是在思想上和干部上准备了一九二一年中国共产党的成立,又准备了五卅运动和北伐战争。①

日后,中共理论家莫不在此框架之下论述五四运动与中共建党的关系。胡乔木在《中国共产党的三十年》一书中说到中国共产党的成立时就这样说:中国共产党1921年的成立"不是偶然的"。"那是在世界第一次大战和俄国十月社会主义革命之后,在一九一九年五月四日开始的、中国人民反对帝国主义的凡尔赛和约、并且一般地反对帝国主义封建主义的'五四'爱国运动之后。""'五四'运动促成了中国工人运动和马克思列宁主义的结合,为党的成立作了准备。"②

不过,这里要强调的是,毛泽东所说的五四运动,指的不止是今天我们所理解的,为反对日本侵夺我山东权益和国内"卖国贼"一向的软弱媚日政策,1919年5月4日在北京爆发并在全国范围展开的游行示威、罢课演讲、抵制日货、罢市罢工等一系列抗议活动,很大程度上指的是自1917年十月革命爆发始,到1921年中共一大召开("中国共产党是产生在'五四'之后,五四运动又是产生在俄国十月革命之后。"③)这数年间中国的觉醒者对进步和光明的向往、探索和追求,包括思想输入、

---

① 毛泽东:《新民主主义论》1940年1月,《毛泽东选集》第2卷,人民出版社1967年版,第660页。
② 胡乔木:《中国共产党的三十年》,人民出版社2008年版,第2页。
③ 毛泽东:《如何研究中共党史》1942年3月30日,《毛泽东文集》第2卷,人民出版社2009年版,第403页。

文化更新、学界奋起、民众觉悟等一系列精神和社会事件。其中十月革命后马克思主义在中国的传播被特别强调，以致后来我们在谈五四运动时，很大程度上说的就是马克思主义在中国的传播和影响。这个五四运动的界定和周策纵对五四运动的界定的时间跨度一致，但内容侧重不同。①

如果不是从这样的角度来界定和理解毛泽东所说的五四运动，我们就无法理解前面毛泽东所说的五四运动前承俄国革命，受俄国革命所号召；后启中共建党，为中共建党做准备这一论述。

关于五四运动和中共建党的关系，一言以蔽之，"五四运动是在思想上和干部上准备了一九二一年中国共产党的成立。"

中共建党的思想基础是马克思主义，而马克思主义是随着十月革命的炮声来到中国。正如1949年毛泽东在建党28周年纪念之际所发表的《论人民民主专政》一文中说：

> 十月革命一声炮响，给我们送来了马克思列宁主义。十月革命帮助了全世界的也帮助了中国的先进分子，用无产阶级的宇宙观作为观察国家命运的工具，重新考虑自己的问题。走俄国人的路——这就是结论。②

十月革命的成功使得"纸上"马克思主义变成了活生生的现实。这

---

① 周策纵将五四运动的时段限定为1917年到1921年，并定义"五四运动"称："它是一种复杂的现象，包括新思潮、文学革命、学生运动、工商界的罢市罢工、抵制日货以及新式知识分子的种种社会和政治活动。这一切都是由以下两方面因素促发的：一方面是由二十一条和巴黎和会的山东决议所激起的爱国热情；另一方面是有一种学习西方、试图从科学和民主的角度重估中国的传统以建设一个新中国的企望。"（〔美〕周策纵：《五四运动：现代中国的思想革命》，周子平等译，江苏人民出版社2005年版，第5页。）

② 毛泽东：《论人民民主专政》1949年6月30日，《毛泽东选集》第4卷，人民出版社1966年版，第1360页。

对当时徘徊和纠缠在各种主义和学说中的人们的思想以震动和启发。

当时，吴玉章通过读约翰·里德所写的描述十月革命的《震动环球的十日》一书，"了解到我们北方邻国已经建立了一个社会主义国家，建立了一个劳农政府，伟大的俄国人民已经摆脱了剥削制度，获得了真正的自由解放"。他为之兴奋不已。"从前我在法国接触了社会主义各种思想流派，深深为社会主义理想所吸引。今天这个理想居然在一个大国内开始实现了，心中感到无限兴奋和鼓舞。"[①] 他的感受代表了当初一部分人的心理。

十月革命的炮声送来的马克思列宁主义，正是中共建党的思想基础，而十月革命又被视为五四运动的"起点"，五四运动"是在俄国革命号召之下"发生的。正是基于这样的逻辑和论述，我们才能说，五四运动为中共建党做了"思想"上的准备。

当然，肯定和强调十月革命"启发"的五四运动之于中共建党的"思想"准备之功时，我们并不能因此而夸大马克思主义在五四运动时期的地位和影响。事实上，在各种思想学说"百家争鸣"的五四时期，特别是在五四运动的初期，马克思主义只是百家之一家，其传播和影响在当时都还有限。

1979年，在纪念五四运动60周年之际，邓颖超就提出"要讲实事求是"，"不要八股，不要帮股。"[②] 她说："我看了一些材料，里面说五四运动是受十月革命的影响，受马列主义的影响。说受十月革命的影响，这符合事实，可以；但说受马列主义影响，就不完全符合事实。我

---

① 吴玉章：《回忆五四前后我的思想转变》，中国社会科学院近代史研究所编：《五四运动回忆录》上，中国社会科学出版社1979年版，第59页。
② 《中国社会科学院举行"五四"时期老同志座谈会纪录》，《党史研究》1980年第1期，第29页。

们许多人参加五四运动时知道十月革命,但还不懂得马列主义。"①

五四运动的重要参与者许德珩也说到当时知识界对马克思主义理论的介绍还相当缺乏,很多人还不懂马列主义。他说:

> 五四运动时虽然有少数人信仰马克思主义,但大多数人对马列主义还是不懂的。大家当时受压迫很厉害,只看到十月革命后列宁领导的苏联很好。那时翻译的书很少,我的一个同学李季,翻译一本马克思传,但他不懂马克思主义,也不懂阶级斗争。马克思主义的理论很少介绍,列宁的著作介绍得更少。当时称列宁领导的党为"过激派"。由于当时受帝国主义军阀压迫很厉害,所以不少人有走苏联的道路的愿望,可是没有书,只有李大钊写的几篇称赞列宁和俄国的文章。那些文章影响是很大的。大多数人是把马克思主义当成诸子百家,未当成救国良方。少数人自己摸索,如到法国去勤工俭学,探索马克恩〔思〕主义,但翻译是个大问题,不是一、两年功夫所能解决的,很困难。②

张申府在说到五四时期学问思想的幼稚时也说:"那时早已读马克思主义,可是全国读过《资本论》的,可以说还无一人。全国懂得辩证唯物论的更是绝无其人。这后一层是难怪的,因为在那时就在国际上晓得辩证唯物论者也是极端地少数。虽然辩证唯物论从一千八百四十四五年已经开始了,但在国际上辩证唯物论的大行不过

---

① 《中国社会科学院举行"五四"时期老同志座谈会纪录》,《党史研究》1980年第1期,第25页。
② 《中国社会科学院举行"五四"时期老同志座谈会纪录》,《党史研究》1980年第1期,第27页。

一九三〇以来近十二年的事。"① 包惠僧后来也说道:"当时,我们对于马列主义的知识太少了,多数同志几乎是当了共产党员才学习马列主义。"②

而且在当时的"诸子百家"中,在知识界中颇有市场的并不是马列主义,而是无政府主义等思想。许德珩称:"五四运动初期,北大受无政府主义影响很深。李石曾、朱允彝在法国没学到别的,而学到了无政府主义。在那里办了一个理论周刊,寄到北大,很多人都信仰无政府主义。这些人后来都垮台了、堕落了。"③ 邓颖超也说到当时周恩来他们这些人深受无政府主义的影响,"那时是百家争鸣,各种思潮都有。我们也是受无政府主义思潮影响的。那时为了废姓抓阄〔阉〕,周恩来抓到伍号,就叫伍豪,文化大革命中还成了一个问题"④。

当年的青年学生,后来成为国民党政权在台湾的"蒙藏委员会"委员长、"司法院院长"的田炯锦说:"民八前后,根本没有共产组织,学生们略知共产学说者,千人中没有一人,对苏联的情况,根本莫名其妙。"⑤ 1979年,梁实秋在接受记者采访时也说,"在新文化运动中,共产主义所占比重微乎其微。"⑥

从站在不同政治立场的当年的五四青年后来所说的这些话,我们

---

① 张申府:《五四当年与今日》,张燕妮选编:《我相信中国》,广西师范大学出版社2017年版,第189—190页。
② 包惠僧:《党的一大前后》,知识出版社编:《一大回忆录》,知识出版社1980年版,第31页。
③ 《中国社会科学院举行"五四"时期老同志座谈会纪录》,《党史研究》1980年第1期,第28页。
④ 《中国社会科学院举行"五四"时期老同志座谈会纪录》,《党史研究》1980年第1期,第29页。
⑤ 田炯锦:《"五四"的回忆与平议——读本刊〈五四运动五十周年纪念特輯〉后作》,《传记文学》1969年第15卷第4期,第75页。
⑥ 梁实秋:《我看五四》,联副记者联合采访:《我参加了五四运动》,香港:联合报社1979年版,第49页。

可以了解到五四时期马克思主义传播和影响的实际情况。

其实在1949年前后,一些人还是能相对客观地评判五四期间马克思主义传播的态势。1947年舒芜说:"'新生的东西总是微小的。'在五四当时,最响亮的声音,倒大抵并非通向未来的声音。革命小资产阶级的激情,资产阶级的'理性',各有其优秀的代表人,站在当时的历史舞台的中心点,辉煌煊赫地吸引着各方面的视线。而新生的通向未来的力量的代表人,则比较沉默地站在后面,辛勤地为着明天而工作,当时所得到的注意,较之前二者实在少得多。"①舒芜说了这新生事物的微小。"其作始也简,其将毕也必巨"(《庄子·人间世》)。"涓流积至沧溟水,拳石崇成泰华岑。"(陆九渊:《鹅湖和教授兄韵》)莫看一时小,大皆自小来。

1949年,沈志远也相对客观地说到马克思主义在五四运动时期的实际地位和作用,他既没夸大,也没贬抑。他说:

> 不错,"五四"的新文化运动本身,严格说来尚未完全受马列主义的思想领导;当时文化思想战线上的两大旗号"赛先生"和"德先生",一般启蒙战士们也并末〔未〕从马列主义的立场,依据马列主义的观点去解释,尽管打倒孔家店,推翻旧礼教,反对旧文学等英勇举动,确实具有否定三千年来封建文化的伟大革命意义。这是因为在当时反映新文化运动的反帝反封建的政治革新运动中,虽已开始有无产阶级的参加,但无产阶级究竟尚未在那次革命运动中起主导的作用,尤其是因为当时无产阶级的党未正式出现在政治舞台上的缘故。

---

① 舒芜:《回归五四》,辽宁教育出版社1999年版,第253页。

五四运动中,"马列主义"虽然并非居于主导地位,但是也不能否认"马列主义"在中国的传播和滋长。沈志远说:

> 可是话虽如此,由于西方无产阶级革命的强烈影响,特别由于俄国十月革命和布尔什维主义的强烈影响,马列主义的文化思想运动,却在"五四"时期,甚至在"五四"以前,已经开始蓬勃滋长起来。民国六年以来成为宣扬革命新文化的司令台的《新青年》杂志和其他报刊如《晨报》、《新中国》杂志等,曾经刊载过许多介绍和宣扬马克思主义唯物史观的论文,便是事实的明证。

虽然以后来者的眼光来看,当时对马列主义思想的介绍与宣扬,"也是很多不完全正确的",然而,"我们决不能因此而抹煞了'五四'反帝反封建的革命运动和新文化运动之替以后马列主义文化思想的发展清道的伟大历史功绩"①。

明白五四运动时期马克思主义在中国的传播和影响还较有限的现实,我们就不难理解后来的一些马克思主义信仰者、革命的"殉道者",在五四时期还不能说是一个"马克思主义者"这样的事实。

以五四时期的毛泽东而论,他更倾向的是俄国的克鲁泡特金的平和的改良手段,而不是德国的马克思的激进的革命手段。1919年7月14日,毛泽东《湘江评论》创刊宣言中说:"如何打倒的方法,则有二说。一急烈的,一温和的。两种方法,我们应有一番选择。(一)我们承认强权者都是人,都是我们的同类。滥用强权,是他自觉的误谬与不幸,是旧社会旧思想传染他们遗害他们。(二)用强权打倒强权,结果仍然得到强

---

① 沈志远:《"五四"为马列主义的胜利》,"五四"卅周年纪念专辑编委会:《"五四"卅周年纪念专辑》,新华书店1949年版,第54—55页。

权,不但自相矛盾,并且毫无效力。……所以我们的见解,在学术方面,主张澈底研究,不受一切传说和迷信的束缚,要寻着什么是真理。在对人的方面,主张群众联合,向强权者为持续的'忠告运动',实行'呼声革命'——面包的呼声,自由的呼声,平等的呼声。——'无血革命',不主张起大扰乱,行那没效果的'炸弹革命''有血革命'。"①

与毛泽东相似的是恽代英,五四时期的恽代英也不认同通过激烈的革命手段,即流血的手段来改造社会。对相对理性的他来说,革命是非理性的感情的爆发。"革命只是群众感情的爆烈。而群众的特征,感情每易于浮动,所以革命的发生,很少可以说是受了理性的支配,亦很不容易求他完全遵守着一个有计划的发展。"加上他坦承自己的"不勇敢"、("我信我便不勇敢"②)"胆怯"("我是一个胆怯的人,亦十分不愿意看见流血的事"③)。因此,这个时期的恽代英自然不会参加革命,他不但不会参加革命,而且也不主张别人投身革命。他在给朋友的信中说道:"代英以为学生平日研究政局真相,并以其真象告知一般社会,这是应该而要紧的事,亦并不主张学生去革命。"④

可见,在当时,很多人并不认同激进的革命手段,自然也不是什么马克思主义者。然而,和平的改良"理论上说得通,事实上做不到"。一年多后的1920年12月1日,毛泽东在给蔡和森、萧子升等留法朋友的回信中说:"历史上凡是专制主义者,或帝国主义者,或军国主义者,非等到人家来推倒,决没有自己肯收场的。""俄国式的革命,是无可如

---

① 毛泽东:《创刊宣言》,《湘江评论》1919年7月14日,第1—2页。
② 恽代英:《致胡业裕》1920年10月,恽代英:《恽代英文集》上,人民出版社1984年版,第246页。
③ 恽代英:《革命的价值》1920年10月10日,恽代英:《恽代英文集》上,人民出版社1984年版,第224—225页。
④ 中央档案馆,中国革命博物馆,中共中央党校出版社编:《恽代英日记》,中共中央党校出版社1981年版,第583—584页。

何的山穷水尽诸路皆走不通了的一个变计,并不是有更好的方法弃而不采,单要采这个恐怖的方法。"这时他已接受马克思主义并同意蔡和森所说的"应用俄国式的方法去达到改造中国与世界"。①

要之,十月革命对中国的启发以及马克思主义在中国的传播,是中共建党的思想基础。毛泽东所说的"五四运动"为中共建党做了"思想"上的准备正是从这个意义上说的。理解毛泽东所说的"五四运动"的概念是理解此一论断的关键所在。只是在强调五四运动期间马克思主义的传播和影响的同时,我们也要客观地认识到这一传播和影响的有限性,以及当时很多青年还没有完全接受马克思主义的事实。

五四不光为中共建党做了"思想"上的准备,还为中共建党做了"干部"上的准备。这不难理解,因为一些中共早期领袖和党员就是五四运动期间的风云人物,或是当年深受五四运动洗礼的青年。

中共历史上一些举足轻重的领袖和人物,如陈独秀、李大钊、张国焘、刘仁静、周恩来、刘清扬、毛泽东、恽代英等人,都深入地领导和参与了当时的五四运动。中共建党的"灵魂人物"陈独秀和李大钊,同时也是五四运动的"灵魂人物"。②中国共产党第一任书记陈独秀就是"五四运动的总司令"③。就参加中共一大的十三位代表而言,至少有

---

① 毛泽东:《给萧旭东蔡林彬并在法诸会友的信》1920年12月1日,竹内实监修,毛泽东文献资料研究会编集:《毛泽东集补卷》1卷,苍苍社1983年版,第291—293页。
② 对于陈独秀和李大钊在五四运动中的表现和作用,梁漱溟后来这样说:"对群众起领导作用的主要是两个人,一个是陈独秀,另一个是李大钊,群众当时有八个学校,叫八校,北大是八校之首,头一个大学,其他有农业专门、工业专门、法政学堂什么,一共有八校,八校师生游行。这个游行的时候李大钊常常领着游行。平素你看他人啊,非常温和,说话跟人和气得很,总是笑脸,可是他领导群众的时候,他像疯狂一样,群众、学生都跟着他走。"(梁漱溟,〔美〕艾恺:《吾曹不出如苍生何:梁漱溟晚年口述》,外语教学与研究出版社2010年版,第71页。)在运动中,陈独秀和李大钊舆论鼓吹,身先士卒,是"老师辈"中少有的积极参与这场运动且在其中发挥了重要作用的人物。
③ 毛泽东:《如何研究中共党史》(1942年3月30日),《毛泽东文集》第2卷,人民出版社2009年版,第403页。

五位代表——张国焘、刘仁静、毛泽东、王尽美、邓恩铭①——在五四运动中表现积极,且发挥了重要作用。

就这本小书所涉及的三位中共早期重要人物,恽代英、应修人和汪寿华,也都是在五四的熔炉中得到锻炼,最终走上了革命的道路。郭沫若在纪念恽代英时就说:"他是在五四运动中产生出来的一位从事青年工作的工作者,在大革命前后的青年学生们,凡是稍微有些进步思想的,不知道恽代英,没有受过他的影响的人,可以说没有。"② 应修人在1919年年末的日记中也特别提到过去一年对他思想的巨大影响,他说:"今年于人生观。也很有大大的激悟。"③

1919年的五四运动刺激了中国社会的革命倾向。"五四运动以来,更足见中国社会之现实生活确在经历剧烈的变迁过程,确有行向真正革命的趋势。"④ 为寻求救国道路而苦闷的青年纷纷认同马克思主义,并向共产党靠拢。

邓中夏就说到五四运动后的一些孤立而无力的学生寻求与工人的联盟,进而趋向共产主义,并最后加入了共产党。"当然,还另有一种浪漫的小资产阶级的学生,或者可说是急进民主派的学生,他们却因在反帝国主义的斗争中,感觉到自己孤立,须要找一个共同奋斗的同盟军,这一同盟军在他们的实际经验中认为就是新兴的工人阶级。真的'五四'运动中有一部分学生领袖,就是从这里出发'往民间去',跑

---

① 张国焘在回忆中说,参加中共"一大"的山东代表王尽美、邓恩铭,"当时都是刚毕业的中学生,因曾在五四运动中积极活动而著名"。(张国焘:《中国共产党第一次全国代表大会》,知识出版社编:《一大回忆录》,知识出版社1980年版,第56页。)

② 郭沫若:《由人民英雄恽代英想到"人民英雄列传"》,《中国青年》1950年第38期,第21页。

③ 上海鲁迅纪念馆编:《上海鲁迅研究》,百家出版社1998年版,第225页。

④ 瞿秋白:《〈新青年〉之新宣言》,王晓明,周展安编:《中国现代思想文选》下,上海书店出版社2013年版,第328页。

到工人中去办工人学校，去办工会。这种小资产阶级的学生，自然接近于无产阶级，后来趋向于共产主义，以至于加入共产党。"①

胡适和邓中夏所说如出一辙，他也这样说，"劳工运动亦随五四运动之后，到处发生。""当时的学生界，深信学生一界，势力有限，不能做成大事，欲有伟大的成就，非联合劳工各界，共同奋斗不可。但散漫的劳工，不能发生何种势力，欲借重之，非加以组织不可，于是首先与京汉路北段长辛店的工人商议，劝其组织工会，一致奋斗。一处倡之，百处和之。到了今日，各处城市，皆有工会组织，推原求本，当归于九年以前的五四运动。"② 从胡适将这风起云涌的劳工运动追溯到五四运动那里，可以看到五四和中共不可分割的内在关系。

就连那些站在国民党阵营一边的一些人也不得不承认，五四以后青年多为马克思学说所吸引（用他们的话来说则是"麻醉""煽惑"），并站在了中共的旗下。

1930年，陶愚川就恨恨说道："但是不幸的，五四运动以后的学生，多受了人家的煽惑，共产党觉得要操纵民众，先须麻醉学生，于是就利用许多方法，从事于煽惑的工作；同时研究系、国家主义派等，也混进来引诱，和学生斗媚眼，反动的刊物，反动的言论，真是盛极一时，血气未定的青年学生，凭了一时血气的冲动，有许多和他们同流合污了。"③

你不能光抱怨青年追随共产党走，还要看到当时的青年为什么要跟共产党走。在台湾的"亲国民党"人士田炯锦这样说：

---

① 邓中夏：《中国职工运动简史一九一九——一九二六》1930年6月19日，邓中夏：《邓中夏文集》，人民出版社1983年版，第431页。

② 胡适：《五四运动纪念》，欧阳哲生主编：《胡适文集》第12卷，北京大学出版社1998年版，第727页。

③ 陶愚川：《纪念光荣伟大的五四运动》，《民国日报·觉悟》1930年5月4日，1版。

五四以后,学生们所目击的是军阀混战,派系倾轧,经济萧条,民众困苦。欲起而挽救,则事属内政,情形复杂。究应若何着手,学生们自己亦难有一致的看法。无一致的看法,当难免有罢课游行,屡见不鲜,但未能获得各界之同情,而常遭军警残酷的殴打。苦闷绝望之下,有的学生闭门读书,不复过问国事。有的学生南下,投入国民革命阵营。有一部分学生,惑于苏俄之欺骗伎俩,误上贼船。因苏俄宣称显与我国平等相处,放弃帝俄时代在华一切权利,遂误认其能为弱国打抱不平,可为我国共患难的朋友。乃盲目的走入歧途。原为救国,结局乃作了种种祸国罪行,此实为天真青年们的时代悲剧。"[1]

虽为国民党的政治立场和意识形态所囿而诬称学生追随共产党是"走入歧途""误上贼船",但他也不能不看到当时社会的黑暗面促使了学生亲近共产党,因为共产党正是那黑暗社会中的一盏明灯,给人们以光明和希望。

中共"一大"代表周佛海说到自己为什么参加共产党时这样说:"两年来看到共产主义和俄国革命的书籍很多,对于共产主义的理想,不觉信仰起来;同时,对于中国当时军阀官僚政治,非常不满,而又为俄国革命所刺激,以为非消灭这些支配阶级,建设革命政府,不足以救中国。"[2] 就连胡适的老友丁文江都说"我也要做共产党"。他说:"不错,许多青年进了共产党,许多青年在学校里闹风潮,但是平心而论,假如我今年是二十岁,我也要做共产党,也要闹风潮。"[3] 由此可

---

[1] 田炯锦:《"五四"的回忆与平议——读本刊〈五四运动五十周年纪念特辑〉后作》,《传记文学》1969年第15卷第4期,第75页。

[2] 周佛海:《扶桑笈影溯当年》,知识出版社编:《一大回忆录》,知识出版社1980年版,第67页。

[3] 丁海琴:《丁文江》,河北教育出版社2001年版,第282页。

见，在腐败的政治和黑暗的社会中，共产党建立和崛起，以及青年对共产党的认同和追随有其历史必然性。

很多五四青年最终认同和接受马克思主义，并加入中国共产党，表面上看，是出于黑暗社会的刺激，深层次看，又是必然的。因为他们和马克思主义者有着一种共同的情感基础和共同的奋斗目标，这种共同的情感基础和共同的奋斗目标就是对被压迫者的悲惨命运的同情，以及谋求他们的翻身、解放和人道生活。

与很多因出身低微、生存艰难而投身革命的人不同的是，很多革命者，像恽代英、应修人这些人，他们在当时并不是在社会底层挣扎的被侮辱者和被损害者。相反，在当时，他们有着一份稳定的职业，不错的收入，他们或许不能算是"成功人士"，但大致也相当于今天我们所说的"白领阶层"。只是这种生活非但没有使得他们舒心和安逸，相反增加了他们的不安和痛苦。

1919年8月，恽代英和父亲、弟弟去庐山游息，他雇用了一个少年挑夫为其挑行李，事后，他在日记中这样写道："为吾等挑行李者，吴姓，循谨少年也。有幸则役人，无幸则为人役，吾为机会不平等悲。"① 他对那个以出卖苦力来谋生的少年心怀悲悯。这件事一直萦绕在他的心中，9月27日，他在日记中写道："我在庐山游玩的时候，我心中原无一事，精神很觉愉快。后来在山南沿路与吴姓挑夫同行时，所生的惟一感想，便是荒谬绝伦的贫富阶级。我总想，他同我是一样的少年，他今天却为我所役使，这岂非可笑可耻的事？"② 他为自己成为"役人者"而深感惭愧。

---

① 中央档案馆、中国革命博物馆、中共中央党校出版社编：《恽代英日记》，中共中央党校出版社1981年版，第602页。

② 中央档案馆、中国革命博物馆、中共中央党校出版社编：《恽代英日记》，中共中央党校出版社1981年版，第633页。

在上海的应修人工作稳定、经济宽裕、生活安适，但是这并不能让他心安。他认同张东荪所提倡的禁止奢侈品的主张，遂决定不穿绸衣。当他的父亲来信问他要不要做绉纱袍时，他回信称："绉纱不要，儿以后想不再做绸缎。"① 非不能也，是"不忍"也。1919年1月30日，钱庄吃年夜饭，面对眼前的佳肴美味，他却慨叹道，只是"这样吃法，三桌要三十多元，可怜足够贫家的一年粮咧！我们贪口欲，作大孽，真是可愧"②。当他鲜衣美味的时候，他想到的穷人的生计，并因此而产生了一种"负罪感"。

五四时期的汪寿华还只是个学生，对穷苦人，他同样抱持深切的同情。戊午（1918年）年关，风雪交加、万家团聚之大年三十，在乡过年的汪寿华看到"悍富之迫寒贫，叫嚣隳突，虎骇狼暴，虽邻里亦惕警焉。是故贫者不得不冒风尘，冲雨雪，奔逐东西"这样的一副可悯景象。③ 这和"黄世仁索债杨白劳"之情形如出一辙，不能不让人心酸和不平，他由是而发出"是谁之咎"的质问。

"使人人都得遂其生，使人人都得善其生"是革命者的"人生理想"，是"革命的最后目的"，是革命者之所以参加革命的"一个极要紧及根本的缘故"。④ 同情并扶助弱者正是他们认同和信仰马克思学说的情感基础，因为马克思主义正是一种站在被压迫者的立场，并谋求被压迫者得解放的学说。考茨基谈到唯物史观的价值时这样说：

---

① 上海鲁迅纪念馆编：《上海鲁迅研究》1997年10月，百家出版社1997年版，第15页。
② 上海鲁迅纪念馆编：《上海鲁迅研究》1997年10月，百家出版社1997年版，第12页。
③ 汪寿华：《贫家过年有感》，《汪寿华日记·求知录》，《近代史研究》1983年第1期，第56页。
④ 张申府：《我们为什么革命》，张申府：《我相信中国》，张燕妮选编，广西师范大学出版社2017年版，第323页。

这个深造的学理发见，不能不靠马克斯〔思〕和因〔恩〕格斯两个大思想家。然而使两人生在十八世纪，决不会抱这种思想。假如康德一样的人，他的时代科学的要件已经十分完备，或者先发见唯物史观，也未可定。但是，如果马克斯〔思〕、因〔恩〕格斯不是立在平民阶级的地位。——即不是一个社会主义者——就不管他十九世纪四十年代怎么样，他们的天才怎么样，新科学的准备怎么样，恐怕也不能有这个发见。唯物史观实是平民的哲学、劳动阶级的哲学。①

1920年李大钊也说："许多明智而且慈悲的人，不忍见社会上有这样悲惨的现象，乃想出好多救济这种社会的方式和学说，社会主义于是乎产生。"② "平民阶级的立场"，正是马克思学说的灵魂，没有这么一个立场和"站位"，就没有马克思的学说。

古今中外，恐怕很少有一个学说是为身处社会最底层的被损害者、被压迫者立论的，很少有一个政党是为谋求被损害者、被压迫者的自由和解放而奋斗的。1926年，恽代英说成为一个共产党员的第一条标准便是，"要能够确实有决心谋农工阶级的彻底解放，打倒一切压迫阶级——地主、资本家"③。为了一个没有人剥削人、人压迫人的自由、平等、公正、幸福的社会的实现，无数的志士仁人飞蛾扑火般地为之不懈奋斗，甚至不惜牺牲生命。

要之，黑暗社会的刺激，特别是以马克思主义思想为指导的中国共

---

① 胡汉民：《唯物史观批评之批评》，王晓明、周展安编：《中国现代思想文选》下，上海书店出版社2013年版，第193页。
② 李大钊：《美利坚之，宗教新村运动》1920年1月，中国李大钊研究会编注：《李大钊全集》第3卷，人民出版社2006年版，第151页。
③ 恽代英：《怎样做一个共产党员？》1926年10月1日，恽代英：《恽代英文集》下，人民出版社1984年版，第876页。

产党为谋求被压迫者的解放而奋斗的崇高理想，像磁石一般地吸引着中国的进步青年。从这个意义上说，五四运动为中国共产党的成立和壮大源源不断地输入着新鲜的血液，为中国共产党的成立和壮大做了"干部"上的准备。

今天，我们讨论中共建党的时候，就不能不讨论此前的五四运动，毛泽东所论的"五四运动是在思想上和干部上准备了一九二一年中国共产党的成立"，正是这两个历史事件的关系所在。

1979年，在看到台湾"有人否认五四运动为中国共产党的成立从思想上组织上作了准备的这一事实"，邓颖超就说："我认为，五四运动是在思想上和组织上为我们党的成立作了准备的。在座的李维汉同志，还有我们许多同志，各地的共产主义小组的成员，都参加了五四运动嘛！我们入党是晚了些，但在当地还是第一批。否认这个事实是不对的。要讲实事求是。"[①]

"我以为先要组织党——共产党。因为它是革命运动的发动者、宣传者、先锋队、作战部。"1920年8月13日，在法国的蔡和森在给毛泽东的信中这样说，"我愿你准备做俄国的十月革命"[②]。对蔡和森的主张，毛泽东"表示深切的赞同"。

"我以为非组织与俄一致的（原理方法都一致）共产党，否则民众运动、劳动运动、改造运动皆不会有力，不会彻底。""显然公布一种有

---

① 《中国社会科学院举行"五四"时期老同志座谈会纪录》，《党史研究》1980年第1期，第25页。

② 蔡和森：《蔡林彬给毛泽东》1920年8月13日，蔡和森：《蔡和森文集》，人民出版社1980年版，第51页。

力的出版物,然后明目张胆正式成立一个中国共产党。"① 1920年9月16日,蔡和森在给毛泽东的信中再一次这样建议。1921年1月21日,毛泽东在复信中说:"你这一封信见地极当,我没有一个字不赞成。党一层陈仲甫先生等已在进行组织。出版物一层上海出的《共产党》,你处谅可得到,不愧'旗帜鲜明'四字(宣言即仲甫所为)。"②

"爝火燃回春浩浩,洪炉照破夜沉沉。"(于谦:《咏煤炭》)1919年的"爝火"助燃了1921年的"洪炉"。半年后的1921年7月23日,中国共产党第一次全国代表大会在上海秘密召开。会议正式确定党的名称为——"中国共产党"。

对五四运动的史料,我们几乎爬梳殆尽,对于五四运动的论述,我们可谓耳熟能详。与以往档案报刊中"公开的""集体的"五四运动不同的是,"日记中的五四"是一种"私下的""个人的"五四运动。

在席卷全国的五四运动中,不同地区、不同职业、不同身份、不同年龄的人都或多或少地参与了这场运动,并深受这场运动的影响。参与大同小异,影响各有不同。在简明的、宏大的、集体的五四运动中,我们自然不易看到这些丰富的、具体的、个人的五四运动。

这本小书《烈士日记中的五四》,结合当时的时代背景,通过恽代英、应修人、汪寿华三位烈士的"五四日记",还原并呈现出三位烈士的"个人的五四运动史"。

1919年,恽代英是武汉中华大学中学部教务主任,应修人是上海

---

① 蔡和森:《蔡林彬给毛泽东》1920年8月13日,蔡和森:《蔡和森文集》,人民出版社1980年版,,第70—71页。

② 毛泽东:《给蔡和森的信》1921年1月21日,竹内实监修,毛泽东文献资料研究会编集:《毛泽东集补卷》2卷,苍苍社1983年版,第13页。

福源钱庄（后改为"豫源合资商业储蓄银行"）的职员，汪寿华是杭州浙江第一师范学校学生。他们分别以不同的方式、不同程度地参与了五四运动。恽代英奋笔疾书，以笔为剑；应修人放弃优渥生活，"弃商就农"；汪寿华发扬踔厉，努力向学。

五四运动之时，恽代英正担任中华大学附中部教务主任。从5月五四事件消息传来到11月福州事件再起波澜，长达半年多的武汉地区的"五四运动"中，"五七"国耻纪念，武昌学生团、武汉学生联合会的成立和活动，"五一八"游行，抵制日货，"六一""六三"军警与学生的冲突，放假令，全国学生联合会的成立，"五烈士"追悼会，官方对运动积极分子的压迫，武汉罢市，福州事件后学生游行等，几乎每一个事件中，恽代英都或深或浅地参与其中。这是恽代英的个人的五四运动史，同时也是武汉地区的五四运动史。我们结合当时的时代背景，通过他的日记，呈现了这段历史。

恽代英被人们称为武汉地区五四运动的"领导者与组织者"。然而，通过他的日记，我们可以知道，他的"领导和组织"的方式并不是公开的、直接的，更多的是幕后的、间接的。这主要是由于他的"教师"的身份限制，在以学生为主体的运动中，作为"教师"的他自然不便突出在运动的"台前"，更多的是隐身在运动的"幕后"，给运动以"协助"和"指导"。而这种"幕后工作"主要通过他手中的笔来实现，运动期间他笔走龙蛇，撰写了大量的文章，特别是代表学生撰写了一些抒发学生集体声音的宣言、电文、声明、意见书等，这是他参与运动的主要方式。

从他的日记中，我们还可以看到运动中的恽代英，并非是我们想当然地认为的那样，是一个热烈而激进的人。他有"热烈"之一面，更有"理性"之一面，他不走极端，不主冒险；他有"理想"之一面，更有"务实"之一面，他主张"顺其自然"，不做"事实上做不到之事"。对于学生运动，他也并非一味简单地、无条件地支持，他对学生运动的价值和意义、参与者的真诚度、运动表面上的成功，都有不同于常人的观察、认识和反思。五四运动中的恽代英还思考并觉悟到要挽救国家的危亡只有依靠自己，不能依靠别人，由此他积极联络和培育善势力，并尝试组织新生活。

1919年的应修人在上海福源钱庄负责账房和信函工作。作为一个银行小职员，迫于职业和生计的限制，他无法像普通学生那样无拘无束、全心全力地投入到五四运动的第一线。但他在思想上同情和认可五四运动，积极组织"救国十人团"并捐款支持学生运动。除此以外，他还订阅与五四运动相关的各种报刊，关注着运动的进展，在"精神上"继续参与五四运动。

在上海钱庄/银行工作的应修人，虽然饱暖无忧，但他并没有满足于此。他强烈地感受到农村社会的衰敝破败，发乎其内心之同情，怀抱"修己以安人"的志向，践行"为人"之人生观。1919年，他决心辞别商界，投身农业，改良农村，造福农民。为此，他积极行动，排除阻力，联系学校，说服父母，提出辞呈，并准备入学，然在最后之当口，因家庭之变故，又不得不重返职场。应修人"弃商就农"的尝试使得他多年来的"兴农"梦想几乎就要变为现实，这时，虽然他对政治的兴趣还不大，但从此一事件可以看出，关注农村问题，并为农民谋福利，是他的奋斗目标，而这与他日后的政治选择有着相似的逻辑。

应修人是以白话诗而留名文学史的。1919年的应修人，兴趣虽然并不在文学上，但并不是说他就与文学无缘。他受五四运动中"文学革命"的启发和感染，赞同、承认白话的价值，并尝试使用白话通信、作文和作诗，这可以说是应修人的"前文学活动"。

从1919年应修人的日记中，我们可以看出一个普通的银行职员在风起云涌的五四运动中的个人参与，一个有为青年立志改造农村的热情和决心，一个文学爱好者在文学创作上的起步。这个好学上进，心系他人，内心充满着希望和梦想，并甘愿为理想之实现而奋斗和拼搏的青年，在日后成长为一个文学家和革命者。

1919年的汪寿华正在浙江第一师范学校求学，虽然他在该年总共只记了31天日记，特别是五四运动最关键的五六月份，他的日记付之阙如。然而我们仍能从他那篇幅有限的日记中看出，在这所注重新思想、新文化，具有革新精神的学校里，他的学习、生活、思考和志向。

汪寿华虽然没有留下来具体的"五四日记"，但我们可以从他的校长经亨颐和他的校友陈范予的日记中，大概能梳理出"一师"学生在杭州五四运动中的活动，而汪寿华本人想必亦不外乎于这些活动。受当时提倡新思想、新文化的报刊的影响，他认识到当时中国外交失败的根本原因并不在于列强的压迫，而在于自己的"无能"。他明白中国真正的弱点，在于无"学问"，并因此而决心努力向学，以来"制造文明的武器，来做国家的根基"。他能以新眼光对中国的旧思想、旧文化做出合理的批判。在汪寿华的日记中，我们还能看到1919年秋季学期，经亨颐执掌的一师进行的一系列改革。特别是陈望道等"四大金刚"在学校推行白话文和改革国文教育，以及一师的先生们进行的"以学生主动为标准"的教学改革。从他的日记中，我们可以看到当时的社会新思想和学校新气象如何把一个青年塑造成一个"新人"。

多年后，恽代英、应修人、汪寿华这些五四青年纷纷走上了革命的道路，成为中共历史上的重要人物，并最终为了理想和信念而光荣牺牲。

1931年4月29日，36岁的"青年领袖"、中共沪东行动委员会书记恽代英因顾顺章的叛变在南京被枪杀；1933年5月14日，33岁的中共江苏省委宣传部长应修人在上海与特务搏斗时坠楼牺牲；1927年4月11日，26岁的上海总工会委员长汪寿华在上海被杜月笙活埋，壮烈牺牲。

2024年2月24日（正月十五）于愈白斋

有生一日,必为人类做一日事,且必要收一日之效。

——恽代英日记,1919年7月8日

1928年,恽代英担任中共中央组织部秘书长和宣传部秘书长。图为上海静安雕塑公园内,中共中央组织部遗址。恽代英曾在此居住,组织部部长周恩来在此办公。2024年3月7日陈占彪摄

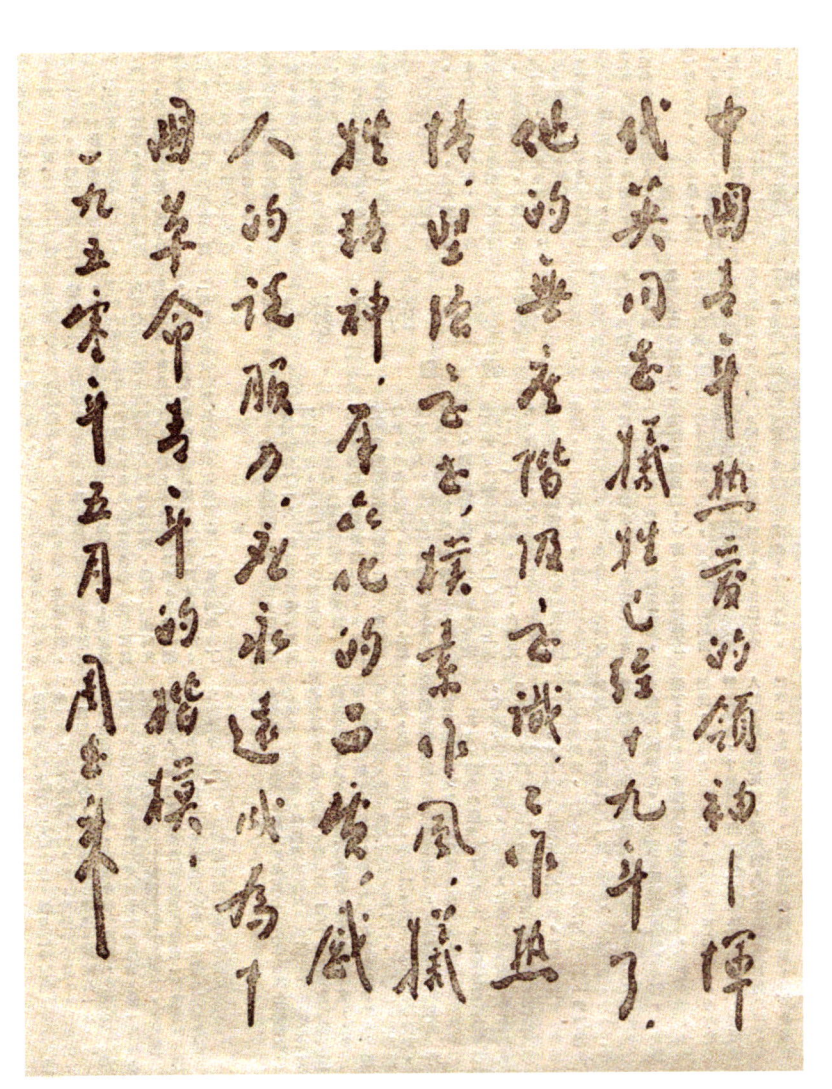

中国青年的领袖——恽代英同志牺牲已经十九年了，他的英名永远留伴了人民。他的政治立场、朴素作风、牺牲精神、崇高的品质、感人的说服力，永远造成为中国革命青年的楷模。

一九五零年五月 周恩来

"革命青年的楷模"。1950年5月，周恩来为纪念恽代英殉难19周年题词。图片选自《中国青年》1950年第38期

一、愤国事以笔为剑
——恽代英日记①中的五四

1936年,在保安的毛泽东对美国记者斯诺说,五四后不久,他曾经"热心地搜寻那时候能找到的为数不多的用中文写的共产主义书籍"。他说:

> 有三本书特别深地铭刻在我的心中,建立起我对马克思主义的信仰。我一旦接受了马克思主义是对历史的正确解释以后,我对马克思主

---

① 中央档案馆,中国革命博物馆,中共中央党校出版社编:《恽代英日记》,中共中央党校出版社1981年版。为避繁琐,本文引用该日记内容不一一标明页码。

恽代英(1895—1931),江苏武进县人,1895年8月12日出生于湖北武昌。1913年考进私立武昌中华大学预科。1917年10月8日在该校学生中发起组织进步社团——互助社。1919年五四运动时,他是武汉学生爱国运动的领导者与组织者。1920年在武昌创办利群书社,复成立利群毛巾厂。同年,他和肖楚女等发起组织中国社会主义青年团。1921年7月16日至22日,在湖北黄冈召开了共存社的成立大会,会议赞成组织新式的党——布尔什维克式的党,不久,加入了中国共产党。1923年调上海,参加社会主义青年团中央的领导工作,曾任团中央宣传部部长,创办《中国青年》,任主编,兼任上海大学教授及国民党上海执行部工农部的秘书。1926年,在国民党第二次全国代表大会上当选为中央执行委员。同年3月任黄埔军官学校政治总教官,并在广州农民运动讲习所任教。1927年春,主持武汉中央军事政治学校,兼湖北省政府委员。第一次国内革命战争失败后,参加八一南昌起义,担任组织起义的前委委员,后又参加广州起义,担任广州苏维埃政府的秘书长。广州起义后转香港,做共产党的秘密工作。恽代英同志在中国共产党第五次全国代表大会和六届二中全会上均当选为中央委员。1928年担任中共中央组织部秘书长和宣传部秘书长。1930年在上海任沪东行动委员会书记,5月6日被国民党反动派逮捕。1931年4月29日在南京监狱壮烈牺牲,时年36岁。(参见《恽代英同志简历》,中央档案馆,中国革命博物馆,中共中央党校出版社编:《恽代英日记》,中共中央党校出版社1981年版,第1—2页)

义的信仰就没有动摇过。这三本书是:《共产党宣言》,陈望道译,这是用中文出版的第一本马克思主义的书;《阶级斗争》,考茨基著;《社会主义史》,柯卡普著。①

这是确立毛泽东对马克思主义信仰的三部关键书籍。数年后的1941年9月13日,毛泽东在《关于农村调查》的讲话中又一次提到这三本书,并称他从中得到了"认识问题的方法论"。"记得我在一九二〇年②,第一次看了考茨基著的《阶级斗争》,陈望道翻译的《共产党宣言》,和一个英国人作的《社会主义史》,我才知道人类自有史以来就有阶级斗争,阶级斗争是社会发展的原动力,初步地得到认识问题的方法论。"③

今天,陈望道翻译的《共产党宣言》广为人知,这本书是戴季陶提供日文本,陈独秀提供英文本,由陈望道翻译。陈望道于1920年5月译成,1920年8月由上海社会主义研究社列为社会主义研究小丛书第一种首次正式出版。

其他两本书的翻译者却鲜为人知,英国柯卡普著的《社会主义史》是李季翻译,1920年10月由新青年出版社出版。德国考茨基的《阶级争斗》的翻译者是恽代英。1919年底,恽代英受陈独秀的委托,翻译考茨基著的《爱尔福特纲领解说》,恽代英将书名译为《阶级争斗》,1921年1月,该书作为新青年丛书第八种出版。毛泽东所看的《阶级斗争》正是恽代英所译,而这是"铭刻"在毛泽东心中,确立毛泽东对马克思主义信仰的三部关键书籍之一。

---

① 〔美〕埃德加·斯诺:《红星照耀中国》,董乐山译,人民文学出版社2016年版,第146—147页。
② 显然,这里毛泽东这段记忆有误。恽代英所译《阶级争斗》于1921年1月方才出版。
③ 毛泽东:《关于农村调查》(1941年9月13日),中共中央文献研究室编:《毛泽东文集》第2卷,人民出版社2009年版,第378—379页。

由于反对李立三的"盲动主义"路线,恽代英从中央被下放到上海沪东区任区委书记。1930年5月6日,恽代英在上海杨浦区杨树浦韬明路(今通北路)附近的老怡和纱厂门前等人联系工作时被捕,由于"他眼睛高度近视,有次当发现巡捕在抄靶子时,他已来不及躲开,敌人从他身上抄出传单及一般文件而被捕"①。但由于其身份未暴露,当局以"煽动集会"的罪名,判处他五年徒刑,恽代英成了"时代的囚徒"。恽代英被捕后,我党"曾想尽一切办法营救他,花过很多钱打通了上下关节,本来已经快出狱了"②,不幸的是,一年后(1931年4月25日)由于顾顺章的被捕和叛变,他的真实身份被暴露,随即于4月29日12时被枪杀于南京中央军人监狱的广场上。

恽代英牺牲后,1931年12月10日,以毛泽东为主席的苏维埃临时中央政府人民委员会发布了对原中央政治局委员、中央情报保卫机关负责人、叛徒顾顺章的通缉令,其中有一项罪行是:"他更将已经给南京政府定了徒刑的中共中央委员全国革命青年领袖恽代英同志等从狱中指证出来,给反革命立即枪杀。"③ 恽代英之死成为叛徒顾顺章的一宗罪。

恽代英以"革命英烈""青年领袖"流芳于世。在其短暂的人生中,他始终站在时代的潮头,艰苦卓绝地奋斗,直到最终杀身成仁。1919年的五四运动,正值恽代英大学毕业后刚走上教育工作岗位不久之时,也是他矢志服务社会、改造社会并最终投身革命的一生的"起

---

① 徐彬如:《忆代英同志》,载《回忆恽代英》,人民出版社2015年版,第84页。
② 阳翰笙:《照耀我革命征途的第一盏明灯》,载《回忆恽代英》,人民出版社2015年版,第25页。
③ 《苏维埃临时中央政府人民委员会通令(按,目录为"令",正文为"命")(不列号):为通缉革命叛徒顾顺章事》,《红旗周报》第27期,1931年12月17日,第93页。亦可见于毛泽东文献资料研究会编集,竹内实监修:《毛泽东选集》第2版第3册,东京:苍苍社1983年版,第57页。顾顺章的叛变,致使中共总书记向忠发被捕遇难,周恩来、瞿秋白、李维汉等险些被捕,很多革命组织被暴露,革命人士被杀害,罪行累累。苏区政府号召广大的工农劳苦民众,"一体严拿叛徒顾顺章"。

点"。在这个人生的"起点"上,也就是在五四运动中,恽代英的具体活动如何,所发挥的作用如何,如果没有他的1919年的日记,我们将很难知晓。这里,我们着重从他的五四时期的日记还原出他的五四。

很多人都记日记,但往往很难坚持下去,恽代英也记日记,他基本上能够长期地、坚持不懈地记日记。到1919年末,他的日记就已记了整整十年,每年一本,积有十册。[①] 目前,留存下来的恽代英日记只有从1917年到1919年不到两年半的日记(其中1918年只有2月中旬到7月中旬大约5个月时间的日记),这不到两年半的日记,就几达60余万字。可以想象,如果他的日记能够完整保存下来的话,总量将相当可观。

恽代英不光自己坚持记日记,还竭力劝告朋友记日记。1919年1月1日元旦,他甚至自制新年贺卡,分送朋友,劝人记日记。他认为记日记是最良的修养方法、求学方法和练习文字方法。"一、详于反省则神志清明不昏不怠,反省而未改过莫自馁且加倍责志;一、详记求学处事心得则养成注意习惯,求学兴趣日有进益;一、详记则每日可借以练习文字,文多作自然长进。"

"日记是他自己反省,开展自我批评的工具。"[②] 与大多数人的日记记得相对简略不同的是,他的日记记得相对详细,他不光"记事",而且"记思"。在他的日记中,不光记有他的学习、工作、活动、交往等内容,而且还记有他的反省、感想、文章、给朋友的书信等内容。

由于他的日记承担了那么多的功能,包含了那么多的内容,任务就未免过重,忙碌的时候,难免无暇记日记,时有中断,他也为此而反省。"实无暇做日记","吾每见吉珊、宗虞、绍武诸君日记,未尝不内

[①] 1919年元旦,恽代英自云,"余作日记且十年矣,自去年就业而辍。"(第453页)12月29日年末的时候,他也说,"第十册的'恽代英年刊',三天一记,五天一记,居然亦整整齐齐成了这一厚本。"(第683页)

[②] 恽子强:《恽代英入党前轶事》,载《回忆恽代英》,人民出版社2015年版,第206页。

愧。""连日日记，竟每每不得暇时按日记录，事后追想，如茫茫大海，不知从何处觅取资料，极为憾事。""因日记不能按日记载，致许多过失不能省察。"

特别是1918年7月，大学毕业的恽代英走上教育工作岗位，担任中华大学附中部教务主任，其日记也因工作繁忙而中辍多半年时间。所幸的是1919年元旦伊始，他决定重新记日记，"每日必写日记"，"誓不中辍"。也正是他决定于1919年1月1日开始重新坚持记日记，我们今天才能从其日记这样的第一手材料中得以了解他在五四运动中的思想和活动。而像他那样提供了较为详细而丰富的日常活动的五四日记，并不多见，虽然他的朋友称这一年的日记"写的不及以前那样丰富多彩"。①

由于恽代英表现积极，或深或浅地参与了武汉地区的五四运动，后来人们称他是武汉地区五四运动的"领导者与组织者"②。可是，他在整个运动中的具体活动和表现如何，他是以什么样的身份，通过什么样的方式来"领导和组织"这场运动的；他在运动中持什么样的态度，他又是如何认识和评价学生运动的；经过这场运动，他的觉醒和努力的方向是什么等问题，还得从其日记中做具体的、客观的分析。

对于恽代英来说，由于其本人就置身于当时的时代和事件之中，他对他所记的事件自然了然于胸。但对于今天的人们来说，他的日记所记虽然较为详细，如果不了解当时武汉地区五四运动的背景和过程，对他之所记，我们往往不能充分理解，甚至茫然不解。因此，这便

---

① 冼百言：《恽代英的青年时代》，载《回忆恽代英》，人民出版社2015年版，第247页。
② 《恽代英同志传略》，《中国青年》1950年5月6日第38期，第26页。亦可见《恽代英同志简历》，中央档案馆，中国革命博物馆，中共中央党校出版社编：《恽代英日记》，中共中央党校出版社1981年版，第1页。

需要借助当时报纸报道和相关文献,对恽代英的日记的背景做适当的补充,才能对其日记做充分而通顺的解读,并呈现出恽代英的"个人的五四"。

(一) 一个中学老师的五四

1917年8月15日,恽代英还在私立武昌中华大学中国哲学门读书的时候,中华大学校长陈时[①]便邀请他毕业后留校,担任中华大学附中部教务主任一职。武昌中华大学是陈时的父亲陈宣恺于辛亥革命次年创办的中国第一所私立大学,1917年陈宣恺去世后,陈时接任校长。一年后的1918年8月,大学毕业的恽代英走马上任,出任中华大学附中部教务主任,并兼任英语及修身教学工作。

● 国耻纪念与撰写宣言

1919年五四运动爆发的时候,正是大学刚毕业不久的恽代英出任中华大学附中部教务主任还不到一年的时间,这时候,恽代英正满腔热忱地将他的全副精力倾注于他所热爱的中学教育事业上。

---

① 陈时(1891—1953),字叔澄,湖北省黄陂人。1907年留学日本,1911年辛亥革命后任湖北军政府财政司秘书。1917年接手去世的父亲陈宣恺创办的武昌中华大学。民国时期曾担任教育部特种教育委员、世界教育会议委员、中国教育学会理事、湖北省议会议员、国民参政员、国大代表等。1953年病故于武昌。

感情偾兴，沿街散发国耻纪念传单

1919年5月4日，北京五四事件发生的当日，在武汉的中华大学正开始其运动会的筹备工作，这一天，恽代英没有课，借以休息。

即将来临的5月7日，正是1915年日本最后通牒中国政府接受其臭名昭著的"二十一条"的国耻日，加之此时巴黎和会上，中国外交陷入困境。为纪念此一国耻，5月5日晚和5月6日晨，恽代英"发寄'勿忘国耻'之明信片（录民国四年总商会通电），共约四十张于各处友人。承民新校赠以（四年五月七日之事）摺扇一柄"。其实，他对五七国耻纪念向来就颇为重视，不惟1919年。比如一年前的1918年5月7日当天，他早晨"与雯初论国耻事"，还招集林育南等同道开会，"报告以前以后对于国耻之感想及行事"。

5月6日，《汉口新闻报》在武汉地区首先报道北京的学生运动。①从恽代英的日记上，似乎看不出他此时得知北京5月4日所发生的事情。

当天晚上，恽代英"与香浦（按，即林育南）等谋印（四年五月七日之事）传单，粹庵颇为尽力。"传单文字为他所拟，共印600份，内容如下：

有血性的黄帝的子孙，你不应该忘记四年五月七日之事。

现在又是五月七日了。

那在四十八点钟内，强迫我承认二十一条协约的日本人，现在又在欧洲和会里，强夺我们的青岛，强夺我们的山东，要我们四万万人的

---

① 《汉口新闻报》1919年5月6日云："汉口中华通讯社五月五日北京电：昨下午京校学生游行，山东问题要求各使馆维持，过曹汝霖宅，冲突致曹西院，于章宗祥被殴至受伤。"本文引用武汉地区报纸上的文献均来自张影辉，孔祥征编：《五四运动在武汉史料选辑》（湖北人民出版社1981年版）一书，为避繁琐，以下凡出自该书文献题目和出处，不一一标明此书页码。

中华民国做他的奴隶牛马。

你若是个人,你还要把金钱供献他们,把盗贼认做你的父母吗?

我亲爱的父老兄弟们,我总信你不至于无人性到这一步田地。①

全文为平实的大白话,当然,也只有这些大白话传单,才能为老百姓所懂,才能在老百姓中起到作用。

5月7日,国耻日,各机关学校均放假一日。这一天天气极热,中华大学正式召开运动会。当时的报纸还报道了这个运动会,将它与尚武精神联系在一起,认为这个运动会"深意存焉"。报上云:"惟中华大学即于是日开大会,以为鼓励尚武精神,为日后振扬国威之基础,与其他种纪念大不相同。但处此时局外侮日甚,吾愿吾国各校学生随时皆当有是观感矣。"② 这一天,学生显然知晓了北京发生的事情。恽代英日记云,学校"警备特别戒严,防有暴动。叔澄师对我叮咛再三,余允相机行动,实则余等岂配此'暴动'二字耶"。

当日,恽代英看到在北大读书的黄绍谷寄给魏以新的来信,"叙京校学生示威及各界骚动事。读之泣下,卖国贼万死不足以蔽其辜。吾等懦夫固不欲为示威事,亦中情不敢为也。"恽代英从朋友的信中得知北京的学生事件后,"与陈学渭君及勾庭三君谈,人须'舍得'才能救国。"随后,"沿街发前印明信片及传单,梦铿实助余。"

5月9日的《大汉报》报道了恽代英等人于5月7日运动会后,散发明信片和传单一事,还附录了恽代英所写的传单的内容。"闻中华大学运动之后,曾发中正和平之宣言,并将四年五月七日总商会之通电印成邮

---

① 亦可见《四年五月七日之事》,恽代英:《恽代英文集》上,人民出版社1984年版,第79页。
② 《国耻日之中华大学》,《大汉报》1919年5月8日。

片,通告全国,苦心壹志为政府后盾。"① 可见,恽代英等人此举在当时还是有一定影响的。其实,他所准备的材料本来是要纪念五七国耻的,恰巧这时传来了五四运动的消息,于是,纪念五七国耻就成了他本人在武汉参与五四运动的起点。

5月8日,恽代英在报上看到北京学生游行之事,为之愤慨不已。"读报载北京学界事,但觉感情偾兴,恨不躬逢其盛。此役总可痛惩卖国贼,不至使无忌惮也。"他复信陈学渭,以"舍得"二字救国,为国家"吃苦"。"舍得金钱能力,自然不自私了;舍得精神时光,自然不懒惰了。越王勾践卧薪尝胆,我们忍受得这几分之几的痛苦。我劝陈君今天为国家吃一种苦,回去将他得罪了的朋友,一一交欢起来。"

《武昌学生团宣言书》:"湖北学界破天荒之大出风头"

北京的消息传到了武汉,群情哗然,学生首当其冲。时武汉三镇的中学以上全体学生总共有5969人。② 其主要的学校有国立大学两所,即国立武昌高等师范学校和国立武昌高等专门学校。还有私立学校,如恽代英所在的中华大学、湖北私立法政专门学校等;有省立学校,如湖北省立外国语专门学校,湖北公立法政专门学校等;还有教会学校,如文华大学、博文书院等,以及一些中学。

五四运动中,虽然有人称国立武昌高等师范学校是"三镇之领袖学校"②。但私立中华大学在武汉地区应当说也算是勇立潮头,表现活跃。运动期间,中华大学学生积极联络各校,在运动中起到了关键的作

---

① 《中华大学五·七运动会上散发之传单》,《大汉报》1919年5月9日。
② 关于武汉中学以上全体学生学生数量有不同的说法。5月15日,武汉学生联合会发给北京大总统和国务院电文中,署名武汉中学以上全体学生5174人。5月28日,湖北全体学生上督军省长书中,署名全体学生5959人。5月31日,武汉学生发表的罢课宣言中,称武汉中等以上全体学生为5969人。
③ 曾省齐:《风高浪急渡长江》,联副记者联合采访:《我参加了五四运动》,(台北)联合报社1979年版,第88页。

用。因此，我们就能看到武汉地区各校学生集会，学生团、学生联合会的成立和临时办事点都设在中华大学。

5月9日，中华大学学生联络各个学校，拟对时局有所表示。恽代英发挥了其作文之特长，他受命为学生团代拟电稿以声援北京学界。晚上，他起草宣言书至午夜一时。"傍晚，因淡斋等已联络各校改态度，为国内发宣言书，和会发电。吾承命为宣言书先搜集各种材料，至九点钟起草。大风雨回家，续起草，约共作三千言。时已一句钟（旧称一点钟），纸罄而罢。此书之作，余意欲人明中日之真关系，让其由此发出真感情。"当天他又听闻"八日北京学界本拟有三万人之大游行，惜因阻力中止"。

5月10日午，武汉中等以上15所学校代表在中华大学开会，决定"以极和平方法赞助北京学界之进行为惟一之目的"。报上报道云，会议决定"致电美总统威尔逊，请主持公道，并电我国欧和会专使，请坚持到底。此电已商得美国教员华某同意，愿代拟稿。又由某教员担任拟宣言书，通告大总统府、国务院各部院、各省议会、新旧两国会、各省督军省长、南方政府、南方和会、北京学生团、各省商会、教育会、各学校"。这次集会中还有一个插曲，"突有工校学生萧世杰持一纸上台，当将右手中指咬破，大书：'提倡国货'四字。全场拍掌雷动。该生且急呼曰：'切勿五分钟。'拍掌又雷动"①。当时，在集会中以破指血书来激励群情的情形屡见不鲜。在杭州的浙江第一师范学校读书的陈范予5月15日在报上看到该生写血书的新闻。他因而在日记中写道，"阅报，悟武昌学生之爱国热忱。陈（按，上处报上为"萧"）世杰于讲演时竟断中指（按，上处报上为"咬破中指"），书'提倡国货'四字，好国民心

---

① 《武昌十五校代表召开会议》，《汉口新闻报》1919年5月12日。

如是决也"①。

注意，这些中英文电文、宣言书，皆系委托教员书写。报道所称"由某教员担任拟宣言书"，此一教员恐怕指的就是恽代英。而他于先一天即5月9日已承命开写。5月9日的集会可以说是5月10日的集会的预备，而学生团的宣言书应当只有一个。

就在15校学生代表在中华大学集会的这一天，恽代英代表18所学校，4376名学生，完成了近4000余字的《武昌学生团宣言书》。该宣言书痛数历年来日本的侵略野心及曹汝霖、章宗祥的卖国罪恶，主张宽待北京出事学生，呼吁拒签巴黎和约。

在宣言书中，他称中国对日本恶感的根源在于日本人对中国的垂涎、侮辱和侵夺。他历数1915年"二十一条"交涉时日本之蛮横无理，1917年日美《石井—蓝辛协定》中日本所宣称的对地理接壤的中国拥有特殊权益之贪婪无耻。（可见，他是需要"先搜集各种材料"，才能写此等文字）

他指斥曹汝霖、章宗祥"倒行逆施，外向性成"。曹汝霖为南北内战"筹兵费尽搜国家利权抵借日本款项"，章宗祥"为之奔走，不惜拂逆舆情，订定所谓军事协定"。对痛罚他们的北京学生的行为表示认同。"盖其误国之罪，妇孺皆恨之入骨。北京学生之加以痛惩，尤足为全国学生代表此与众弃之之心理，亦无异为全国国民代表此与众弃之之心理。吾等更不知曹、章是何面目，尤无仇隙可言，但觉发于本心，不能不与北京学生表完全之同意。"

因此，无论是对外，还是对内，北京五四之举，"即令略有越出范围"，亦应宽恕处理，"无可厚责"。

---

① 〔日〕坂井洋史整理：《陈范予日记》，学林出版社1997年版，第89页。

而在巴黎和会上,一个战胜国却受着"战败国同一处分"。恽代英代表学生团呼吁政府拒签和约,不承认彼等对青岛、山东之提议。"即令国亡种灭,我内可以告无罪于祖宗,外可以免世界识者之讥议。"

在宣言书的最后,他反对政治家、教育家以求学为学生的本分来压制学生的爱国热情。

> 吾等何曾不知求学之重要,即今日亦断不敢荒废一丝一毫之学业。以为国家自现在以至将来,吾等诚不能自信,吾鄂亦将有如北京学生之举动。惟是吾等求学,以为我中华民国利益耶,抑为大日本帝国利益耶?若是国可亡,吾等除读死书外,不可说一句话,做一桩事,不然便是犯学规,便是违国法,吾诚不知吾中华民国之学生,亦为国民耶,亦为人类耶?我亲爱之官长,我亲爱之管教员,我亲爱之四万万同胞,吾等同为轩辕黄帝之子孙,邦交固不可不顾,然亦未可只顾邦交,竟将国内苟延残喘的正气,低沉压抑以至于馨净也。①

他在日记中称,"论文至多八十分,惟吐尽我无从吐泻之气,且愤且快。学生干预政事,固非正当,然竟借养气之名,以摧残压抑此苟延残喘的正气以至于净馨,亦政治家、教育家之大罪欤!"

恽代英倾泪和墨,语气沉痛,在这份宣言中,发抒了我国家郁积多年之愤懑,宣示了我民族刚健不屈之精神,读罢令人血脉偾张,拍案奋起。他拟写的《武昌学生团宣言书》刊载于5月13日到17日的《大汉报》上。

5月10日这天,他在课堂上含泪鼓励学生"吃亏"用国货。"为九班

---

① 《武昌学生团宣言书》,《大汉报》1919年5月13—17日。

讲国事,勖以肯吃亏用国货。吾关于用国货之经过,颇多感想,言之不觉泪下。吾明知同学一时必有感触,但事过境迁,又是'价钱贵''不经用''难得买''不好看',都是他们的理由,这等拔一毛利天下不为的国民,便向他哭死了,亦是一个人出风头耳。"

5月11日,他将宣言书校对好,傍晚印成,"学生团列名者十八校,学生四千三百七十六人,亦湖北学界破天荒之大出风头也"。

随后,他复拟致总统等处通电,请求拒签合约,宽待学生。该通电在5月17日的《汉口新闻报》上可以看到:

北京大总统暨国务院钧鉴:

青岛得失交涉胜负,国家主权至为重要,民国四年交涉,吾国忍辱签字以待和会,和会再不得直,国亡种奴,万劫不复。请电专使,力争勿懈。北京学界四日之举,出于义愤,务恳略迹原心,宽大待遇,以壮民气,为外交后盾。生等四年之中不敢忘五月七日之事,再受耻辱,宁死不甘,甚望遵重民意,力荷艰巨为幸。

武汉中等以上全体学生五千一百七十四人敬叩①

与此同时,他还打算编撰日本侵略中国的历史"黑账"以警醒国人。"吾意欲编远东现状,详叙日本对我屡次之交涉及其用意所在,以儆醒吾侪辈,或用以为第九班课外之讲演。"后来的武汉学生联合会亦拟编辑外交耻史,分甲乙丙三编,为各校之教科书。当是时,全国编撰类

---

① 恽代英:《武汉中等以上学生至北京大总统国务院电》1919年5月11日,《恽代英全集》第3卷,人民出版社2014年版,第18页。

似的国耻类的书籍亦不少。①

对于五四运动的主要对象曹汝霖,他虽然在宣言书中宣其罪状,大加挞伐,但他在私下的日记中,似乎并没有简单地唾骂他,相反他不断地问学生、问自己,我有没有可能成为曹汝霖?如果在彼时情景下,我会比曹汝霖做得更好吗?"少年学生骂此等公民,试请此等学生设身处地,果能不心旌摇摇,见利忘义耶?夫二百元已足隳其品性,何况数十万之回扣,数百万之年金?则曹汝霖之卖国,乃人情之常,亦何足贵。说者骂日人之无道德,以金钱收买他国政客,亦求在我无可收买之政客可矣。然如此等少年学生,他日反是一大批廉价出卖之政客,欲求一如曹汝霖者,或且不可得也。吾见义不为之少年,过则惮改之少年,若终至死不悟,自痛不暇,何暇责人?呜呼!"

在他看来,那些见义不为,过则惮改之少年以后还不如曹汝霖呢。不光指斥别人,同时也反省自己。"今日官吏,除曹、章辈外,大抵初非何等穷凶极恶之人,惟其品性有所偏,故致偾事。吾辈品性又有所偏,试观少年之入世的成绩,吾甚为国家未来之前途悲也。"责人的同时责己,他是从这样的思路去思考问题的。

● 从"武昌学生团"到"武汉学生联合会"

五四事件的爆发给恽代英的思想和生活带来巨大的冲击,他的精神为此一事件所统摄,无心他事。"精神为国事所吸收,于会话无预

---

① 恽代英曾购买和阅读过相关书籍。8月14日,在庐山旅行的恽代英在九江,"买《亡国史》等阅之。又买《亡国奴之日记》,赠九江同学十册。"《亡国奴之日记》系鸳鸯蝴蝶派作家周瘦鹃所作,此书在当时颇为流行。8月底到9月初,他阅读《韩国痛史》。9月27日,他在日记中说到当初在九江买书之情形以及读后之观感。他由是而生发的觉悟就是:中国的前途不能依赖别人,"中国的唯一希望是在我们"。(第634页)

备,亦失兴味,因改读本。"

疏通学生内部争执

5月12日,中华大学等15校代表在中华大学决定正式成立"武昌学生团",他没有现场参与,可能与他本人并非学生的身份相关,但文书撰写的任务又落在他的头上。"为学生团拟致督军、省长、教育总长、北京各校长、各省议会公函。"①

不过,这个会似乎开得很不顺利。当时报道就称:"惟闻内部略有意见,幸均系爱国热忱所致,且不乏平心静气者,比即从事疏通不难,即为融洽,直议至十一点多钟尚未散会。"②恽代英虽然没有参加这个会议,却密切关注着学生开会情形,这种学生意见之不能协调,在他的日记中也有反映。他在日记中记道,"闻学生团因双方各有弱点(或由不诚心,或由无担肩,或由不能临机应变),至多无味争执,且好激烈,而又惮负责任,呜呼学生。"

当天晚上,他拟了一份致各校通函,对各方加以疏导和调节。"劝其勿趋激烈,亦戒濡滞,免误事机而致干涉。"对于学生活动,他主张采取一种既不能过于激烈,又不可能过于滞缓的折中态度和方式。5月13日,他将自己这一意见的通函油印出来,并分寄各校。

学生团宣言的修正

5月14日,武汉中等以上近20所学校集议于中华大学,决定将"武

---

① 《恽代英全集》第3卷收有一篇《湖北全体学生上朱军省长公函》,此函发表于5月30日的《大汉报》上。全集编者认为此函为恽代英5月12日所写,但观其内容,已经谈到5月18日学生游行无碍治安之事。("若云有妨秩序,则自本月十八日生等举行游街大会而后,地方治安果有碍乎?抑无碍乎?"恽代英:《恽代英全集》第3卷,人民出版社2014年版,第20页)可见,此公函当非恽代英5月12日所撰。

② 《武昌学生团成立》,《汉口新闻报》1919年5月14日。

昌学生团"改为"武汉学生联合会","专以联络感情,鼓发热忱爱国为唯一之宗旨"。会址暂设中华大学内。会议认为恽代英此前所作的"学生团宣言书"有不当之处,拟重新修订后发表。"日前所发学生团宣言书,原系临时之草创,其中语内颇多未尽失当之处,公决议定,除已发不计外,凡未发者暂不发布,由各校查照原书,详加修拟,开会公决后,再行刊印传布。"[1]并于次日拍发致北京大总统和国务院电文。

这修正后的宣言与恽代英所拟的"学生团宣言书"相比,篇幅相对简短,删略了恽代英痛诉日二十一条交涉和《石井—蓝辛协定》的文字,以及他对国内一些政治家、教育家压制学生爱国热情的批评。看来,这便是他们所认为的恽代英的那份宣言中最大的"不太合适"的内容。这份修正后的宣言将火力主要集中于痛斥国内的卖国贼身上,并呼吁国人关注青岛问题。

> 盖外虽有极凶悍之强盗,苟无内应之奸贼,未必遽能斩关而入我腹心之地也。故今日我国外交之所以失败者,何一非卖国贼所订之条约有以致之乎?军械密约也,高顺路权也,其他种种丧失国权之事,更仆难数。欧人之讥我国民曰:彼二十一条之承认,固由日人之强迫,其他密约,岂皆然乎?嗟呼!此欧人之冷嘲热骂,均卖国贼之赐也。卖国贼虽万死,不足以涤我全国民之耻也。乃欧电传来,卖国贼为虎作伥,施种种之诡谲手段,阻我专使之成功。凡有血气者,莫不发指皆裂,欲得而甘心焉。此我北京全体学友,所以有五月四日之游街示威,打卖国贼之举也。热心毅力,足以寒国贼之胆。纷传各报举国形欢愉之色,茛以卖国之贼,凡生长中华民国者,人人得而攻之,人人得而殄之,非徒北京学友之责也。盖国贼早去一日,即为中国多保一时之主

---

[1] 《武昌学生团代表会议》,《大汉报》1919年5月15日。

权;为中国多保一时之主权,即为中国多延一线之生机也。①

当天,恽代英日记中云:"复初来,观学生团聚会闻,颇不免衣冠救火之病,存心与手段,两可悲观。"他接到朋友来信,知道蔡元培出走北大,事态扩大。"俱言孑民先生出走事,此事影响极大,教育界与军阀之争,民治派与专治魔王之争,若不得一当法,吾国事堪设想耶。"

令人尴尬且不可理喻的,就在全国上下抵制日货,日本经济、金融正遭受重创的时候,"日本政府为联络友邦互相晋给起见,特授王、何军民两长各一等勋位一座"。日人此时授勋的用意显而易见,而王、何二人竟于5月15日着大礼服拜而受之。

5月16日,恽代英为学生上课,"定下星期演讲题目为《学生与国事》,就目前事实以培想〔养〕思想之一法也"。

● 五一八游行"居然成为事实"

代表晋谒军民两长,游行请求得以蒙允

5月17日下午2时,武汉26所学校代表集聚中华大学,宣告武汉学生联合会成立。学生联合会既已宣告成立,名正言顺,光明正大,"自不必永作秘密之行动",26校的26位代表遂于下午4时,前往军民两署谒见督军王占元、省长何佩瑢,试图得到官方的承认和支持。

26校代表先赴省署求谒何省长,政务厅韩厅长接见。报纸对这次谒见有较为详细的报道:

---

① 《修正之宣言》,《大汉报》1919年5月17日。

何省长适此公务冗繁，乃派政务韩厅长（山东人）代为接见，旋将各校代表延入招待室，优礼有加，语极和蔼。并云：诸位此等爱国举动，不徒韩某个人感激，凡属旅鄂之军、商、政各界鲁人，亦无不同声感激。今日各代表来署，究抱何种旨义，请道其详，以便的〔呈〕报省长。旋由高等师范代表高鸿缙起立（原系顺序列坐故第一人起立）报告：（一）本会联合组织经过，成立情形，恳请立案维持；（二）恳准发行印刷品，提倡国货；（三）鼓励国民爱国之以请协电政府，力争青岛，并请将本会各电，饬电局一律拍电，嗣后不得再有扣留情事；（四）恳准组织游行大会，露天演说，仲张民气，唤起一班下等社会及无学识等人爱国之精神。报告毕，韩厅长即开言答复云：前二项或可勉为其难，而第四项之游行大会，露天演说之举，诚恐滋生事端，万难准行。各校代表复起立，为最后坚决之要求，誓必达到目的。韩厅长又云：总之，各代表要求四项，韩某不敢擅专，俟禀明省长后，明日再为答复云。乃起立亲送各代表出署，而退。①

从省署出来后，各校代表至督署求见王督军，到达督署已经下午6时多，因天色已晚，且督军外出，军署副官长与学生代表约于次日晨8时再来拜见督军。时代表中华大学参加学生联合会筹备工作的法科学兰芝秾（亦有写作"浓"）将求见省长督军的情景当天就报告了恽代英，可见恽代英与这些学生代表联系之密切。恽代英"戏谑"之，并随后在日记中对他本人不庄重的态度加以反省。"少弥（按，即兰芝秾）报告见督军省长情形。吾戏谑之，未免过于不庄，此亦狭隘而自私之鄙陋心理之表现也。"两天后，他在日记中说这么做的目的在于"挫其气焰"，"与少弥戏谑颇有味，固为玩侮，意在挫其气焰，然亦少弥究能因此而

---

① 《武汉学生联合会成立概况》，《大汉报》1919年5月19日。

受忠告也"。

据魏以新回忆,"湖北督军王占元在五四运动兴起时,曾召集各校学生代表去谈话,吓唬同学'不要闹事'。有个大学同学回来后,以为见过督军,颇为神气,竟代王占元讲起话来,代英对他极度鄙视。代英说:'他已不能代表同学们了。他只能代表他自己'"①。不知所说此一同学是否指的是恽代英戏谑的兰芝秾。

就在学生正式成立联合会,并派代表求见督军省长的5月17日这一天,恽代英作《呜呼青岛》传单,以唤醒民众,提倡国货。"拟刊印发布商民,亦使其注意外埠事情,渐养其能继学界而起。故劝人阅报纸,又劝排日货,此虽挑拨感情语,然亦利用机会以提倡国货之一法也。"

5月18日是星期日,早晨8时,武汉学生联合会公举代表兰芝秾、高鸿缙等四人晋谒督军王占元,"恳求准许游行街市,王氏似有难色,嗣经四代表陈明此次游街理由,并愿完全负责任,乃蒙允许"②。得到王占元允许游行的学生下午就上街游行,以发抒其爱国之情绪。下午1时,各校学生三千余人在阅马场大集合,其中中华大学三百余人、高等师范学校二百余人、高等商业二百余人,各校人数不等。1点3刻游行队伍由阅马场动身,"首为高等师范,次则一校接续一校,中华大学列于队末。行经武昌路出府院街,经察院坡至司门口,转长街至督军署,转保安门正街,穿大朝街复至阅马场。""各校学生每人用纸或用布书'争回青岛''灭除国贼''提倡国货''抵制日货''回我主权''同仇敌忾''誓灭□奴'等种种字样。"沿途"散布各种油印传单,暨联合会简章与宣言

---

① 魏以新:《心中楷模第一人》,载《回忆恽代英》,人民出版社2015年版,第106页。
② 《恽代英传记》作者云,王占元拒绝了学生的这次游行。"十八日,当爱国学生向湖北当局提出允许上街游行、演讲等四项要求时,他竟以'妨害治安'为借口加以拒绝。同时派出大批军警、卫队在阅马场、司门口等交通要道'分途梭巡',企图阻止游行队伍。"(田子渝,任武雄,李良明:《恽代英传记》,湖北人民出版社1984年版,第30页)事实上,王占元在学生承诺对游行负完全责任的前提下,不得不同意了学生的游行请求,但同时派军警巡护,以防意外。

书等印刷物。所有传单多系亡国惨语及游行主旨"[1]。

当天,恽代英得知武汉学生游行的消息,在日记中写道,"同学谋游行,居然成为事实。然不过了此一过节,欲求实在有裨于国,只有各发天良用国货,注意国事,为国家做事。"在他看来,游行只是一种宣示,一种形式,真正有效在于抵制日货,在于做实事。

5月19日,他于17日为激发天良、抵制日货("挑拨感情")而写的《呜呼青岛》传单印成,同学分途散发。传单内容为:

呜呼青岛!

呜呼山东的主权!

呜呼我中国未来的前途!

贪得无厌的日本人,没有一天忘记了我这地大物博的中华民国。他知道我们的同胞:

是没有人性的,

是不知耻的,

是只有五分钟爱国热心的,

是不肯为国家吃一丝一毫亏的。

所以,对于中国的土地,夺了台湾,又夺大连、旅顺,现在又拚命的来夺青岛了。对于中国的主权,夺了南满的主权,又夺福建的主权,现在又拚命的来夺山东的主权了。国一天不亡,我们一天不做奴隶,日本人总不能餍足;我受日本人欺侮,还要把日本人当祖宗看待的人,我不责你是黄帝不肖的子孙,我看你有一天打入十八重地狱,任你宛转呼号,没有人理你,象朝鲜人一样。你若是有人性,我请你:

莫买日本货,亦莫卖日本货,把日本商业来往排斥个永远干净;

---

[1] 《十八日三千余学生大游行》,《大汉报》1919年5月20日。

莫伺候日本人，问日本人要饭吃，是有血性的，饿死了亦罢，为甚么甘心做奴隶？多看看报纸，亦晓得外埠有人性的同胞，做些甚么，好学个榜样。

你若是怕为国家吃一丝一毫亏，这可被日本人猜透了。咳！未必你真是无人性不知耻的国民吗？（这是中国纸）①

从中亦可见，恽代英在当时确实是武汉地区五四运动的一位重要的参与者，只是他更多的是以他的文笔来参与这场运动，当然，他撰写的传单只是当时众多传单中的一种。②

救国只能靠自己，他对依赖他人的思想加以批评。在5月19日的日记中，他写道："国不可不救。他人不肯救，则惟靠我自己。他人不能救，则惟靠我自己。他人不下真心救，则惟靠我自己。明知无可倚赖，偏要倚赖他人，否则怪他人不足倚赖，自己却不下真心做，此其所以为亡国奴之性根。"

抵制日货，抵制日货，他虽然公开声明他的传单是用"中国纸"印

---

① 恽代英：《呜呼青岛》，载《恽代英文集》下，人民出版社1984年版，第80—81页。
② 此后学生游行中也免不了散发传单，传单内容大同小异，但形式却各显其能。游行传单一般都是大白话。5月18日学生游行中散发的下面这个传单可谓是大白话的大白话："各位同胞，我们都是中国国民，都应该要保护我们的中国。到了这个时候，中国是弱得不得了，这个（日）本儿子，就要我们的山东了。若是山东失了，那日本的心事更大了。今日要得山东，明日又要别的地方了，慢慢的我们这个大中华民国替日本□□站街守卫，楚不楚吗？照我看来山东不能失，可不下力争回来吗？"（《学生游行时散发的传单》，《大汉报》1919年5月20日）5月20日，教会学校圣约瑟学校所散发的抵制日货的童歌亦颇有特色。"矮子矮，一肚子歹，人人不买矮子货，看你歹不歹，同胞同胞，莫买莫买。"（《文华等校学生演讲详情》，《大汉报》1919年5月22日）6月1日，学生游行时散发的传单读起来也朗朗上口。"劝同胞，莫傍徨，急急起，拚一场。青岛要失，山东将亡，若是山东亡，仇人派兵来驻防。那时节我们便成高丽样，什么男和女任他去贼戕，什么金和银装在囊，我们只有哭一场，好不悲伤。我的同胞呀！我的同胞呀！只要国家强，我们便脱殃。如何不热心，如何不猛省，劝同胞切莫作五分的血性，虽然我们无大力，我们无大强，只要人人都齐心，只要人人买国货，利权不失于仇人，仇人国小生计难，商务失败心胆寒，那政府再交涉，青岛看他还不还！"（《学生游行演讲之热潮》，《汉口新闻报》1919年6月4日）

的，但他私下日记中也明白，在遍地日货的当时，抵制日货何其难也。"无论何等微细之日用品，无不与日本货或原料有关系。"据说当初他就因为不用日本的理发工具而宁可剃成和尚头。"五四时期青年人最普通的发式是剪成圆头。代英打算买一把推子，让大家学着互相理发。当他去小五金号买推子时，才知道只有东洋货却没有国产的。他对仇货是绝不购买。从此，他再去理发店时，便剃成和尚头，人们看了，都很惊奇。"① 他认为中国实业之落后、人才之匮乏之原因，在于国人缺乏公心，不能合作。"其实，中国实业人才即令缺乏，亦何至缺乏到这一步田地。天下稍大之事，皆非一人独立所能办，而中国的国民性偏只喜一人独立做事，此所以使吾等至此极也。中国人独立经营一事，则尚能以全神集中办理之，若二人以上合做一事，立即生出两种弊端：（一）依赖，此为消极的减少能力。（二）倾轧，此为积极的自杀。此等弊端之发生，原于两种原因：（一）无同力合作的修养；不知公德为何物。（二）无分功易事最合当的分配，所以非互相推诿，即于权限上生出种种之争端。此外更低一层言，一般无道德者之私心，无智识者之浅见，其为害更不待论。"

学生再接再厉，官厅紧急叫停

5月18日的学生游行得到王占元勉强允许后，学生活动的热情高涨。5月19日下午，武汉学生联合会26校代表复齐集中华大学召开特别会议安排各项事宜。5月19～20日，文华大学等教会学校上街游行，学生行为虽然极为文明，但素来对学生游行抱以警惕之心和反对态度的王占元随后便以防止奸人错杂其间，发生意外变故为由，于20日召集并

---

① 胡治熙：《缅怀恽师》，载《回忆恽代英》，人民出版社2015年版，第155页。

劝谕武昌各校校长,勿令学生再事游行。

据董糊平的回忆,当时,王占元对各校校长训话颇为精彩有趣,他说:

> 你们身为校长,不顾大局,不讲前提;我们督军、省长是你们的"前提",你们又是学生的"前提",什么事都有"前提",要依从"前提",怎能由学生胡闹!比如我骑的马,前蹄不竖起来,后蹄就不能动。以后你们做"前提"的人,要对学生严加管教,要教他们万事必须服从严加管教。今天要你们每个校长教画押,保证学生不得再上街闹事,若不听话,我就要下令格杀勿论!①

王占元向各校校长兴师问罪,报上登载各校长这样回答:"轻举妄动,滋生事端,校长等可担负完全之责任。至若文明举动,和平遵行,校长等实未便强迫制止。如果抑压,特其诚恐反促成激烈之风潮,校长实觉无法可设,惟有请示遵办云云。"②

5月20日,学生联合会开会,决议抵制日货、演说等事宜。5月21日,恽代英日记中记,绍宽来,言欲与葵生等发起"学生实行提倡国货团"。恽代英为其"拟学生实行提倡国货团办法大纲",其中规定会员"非不得已不用外国货。且不用以外国原料制造之物品(对日货尤绝对排斥)","对社会于提倡国货尽调查劝告扶助之责。"恽代英还拟印刷《爱国周报》。他设计了该报的框架、内容和运营方式,显示其善于谋划的才干。

鉴于军政当局的反对和阻止,5月23日,各校代表决定将原定于5月

---

① 董糊平:《五四回忆散记》,《理论战线》1959年第5期,第16页。
② 《校长之传谕》,《大汉报》1919年5月20日。

25日星期日的游行暂为停止，只组织学生在各处演说。当天，恽代英的日记称，他对同学说："如欲游行演讲，则宜准备受捕，受捕之后，宜照常继续进行。不可随意激起罢课之事，至难收拾。"看来，他是反对罢课的。

5月25日，他在学校"与叶鸣瑞君等谈提倡国货法，劝其尽力为永久坚持此主义之互相结合。"林育南等同学向他诉说学生联合会内部之问题。"香浦、希葛至寓，谈学生联合会总是难望向正当方面发展，不如趁早收束，报告账项余款，或存或还，免事久纠葛更多。香浦经此次，更觉有许多觉悟，重要哉！群众生活，彼不愿闻此名词者，诚不知其何以自益也。"

学生联合会成立十数日，"开会已十数次，议论纷纠，毫无成绩。近且波折横生，前途更为危险"。5月26日，学生联合会接到私立某某大学（按，当系中华大学）提出的改进联合会工作的意见书，就学生联合会的组织和运作，以及一系列具体应办的事务提出具体切实的意见，呼吁"我等当和衷共济，力挽危局，择善而从，勿持成见，任势尤须任怨，不争权利，更不当争意气也"[①]。学生联合会收到的这份意见书与恽代英有没有直接关系，目前看不到证据，但结合他的日记，他与这多多少少都有一点关系。同日，学生联合会在汉口欢迎北京学生赴鄂代表罗少卿、张伯谦，他们是前来联络鼓动湖北学界要求和京津学生一致罢课等，对于他们所提的罢课要求，武汉代表当时表示"断难承认"。

5月26日，恽代英在日记中提到策划出版《勿忘国耻》周刊以提倡爱国。鉴于"中国人所最缺乏者，乃决心也"，27日，他又想将这份计划中的周刊改名为《决心》旬刊。

---

① 《改进联合会工作之意见书》，《汉口新闻报》1919年5月27日。

当时，抵制日货，提倡国货，几乎是广大学生和民众能想到且人人均可实行，制裁日本的唯一的方法。

● "六一"与"六三"：学生与官厅之宣战

对于日渐活跃的学生，湖北督军王占元、省长何佩瑢高度警惕，并采取了一系列的高压政策。检查邮电，稽查行旅，禁止集会，整顿学校①，增防要隘，防范军营②，多管齐下，一味蛮干。正如他们于5月31日发给内务总长的密电中所说："查鄂省学界对于青岛问题，开会演说已非一次，经设法劝阻，其刊布传单，有发现，即行销灭。游行一、二次，亦经劝止。随时传见各校长开导，严派警察侦查客栈，取缔甚严，以防外来之人煽惑。然京师来人游说甚多，现亦派警督察，稍有违法即行遵令逮办。商界方面，亦严为晓谕。"③

"吾每年以数十巨万之金钱教养彼等学生与我为难耶"

王占元、何佩瑢不遗余力地防范和压制学生反日救国运动，只是其结果适得其反，特别是在全国学生都闻风而起的情况下，湖北自不能无动于衷。"此次莘莘学子怆怀国事，北京、天津、上海皆相继罢课，

---

① 如5月13日，省署下令称，"本部为维持秩序，严整学风起见，除通令各校对于学生务当严尽管理之责，其有不遵约束者，应即立予开除，不得姑宽，用敦士习而重校规。"（《湖北当局之防范（二）》，《汉口新闻报》1919年5月14日）

② 军警固然文化程度较低，但并非没有是非观念。在五四运动中，学生或通过演讲，或通过散发传单对军警加以宣传，一些军警对学生抱以同情之态度。王占元为防万一，对军队颁发禁令，严加防范。"昨事署颁布武汉留守各旅团营禁令四则，以适行陆军加紧戒严之规章：（一）日间不准出外闲游；（二）晚间不准挂号入歇；（三）九时遵号熄灯就寝；（四）不准接见生客，挂入信件先交卫纪司令官拆阅分递。"（《湖北当局之防范（一）》，《汉口新闻报》1919年5月12日）

③ 《王占元等报告镇压鄂省学生运动及保护日侨密电》1919年5月31日，国民党云南省政府秘书处档案，中国社会科学院近代史研究所，中国第二历史档案馆史料编辑部编：《五四爱国运动档案资料》，中国社会科学出版社1980年版，第223页。

吾鄂学生既与各处取一致之行动，不能不为同一之表示。"①王占元一味要扑灭学生运动。可是，面对汹涌澎湃之民意，严防死堵显然无济于事。对于官方的处处设限，学生无法容忍，终于发出了他们反抗的声音。5月28日，《湖北全体学生上督军、省长书》云："乃近日累读训令，谆谆告诫，以安宁秩序为言，固宜遵守。但于生等言论种种自由，未免缚束太过，生等一息未绝，尚难承认。""恐压力愈重，反动愈强，反动愈强，则收拾愈难，盖生等非持不甘为共和国无自由权之学生，亦且不甘为共和国无自由权之平民也。"②面对学生的公开抗议，5月28日，军警紧急戒严。

5月30日，学生联合会召开特别会议，决计不顾官方的打压和阻挠，于6月1日星期日举行游行演讲。与此同时，省署召集各校校长，试图让校长们制止学生游行。31日，学生代表举行会议，并发表罢课宣言书，宣布6月1日开始罢课，提出争回青岛、惩办国贼、恢复学生自由的三大要求。客观地说，这三项条件，前两项是中央政府的事，而只有恢复学生自由与湖北军政当局直接相关，也是他们最为头痛的事。

当天，军署会见各校校长。王占元本人并未出面，其副官传谕威胁云："近闻各学校有罢课之风潮，如果某校首先罢课，即先封某校大门，所有该校管教各员及学生等，一概不准逗留省中学舍旅馆，违则严办不贷云云。"各校长面面相觑，愤恨而出。③随后，他又"令饬警察在各校门首附近严密调查，不许外来代表入校煽惑"④。

---

① 《学生游行演讲之热潮》，《汉口新闻报》1919年6月4日。
② 《湖北全体学生上督军省长书》，《大汉报》1919年5月30日。
③ 《官厅干涉学生之严厉》，《汉口新闻报》1919年6月2日。
④ 《王占元等报告调动军队镇压武汉学生爱国运动密电》1919年6月2日，国民党云南省政府秘书处档案，中国社会科学院近代史研究所，中国第二历史档案馆史料编辑部编：《五四爱国运动档案资料》，中国社会科学出版社1980年版，第224页。

6月1日，为了阻止各校学生上街游行，湖北督军王占元、省长何佩瑢复召各校校长在军署开联席会议，王占元粗暴地要求校长约束学生。面对蛮横的王占元，各校校长亦以"声明不负责任"消极反抗。当时会议情形，报载：

> 移时王督出席，盛气言曰：游行演讲曾经一再严令禁止，不图今日仍拟举行，实属有意违抗，殊知吾（王自称）虽鲁人，既已督鄂多年，则湖北者即吾之湖北也。吾每年以数十巨万之金钱教养彼等学生与我为难耶！语毕怒容勃勃。旋由各校长起立曰：既奉召会议，应请磋商维持目前办法。王督复答云，断无磋商之余地。各校长见其志意坚决无法挽回，于是相继辞出，迄至省署教育科声明不负责任后，始各分途而散。①

一场军警与学生的流血冲突，马上就要爆发。

军警封堵各校校门，刺刀刺透学生双腿

各校原定6月1日12时为出发时间，但因天雨，故延至1时余始行出发。然而由于保安队、军队、警士严守各校校门（其中恽代英所在的中华大学以及武昌高等师范学校（简称高师）、湖南中学等三校之军警为数更多），学生不得其门而出，"于是各校学生逾垣而出者有之，毁墙而出者有之。（如公私立法政、中华、高商等校学生皆然）"军警和学生爆发了激烈冲突。数十名学生因此而受伤，这次冲突成为武汉地区五四运动之高潮。恽代英在日记中兴奋地说："今日为罢课演讲之第一日，即湖北学

---

① 《学生游行演讲之热潮》，《汉口新闻报》1919年6月4日。

生与官厅宣战之第一日也。"

"其冲突最烈者以高师为最"①，酿成流血事件。"高师激动数次一涌而出，某军人以利刀抵挡，卒伤学生。某君胯部流血甚多。"这指的是高师学生陈开泰腿部被军警刺刀刺伤一事。此为当日冲突中一桩最为严重的受伤事件。

当时，高师校门外军警将学校包围得水泄不通，校方紧闭校门，校长教授也在校门口阻止学生外出，"学生有越墙或穴墙而出者，均被军警刺刀逼返"。这时，前两三日因冒雨渡江而突发高热在学校疗养室休息的武汉学生联合会会长曾省齐病榻奋起，一马当先，将校门推开。这时，把守校门的军警开始开枪，并用刺刀刺人。他后来回忆说到当时这一惊心动魄的场景：

> 我一言不发，病榻奋起，挺身当先，挤开教授们将校门启开。张校长摆开双手，将我拦住。同学们如潮水一样，从后涌来。正将冲出校门时，一山东兵将校长向右侧一拉，实弹向余胸前发放。幸一警士将其枪托向下一压，膛口上斜，子弹掠我眉际射出。（现在我眉际尚留下一弹痕）山东兵见未伤人，抽回枪枝，用刺刀向余下腹猛刺。幸掠过胯下，将我背后之陈开泰同学之大腿，双双戳穿。当枪声响时，我后面的同学，已向后退。我俯首见鲜血满地，疑是自己受伤。陈同学一声叫痛，倒在地下，并将我绊倒，将我紧紧缠住。于是全体同学涌退，号声震天。张校长急将校门重闭。同学将我与陈同学抬至疗养室，才发见我无伤痕。将陈同学伤口捆扎后，送往同仁医院治疗。王占元派教育司长来

---

① 《学生游行演讲之热潮》，《汉口新闻报》1919年6月4日。

校慰问，并商善后。被同学会严词拒绝。①

看来，军警当时开枪、用刺刀刺的对象是曾省齐，幸亏枪没击中，刺刀误伤了后面的陈开泰。"高师学生演讲毕回校，学生陈开泰被军队用刺刀将两腿刺穿，复用枪尾拦腰猛击。陈受伤后命如游丝，十分危险。"②在7月12日报纸刊载的陈开泰拒绝王占元赠送的50元调养之资的书函中，陈自云："彼时身受重伤，精神昏昧，自未审伤势实况，今则精神稍复，始知用刺刀由左腿而穿透右腿，致每次换药必须先服醉剂而后敷药，死而复苏者已五次矣！"③五四运动以来，武汉的学生再三请求游行，并承诺和保证文明守序，但终不能得到王占元的谅解。6月1日，学生和军警的冲突致使十多名学生受伤，特别是陈开泰的身负重伤使得学生和王占元为首的湖北军政当局"撕破了脸皮"，从此，学生和湖北军政当局已经处于对立的地位。

事后，对军警当时封堵高师校门之情景，各方有各方的说法。武昌高师在通电中这样说："校外遍围军警，声势汹涌，阻止出入，生等念身居校内，横遭变囚禁，不胜骇异，群集校门与之理论。该军士不惟置若罔闻，反而用刺刀乱刺。陈君开泰退避不及，身中数刀，立即晕倒，血流满地，生死未卜，其余受伤者十数人。该军士后欲开枪射击，幸将二门紧闭，未令屠杀。"④王占元在给北京的电报里则这样说："国立师范有学生数十人，因警察防止不便，各持木棍石块向警察痛击，警察无力抵御，遂邀同附近军队往劝解，因群持木棒，势甚汹涌，不得已用

---

① 曾省齐的回忆说此系5月29日之事，其实此乃6月1日之事。曾省齐：《风高浪急渡长江》，联副记者联合采访：《我参加了五四运动》，（台北）联合报社1979年版，第98—99页。
② 《学生游行演讲之热潮》，《汉口新闻报》1919年6月4日。
③ 《师范生陈开泰受伤情形》，《汉口新闻报》1919年7月12日。
④ 《武昌高师爱国获罪之通电》，《救国日报》1919年6月8日。

枪托搪抵,致有一生误触刺刀,伤及腿部,现已送院调治。……据查受伤学生在院医调,当易平复。"①两方面的说法虽然有所不同,但学生和军警发生冲突,以及陈开泰腿部为刺刀所伤却是一致的。

王占元的"误触刺刀"之说显系开脱责任之辞。后来就有众议院议员质询此事时说道:"此就事实而言,警察不能不负责者也,或谓警察为执行职务起见,以致误伤,事非故意,情有可原。然按鄂督来电,谓因学生向前争闹,误触刺刀,伤及腹部。措语支离,理由不足。其中情节,恐不尽真。即退一步而言,陈开泰之被伤,非出于该警等之故意行为,然学生非暴徒之比,警察纵欲制止,何必以枪柄为恐吓之具,夫以枪柄为恐吓之具,而其结果,乃以刺刀伤及腹部,则枪柄必已上有刺刀,可知以上有刺刀之枪柄,而能下伤腹部,必其为横戳可知。人众扰攘之地,以刺刀横戳,其必致伤人也,警察宁不知之。知之而故为之,不得谓为无意思之行为。此就法律而言,警察不能不负责者也。"并要求"从速惩办警察"②。对于此一事件之处理,后来何佩瑢称,"将督察长撤〔撤〕差,警务处长一并记过"③。

以上是武昌高等师范学校门口的军警和学生的冲突。与高师校门口的流血冲突相比,中华大学的冲突则相对和缓一些。恽代英在日记中说:"同学越墙外出,高二三丈,一跃而下,亦勇矣!"虽然如此,但是中华大学的学生还比较守规矩,"尚能不多越出范围"。"校中渐呈

---

① 《王占元等报告调动军队镇压武汉学生爱国运动密电》1919年6月2日,国民党云南省政府秘书处档案,中国社会科学院近代史研究所,中国第二历史档案馆史料编辑部编:《五四爱国运动档案资料》,中国社会科学出版社1980年版,第225页。

② 《国务院与内务部关于议员质问是否电鄂查办杀伤学生之警察往来函》1919年6—7月,国民党云南省政府秘书处档案,中国社会科学院近代史研究所,中国第二历史档案馆史料编辑部编:《五四爱国运动档案资料》,中国社会科学出版社1980年版,第228页。

③ 《何佩瑢报告杀害学生之军警已分别核办密电》1919年6月27日,国民党云南省政府秘书处档案,中国社会科学院近代史研究所,中国第二历史档案馆史料编辑部编:《五四爱国运动档案资料》,中国社会科学出版社1980年版,第229页。

革命状态，校规渐归无用。惟同学尚能不多越出范围，此一由能自治，一由怯弱也。军警包围，如临大敌，屡与同学斗争，幸无他变。这便是日本人待朝鲜人模样，而中国人之勇气尚不能如朝鲜人，可痛也夫！"他将学生的尚就范围归因于学生的怯懦。恽代英自问，"或尚未至于同学所厌恶乎？"后来，他在给朋友的信中似又将学生受伤的责任归咎为学生的冲动。"敝校同学之捱打，不但非代英之意，并非同学干事部之意，徒以彼等自己血气，不听屡次拦阻所生结果。好在伤者已愈，且所牺牲在社会亦甚有效力。"

强行防堵，已经无济于事。冲出校门的各校学生在武汉黄鹤楼、阅马场、劝业场、武昌路、贡院街、军署辕门等处演讲。"至于演讲之地点，亦因军警干涉不能按照规定而行。其军警之稍具血气人格高尚者，无不俯首侧立凝神静听，并加以相当之保护；而毫无学识甘心奴隶者或趋逐之或扰乱之，使不能尽一语。如公立政法之张凯等竟被干涉不能停足，不得已乃随行随讲，或长歌代哭而已。其余各校演讲情形大抵皆然。"其间一些学生受到军警的殴打、逮捕，有被捕的学生还受到军警的优待。下午6时余，各校演讲学生均已散队。

当天，各校学生计有16个学生受伤。[①] 学生受伤情形，报载：

> 该日各校被伤学生，计高等师范之陈开泰，系被军队刺刀戳穿右大腿，复伤左腿小腹等处，势极沉重。文华之某某系被四署巡警刺刀戳伤胸骨、右手等处。第一中学之范贻甫、甲种工业之涂光祖、均被四署警士或枪击腰背、或刀伤两手。至于高商之某某一人及文华（系天

[①] 武汉律师公会曾就学生受伤情形向地方检察所提起公诉，其中学生联合会具体提出高等师范、中华大学、湖南中学学生受伤人数共16人，并一一列举伤情。（《"六一"惨案学生受伤部分名单》，《大汉报》1919年6月16日）

主堂所办）学生四人亦均被四署警士殴伤，惟皆伤势轻微，无关紧要。并闻文华于戳伤学生时，当场将四署巡警抓去二人，捆缚校内，经徐家棚署长再四要求服礼，始行释放。文华学生被捕二人，致激动学生公愤，全体将四署围绕，勒令放回，许署长见势不佳赶紧释放，一再赔礼，各生始散。查省中各警署当日所伤学生以第四署为最多，诚所谓热心办事无惑乎？其易于升官发财也。①

军警伤了学生，这可不是小事。当天晚上，各校校长在高等商业专门学校举行特别紧要会议。会后全体校长同往省署谒见省长，要求省长三事：（一）释放被捕学生；（二）撤去各校门前军警；（三）管教各员全体辞职。省长拒绝校长集体辞职，并称他的权力只能及警署的警士，而对军队没有管辖权，各校长乃复请代恳督军。何省长前赴督署代为力恳时，王知其来意，称"此事无论如何明日再议"。

何省长温语劝慰

6月2日，各校长随同省长往见督军，力陈三事，王占元虽未释其怒，但又不得不惧于不测之后事，遂令将学生释放。

6月1日学生与军警的冲突，将武汉地区的五四运动推向高潮。然而，6月2日，事态便缓和下来，当日是端午节，恽代英听说学生因过节要停止演讲一天，加之官厅尽量缓和矛盾、息事宁人，这让恽代英颇感失望。

> 第一受打击事，即闻各校演讲因度节停止一天。此事怎容一冷，一冷即易散也。

---

① 《学生游行演讲之热潮》，《汉口新闻报》1919年6月4日。

第二受打击事,即在省署,经省长用和缓之语劝慰,即形瓦解之象。吾自问,平日不自求明确的时事知识,亦不告人以明确的时事知识,此吾之罪也。

虽然他"闻各校演讲因度节停止一天",但运动岂会因端午节而中止?当日,文华、博文书院等校学生仍在各处演讲,恽代英本来打算"先在外观察一周,或加入演讲再来校",然又不得不被召来校为教员送薪水。

6月2日上午,省长公署传见各校校长及各校代表,用恽代英的话来说就是,"省长用和缓之语劝慰"。报载,省长何佩瑢略谓:"游行演讲及抵制日货各节,当此紧迫之际,容易紊乱秩序,惹动国交,诸生等类皆明达事理,应识当局维持苦衷云云。所言剀切详明,颇动众听,说毕复同至省议会商议种种处置办法云。"① 这就是恽代英所说的"经省长用和缓之语劝慰,即形瓦解之象"。督军王占元一向比较强硬蛮横,而省长何佩瑢则相对优容开通。

随后,校长与学生代表到省议会开联席会议商议处置办法。恽代英日记云:"晚,各校代表与议长、校长议于议会,仍坚持罢课。此会尚有声色。"报载:"校长代表之会议二号下午五时,各校校长及各学生代表等假省议会开联席会议,其列席者有三议长在座。会议情形系分二项:(一)校长要求学生者不罢课,解散演讲团;(二)学生要求校长者,受伤各校学生由军省两署将愈服礼送回校,由本省督军联合各省督军省长,协电力争青岛,收回后始可一律上课,游行演讲团绝对不能解散。迨至夜间九时余尚未得有若何之结果,乃宣布暂行散会。"学生不达目的,毫不退让,这让恽代英略有安慰。当天晚上,会议达不成一致

---

① 《学生游行演讲之热潮》,《汉口新闻报》1919年6月4日。

的意见，6月3日继续开会。恽代英日记云："各代表开会仍不退让。"

六三游行再遭残戮

也就在6月3日这天，中华大学、甲种农业学校、文华书院、武昌圣公会三一中学校、湖南旅鄂中学校等多所学校学生外出演讲，为保安警察队拦截、驱逐，甚至殴击，其中恽代英所在的中华大学多名学生遭遇最为不幸。

恽代英6月3日日记记云，"下午，吾校演讲，受保安队辱打。吾真慷他人之慨矣。受伤者如下：吴序宾（按，报上亦有作"吴锡宾"者）便血、吐血，伤最重。刘昌世稍伤，哭、跳、晕厥。胡钟灿（按，报上亦有作'胡钟璨'者）晕厥。刘鹄、汤济川、张上超、蔡家让、李嶽云，略伤。杨理恒虚惊折臂。"

关于中华大学学生被殴打一事经过，报载：

> 三日午后（按，三时左右），中华学生自由集合数十人至劝业场栅栏内演讲，当被保安警察队以枪围群痛击，受伤过重因而倒地者四人，受轻伤者五人，被拘去者七人，受重伤学生舁回该校者二人，先后乘人力车回校者五人，其余受伤学生二人尚能步行。迨是日下午六时，该生等因受重伤中有一名命在呼吸，比借该校运动部番布软床抬赴同仁医院救治，但于护送时沿途大呼"这是学生为国的下场"不绝。

这里所说受伤四人，轻伤五人，与恽代英日记记录的人数相吻合。这命在呼吸的重伤者当是吴序宾。据另一处报道，当时学生受伤后，受伤的学生被同学们抬往一署而不得入，后又被抬至警厅请验。"伤势稍轻者为刘鹄、汤济川、胡宗璨等三人,受伤极重性命危险者为刘昌世(按,恽代英日记所记其系晕厥,'稍伤')、李鸿儒、杨理恒、吴锡宾等四人,均倒地不起。移时援队始至,将受伤各生抬往一署,不料该署门首刀枪如林,不令抬入。该生等无奈只得一面沿途哭诉官厅残戮,一面高声演讲,道中行人及各商民等无不凄然泪下。跟后各生乃将受伤人等一并抬至警厅请验,提起公诉,当经据验明确。据云:受伤极重之刘〔吴〕锡宾,日内即将不保性命云。"①

傍晚,在以"中华大学全体学生"名义散发的传单中,是这样控诉警队之暴行的:

> 呜呼!光天化日之下,竟演此惨无人道之悲剧。提倡国货何碍于国际之交涉,游行演讲何妨于社会之秩序,彼警队竟横暴若此,真不知其居心何似。呜呼!谁无良心!谁无血性!热忱爱国乃得如此之结果,是欲使全国之人为冷血动物,为奴隶牛马。国未亡而吾等已受种种亡国之痛苦。今吾等既处于惨劫悲痛之境遇,惟有哀求我有血性之爱国同胞,主张公道,加以援助,激励民气,抵抗强暴,使我垂亡之国家稍有一线之希望。是则助吾等者即所以救国家也!②

对于6月1日和6月3日这两天军警和学生冲突中受伤的同学,恽代英曾先后于6月6日、8日分别到医院探望过。6日,他和朋友到医院看望受伤的同学,"并馈食物"。"高师陈开泰君股对穿,伤最剧。""归,又至仁济院为辑五开伤单。辑五送出,且行且谈。我告以以后吾等应作之事业,彼诚挚之情可感也。"8日,"偕希葛、少弥至同仁医院,聘三等亦

---

① 《学生游行演讲遭军警追捕残杀》,《汉口新闻报》1919年6月5日。
② 《学生游行演讲遭军警追捕残杀》,《汉口新闻报》1919年6月5日。

至,省视理恒等。同返校。吴君序宾必欲反家养病,余函谏之无效。冠五及胡钟灿君已出院"。曾经吐血、便血的吴序宾已经转危为安,他坚持要回家养病。

● 放假令

为了平息、瓦解学生游行,降温学生与官厅的冲突,军政当局釜底抽薪,宣布提前放假。

6月2日下午,督军与省长训令,因"天气炎热",各校提前放假。自6月3日到7月20日为暑假日期。"特令各校于三日内一律令各学生出校回家,且不准寄寓武昌各客栈(与驱逐散兵游卒相似),断绝校内伙食。并闻将略驻军队,以资防守云。"

当局还警告称,三日之后,凡上街演讲游行者,以奸匪论处。王占元的做法就是如此简单粗暴。加之,省长也同意划拨学生回籍川资,这一软一硬两手,使得回家学生络绎不绝。报载:"三号各校将提前放假牌示公布,各学生明知系一种釜底抽新政策,然以限令太严,加之谣风四起,各学生恐酿他变故,故3日即走十分之七八。其余者或因川资障碍,或因他事迟滞,至七号则各校校内学生(小学不在内)已完全走尽矣。"没有走的一些学生,住在客栈,"其实有万不得已仍留省中者,但亦须由该生向各校管理员声明具结,送署备案"①。学生的家属也急召学生回乡避祸,就连学生会成员也被家人召回,仅留四人驻会。"幸其家属早知学生之风潮,恐其推波助澜相及于祸,或戚友或兄父无不携带重资,急召该生还里,无论其他。即各校代表向居学生联合会中者,今皆得其亲属之召,即日还家,所有开支亦不虞匮乏,相率而去者实繁

---

① 《学生放假后之杂闻》,《汉口新闻报》1919年6月9日。

有徒,其勾留武汉者寥寥无几云(代表只四人住会)。"①

因为学生罢课,加上紧急放假,一些学校的毕业考亦不得不停止。

没有学生,何来学潮?王占元虽然是一介武夫,"但实际上足智多谋"②。放假令无异于釜底抽薪。学校放假令让恽代英很是着急,对那些想回家的学生,他"作函斥之"。他在6月3日日记中云:"各校多提前放假。校长等多诱迫各学生出校,各学生亦多动归思。吾为作函斥之,然不可挽回矣!"

当然,也有一些学校和学生抵制提前放假令。恽代英所在的中华大学便是其一,"惟仍有数校坚持不去,吾校其一也"。高师、文华中学及湖南中学等学校亦发表公启,劝导学生不要退缩。略谓:

> 同学公鉴:顷闻诸君中有一部分因提前放假多整归装,闻听之余不胜愤恨。前者议决罢课所为何事?若不顾国家危急但得逃学归家,凡事皆可解决,即不讲人格问题,有何面目对外埠同学,对武汉各界诸君。或言恐学校干涉,或言恐武力压迫,此等事实未知若何处理,即自己预先退缩,天下未必谅此,出于诸君之怯弱,未必讪笑我辈湖北学生只知借同事,少上几天学,少读几天书,可鄙可丑,孰有甚于此者。同人等决议,一息尚存,坚持到底。我辈前日争青岛问题,今日乃至争我辈人格问题,此则可为痛哭者也。③

五四运动中,军警虽然说是处于学生的对立面上,但他们毕竟也是中国人,虽然他们读书相对少,但也不是没有感情、常识和基本的判

---

① 《学海潮音之余波》,《汉口新闻报》1919年6月10日。
② 1917年,德富苏峰拜访王占元后所说。〔日〕德富苏峰:《中国漫游记》,张颖、徐明旭译,江苏文艺出版社2014年版,第109页。
③ 《学生游行演讲遭军警追捕残杀》,《汉口新闻报》1919年6月5日。

断，一些军人对学生抱以同情之态度。因此，王占元一面要对付学生，一面还得提防军队出意外，他还不得不采取一些措施防止军队的异动。6月4日，恽代英得知一三五七团及学兵营兵士愿做学生后盾之消息后，怕搞出大事情（"惧生他变"），便一改劝阻学生离校之态度，决定力促学生尽快离校返乡。他在日记中写道，"惧生他变，乃定促同学解散，限明日走尽。所余火食，划入下学期照算"。

虽然不得不遵令放假，但也不能没有宣言。6月4日当天恽代英开始作《武昌学生最后之留言》，至5日文章做成，油印分发。"又在汉口加印一千份。闻文华、辅德各加印若干份。"5日，意犹未尽的恽代英又作《学生联合会报告军警蹂躏状况书》，亦加以油印。

《武昌学生最后之留言》以《武昌中等以上学生放假留言》为名发表在6月7日的《大汉报》上。在这篇文章中，他对军警、保安队以"维持秩序"的名义残酷对待犯有"爱国罪"的学生加以控诉和讽刺。"若是这狠的警察，这狠的保安队，能够替我们向日本争青岛，他便打死我们，亦所甘心。只是他们除了对于我们手无寸铁的学生，诬以扰乱秩序，将我们毒打以外，看了外国人哼亦不敢哼一句。若是日本人更爱看，看得像老太爷一样。原来我们完税纳租养一般警察完全是为日本人的，他们才把维持秩序四个字禁止我们一切爱国举动。""好在中国既有这能干的警察同保安队，本用不着甚么学生。我们现在同警察们磕一百个头，难得你们这些大爷的鸿慈，放我们一条生路，让我们改过自新，好与你们同去做了日本的奴隶。"他不无讽刺地说请官厅贴个告示，"写明禁止爱国，违者重惩，免得一般象我们的糊涂虫，当真爱起国来，又要累官厅生气"[①]。

---

① 《武昌中等以上学生放假留言》1919年6月5日，恽代英：《恽代英文集》上，人民出版社1984年版，第82—84页。

虽然恽代英明确反对官府的放假令,但事实上,放假其实对学生来说也是一个体面结束这次运动的"台阶"。后来,恽代英在给朋友的信中说:"欲再上课固不可能,欲其坚持亦颇不易,本以散学为最良遮羞方法。"

● **罢市:既不能虎头蛇尾,亦不能要求过奢**

一纸放假令使得学生运动消弭于无形,然而,武汉地区的五四运动并没有因放假令而告以终结,这时五四运动范围和影响已经超越学界,溢向社会,武汉商界罢市及时而有力地将这一运动从低谷重新托起。

学生虽说打了运动的"先头阵",但势单力薄的学生,如没有其他各界的支持,必无法支持。6月4日,武汉学生联合会致函武汉商会会长王琴甫,呼吁商界奋起支持。

> 亡国之恸,非独一部人之苦痛,而商界之受其害应尤深重,乃事至今日,武汉商会未见有何举动,先生领袖群伦,熟视无睹,岂中华民国只为学生所有之国家耶!前两日同人因罢课游行演讲,横遭军警干涉,捕拿砍伤以数十人计,出入自由已完全剥夺,同人何辜受此不堪之待遇!侧闻道路之人均加哀悯,恨不能奋一臂之力以为救援。岂先生等独无所闻,知而寂然不动,未闻仗义执言以为同人之助。①

6月6日,恽代英到医院看望受伤学生后,渡江到辅德学校,与大家会商学生联合会款项,以防同仁滥用公款,毁学生联合会名声,他主张

---

① 《学生游行演讲遭军警追捕残杀》,《汉口新闻报》1919年6月5日。

"用途宜极限制",并夜宿辅德学校。次日,又"切嘱切嘱其对于公款谨防同人有滥用之事。盖:(一)为湖北学生将来之结合,不可使此次开支不能见信于人,以长群众互不信任之心。(二)为湖北学生之名誉,不可因开支生出纠葛,闹为笑话也"。

6月7日,武汉高师全体学生发电要求罢斥"横杀学生,解散学校"的王占元、何佩瑢。是日,"各团联合会"开会,恽代英参加这个会议。"余发言,学生但望商界继起,以为国家,虽死伤亦所甘心。是会无甚结果。"恐怕正因为是"各团"联合会,而不只是"学生"联合会,恽代英得以名正言顺地参与其中。现在,学生所要做的是进一步扩大事态和影响,运动商界一致行动。

6月9日,"毅生来,言汉口决明日罢市,约余至辅德校。至,余拟《劝告军警》文,不成,因任发罢市传单二十余张,至致忠宿"。10日,汉口各商会宣布罢市。这天,恽代英上街观察罢市情况,觉得情况并不理想,甚为失望。"毅生告:保安会、消防队已上街。乃起观罢市状况,只在花楼旁若干家罢市而已。余绕横堤乘车至辅德校。据数方面报告,均觉罢市之状况不圆满,颇为失望。"当时报上亦云,"然是日闭门歇贸者不过十分之一"[①]。

不久,他又上街观察罢市状况。"粥后,偕毅生拟归。且往前花楼一视,则又有闭门者,因助子印发报告罢市状况扇四把。"以送折扇来宣传罢市,是宣传的一个"创意"。后来有人回忆说:"口头讲演固所不许,传单分散更所难容。代英想出用传递白扇的办法,在白扇上书写要求罢市的传单,分街分段挨铺挨店传递白扇。"[②] 事实上这一"创意",

---

[①] 《汉口罢市第二日》,《大汉报》1919年6月11日。
[②] 伯林:《回忆恽代英》,中国社会科学院近代史研究所编:《五四运动回忆录》续,中国社会科学出版社1979年版,第375页。

原也并非出自恽代英。"五七"国耻纪念之时,我们就能在他的日记上看到,"承民新校赠以(四年五月七日之事)摺扇一柄"。以折扇来宣传罢市的创意大致从此而来,而且似乎也没看到成批地、大量地分发。

随后,"毅生又来促余渡江,为明日罢市事。余为拟罢市目的与办法。偕至自治筹备会,又赴辅德校,作《为甚么要罢市》,眠场中"。在这个短文中,他说:"罢市的好处如下:可以争回青岛,可以挽回利权,可以惩办卖国贼,可以取消亡国密约,可以救被捕学生,可以不为亡国奴,可以增高人格,武昌明日一律罢市。"①

其实就在汉口商会宣布罢市的6月10日,政府迫于全国民意之压力,就将曹、陆、章三人免职。11日,罢市的商家越来越多,恽代英对政府准予卖国"三贼"辞职并不满意,并期望能够借此空前之机会一扫政治之妖氛。"市面罢市者已从少数转为多数,军警已无法干涉。阅报,政府亦有所慑矣。曹汝霖已免职,然如此轻淡的'准免本职'四字,实由'徐图登用'的出产。惟愿吾国国民能善用此民气,以一扫政治界中之妖气耳。"他走上街头发传单,送折扇,"在汉发传单三十余纸,渡武昌又发四十纸。又发扇四把。扇为负生所备,鼓吹罢市,较汉口法又进一步"。晚上拟《学生联合会宣言》。

这和此前学生运动时恽代英置身事外、多居幕后的情形略有不同,这时,他一面仍"身居幕后",积极作文,参谋指导;一面"走到台前",现身街头,参与运动。

6月12日,继汉口后,武昌开始罢市。报载:"凡正当街道铺店未闭门者不过百分之一二。"② 然而,与此同时,汉口方面却宣布开市。对

---

① 恽代英:《为甚么要罢市》1919年6月10日,《恽代英全集》第3卷,人民出版社2014年版,第34页。
② 《汉口罢市第二日》,《大汉报》1919年6月11日。

此，武昌商界很是"不爽"，遂质问汉口商界。"我武昌商界见此景况，恐汉口商界罹于独立的地位，以五分钟热度贻笑于各方，所以定于己未年五月十五日（按，即6月12日）期，除饮食店外，无论大小行店一律闭门罢市，以为汉口的后盾。讵武昌正行闭门，而汉口反行开门，一若罢市的事可等如儿戏，可随意闭门可随意开门的？"① 武昌商界呼吁汉口商界亡羊补牢，坚持罢市。

就在6月12日武昌宣布罢市的这一天，恽代英复上街查看罢市情形。"八时许起，乘车至督军府，又至汉阳门。武昌今日全体罢市矣。各银楼张贴警告，颇妙。渡汉，汉口全体开市矣。至致忠校，知汉口以要求三项，暂行开市待命。因拟《军警界救国十人团简章》十条。成后，众约至卢某处，询官厅是否完全答复。不遇，固游行同至辅德校，学生已较前自由远甚矣。"

对于商界所提作为开市条件的诸要求，官方不能完全答应。6月13日，官民相持不下，恽代英主张见好就收，让步结束。他得知"武昌现有地方维持会，暗主罢市事，俟军民两长明示答复为行止。是日已大略开市"。"偕众出至司门口，军民两长尚未出示。汉口辅德、致忠同人亦相遇，均强聒过江，乃又同众渡江至致忠校。阅小说数篇。告同人，罢市决难持久，宜求一好结束。不然，局外者望奢，局中者气竭，官厅乃得挟之而趋矣。因拟渡江告同人宜让步结束，然时已晏，至松如处谈，遂赴辅德校商之肖襄。彻夜为联合会作宣言。"

6月14日，他为武汉学生联合会所拟的宣言写成。"闻汉口继续罢市已无希望。此等非常事，本不可望其常见，惜吾见机之犹未早，此宣言书能更早发，尤妙也。"晚又听得"武昌商界不居受煽惑之名，不得圆

---

① 《武昌商界敬告汉口商会同胞书》，《大汉报》1919年6月14日。

满答复，后日或仍当罢市。此消息甚有价值"。

在商界罢市之际他所做的这个宣言中，他敬告官厅改弦易辙，正视民意，开诚布公，与民更始。"此次商界罢市之举动，决应视为真正民意之表示，不可一意孤行，仍指为受人威迫利诱。试思一国，至于士罢学，商罢市，工罢业，仍不认为真正民意，则真正民意应如何然后能表示乎？"

同时，也敬告商界既不能虎头蛇尾，以隳前功，又不能延时太长，要求过奢。比如，武昌商民罢市时向当局提出八项要求，要求满意答复方能开市，方行纳税。其中有一条云："嗣后任命警务处长须得武汉两总商会同意，任命署长须得所管辖区域内商民同意。"①恽代英觉得像这样的要求不现实，当局不可能答应。在宣言书中，他说："同人以为借罢市以要求官厅原极有力，然所要求者总以在事实之不难做到者为标准，若稍涉理想则官商不能相谅，不便商量，将来或过于延长罢市之时期，仍不易求相当之解决，此又非同人所敢赞同者也。武昌商民所要求之各项关于死伤学生恤金，同人谨谢厚意，不能领受。又关于任命警察官长须由总商会及地方议会同意，一则在同人意此固有益于民权之发展，惟事体重大，将来应为宪法上之一重要问题，似不必于此时遽提出以为开市之一条件，此亦尚须请我商界诸君注意而研究者也。"②

对于罢市，他主张采取一种既不濡滞，亦不激进的一种务实的、"执中"的态度。

---

① 《武汉商民罢市之宣言》，《大汉报》1919年6月14日。
② 《武汉学生联合会宣言书》，《新申报》1919年6月21日。亦可见恽代英：《恽代英文集》上，人民出版社1984年版，第85—90页。

● 对全国学生联合会意见书和"五烈士"追悼会

这段时间,恽代英几乎每天都在观察和参与这场运动。6月15日,"因湘浦等言四时许来我寓,为发传单事也。久待不至,乃偕渡江"。6月16日,"早起渡江,访杨兴诗君,又偕访凯祥,遂至张圻君处,略将其上检察厅催呈改订,乃回"。

提出对于全国学生联合会意见书

对于因运动而催生的全国学生联合会这一全国性的"新生学生组织",即将在上海成立,他对此一组织看得很重,觉得如果擘画得当的话,应当大有作为。

6月16日晚上,他将他认为与学生联合会有关的两件"极重大"的事杂记日记中。这两件事分别是:一为改组《学生报》(注意,此处《学生报》系武汉学生联合会的《学生》周刊,并非全国学生联合会的《学生》日刊;一为提出全国学生联合会会务建设之意见书。他对《学生》周刊的改组的部分意见,也体现在对《学生》日刊的意见中,而对《学生》日刊的意见就在这份对全国学生联合会的意见书中。这份意见书高屋建瓴,思虑周详,既立意高远,又切实可行。又一次体现了他的"顶层设计"之才干,而这是埋首于当下具体事务的其他人所不能干的。

6月16日起意之后,17、18、19日连续三日,他都在写作对全国学生联合会的意见。

恽代英对即将成立的全国学生联合会的宗旨、组织、人员、会所、经费、运行等问题都提出了自己的看法。他认为,新成立的全国学生联合会有监督政治、学生互助、服务平民三项功能和任务:"(一)可以为政治界之最后有力的援助机关；(二)可以为学生界道德上智识上互助的机关；(三)可以为下级社会承受通俗教育的机关"①。他不仅抽象而谈，而且将这三种功能的具体实施加以详细擘画。

他十分看重全国学生联合会成立这件事以及他所精心准备的这份意见书。他私下觉得湖北派往上海参加全国学生联合会的两位代表不十分理想，甚至"拟自告奋勇，为湖北学界一行"，但碍于其非学生身份，只得作罢。6月20日，他委托参加全国学生联合会的湖北代表之一、武昌文华大学学生会主席余上沅将他所写的意见书带往上海。"渡江至辅德校。余上沅君来鄂，即日赴沪。余遂以意见书与之，嘱其在沪排印，寄回百份。为致函澄清劝退席，让余君主张此议。"大概是余上沅的努力，恽代英的这份意见书以《武汉学生联合会提出对于全国学生联合会意见书》为名发表于上海的《时事新报》副刊《学灯》(1919年7月8日到12日)。随后又发表于《汉口新闻报》(1919年7月15日到23日)。

当然，他对武汉学生联合会的进展以及存在的问题也十分上心。6月22日，他"编此地学生联合会事，以便编剧"。7月9日，旁听学生会会议，知晓学生会内部存在的种种问题并提出补救的办法。"渡江，与汉石同行至辅德校。阅《新青年·论戏剧改良》。旁听学生会会议，颇觉彼等有不知守会议规则之缺点。……睡时，汉石等告我以会中之黑幕，为筹补救之法。"7月14日，遇毅生，"偕至校谈学生会事"。

筹备"五烈士"追悼会

他奋笔疾书对全国学生联合会提出意见的同时，还积极筹备李鸿

---

① 《武汉学生联合会提出对于全国学生联合会意见书》1919年6月19日，恽代英：《恽代英文集》上，人民出版社1984年版，第91页。

儒追悼会,并为之写启示、做小传。

李鸿儒,河南淅川人,时为中华大学法科学生。"六一"时被军警打伤,后被迫回乡,途中,因悲愤投河而死。报载其投河之情景:"李君由鄂起程返里时,曾向省中同仁医院受伤各同学处一再劝慰,并告以辞别返里之意,其言语颇有一种凄惨不堪、志向坚决之表示。不料登舟后行抵南阳襄河距其家约六十里之处,忽闻讹传云:鄂省同仁医院所住中华大学受伤学生胡宗灿(陕西人),伤重身死之耗,李君愤激之余,即暗拿绝命书一纸匿于箱中,乘人不顾之际,投河身死。"其所留遗书云:"鄙人(李君自称)救国无状,徒存所耻,尚望学界同人,各抱爱国之忱,誓达目的为止。云云。"①

李鸿儒投河的消息传到学校后,恽代英等积极筹备追悼会;6月17日,"渡江至辅德校闲谈,又,商定李鸿儒君追悼事";18日,"为学生联合会作追悼李鸿儒君启"。李鸿儒追悼会原计划于22日在汉口辅德学校举行,20日,恽代英"又拟本星期日为李鸿儒君等追悼会之筹备会。因为启事,以号召各团体"。但后来大家决定将李鸿儒和第一师范病死的学生吴用霖,连同已死的北京大学生郭钦光、周瑜琦和清华学校学生徐日哲五位牺牲者一起合并追悼,改为"五烈士追悼会"。追悼会日期改为6月29日于汉口大智门外前的德国球场召开,最后又改为7月3日于德国球场举行。

7月1日到3日,恽代英为这次追悼会忙前忙后。7月1日,"又改窜李鸿儒君传略"。7月2日,帮忙布置五烈士追悼会现场。"五烈士追悼会,从上数星期闹起,至今日下午四时尚无布置,而定期明日开会。余渡江已晚,在青年会阅书报,及至辅德,闻已布置有头绪矣。大异!因之会场视之,果然。乃帮挂挽联,谈话彻夜。"

---

① 《学生忧愤投河》,《汉口新闻报》1919年6月18日。

五烈士追悼会的会场布置可从当时报纸上的报道中看出。"会场组织以布作篱，门首花圈位置，中际由中甬道直达礼堂，五烈士之遗徽在焉。仰企音容，悲感交集，以知古人死生大矣一语，殆可为千百年后写照也。再由礼堂环绕四周，并皆以白布作幔，法团、个人之挽联哀辞，则若琳琅满目，美不胜收。会场左置演坛，一童子军露营左右，维持附近演坛。有女宾招待室一所，会员办公室亦位置于左列，布置井然。"

　　7月3日，武汉学生联合会等18团体集聚汉口德国球场为"五烈士"举办追悼会，会期是上午10时到下午6时。当天上午10时，公同致祭。施洋宣读祭文曰：

　　　呜呼！胡天地之无知兮，令君等以偕亡。彼跳梁小丑兮，犹横暴以泼猖。岂忠鲠之诤言兮，于斯者而不能容。乃卖国之奸人兮，且负势而称雄。抱耿耿之孤忠兮，遽殉身以莫逞。苟死而有知兮，既赉志而能瞑。愧吾曹之碌碌兮，终因人而成事。愿□□□涉长逢兮，必继君之英志。叹物极而必反兮，喋血以指仁川。得奸人而寸磔兮，应含笑于九泉。既名传于史策〔册〕兮，将植五人之碑碣巍巍。苟魂魄之归来兮，尚不弃而鏖旃。尚飨。①

　　随后，照例便是众人演说。

　　恽代英主要负责"报务"，即负责卖报。"天明后，略挂数处挽联，回辅德校。人皆甚忙，我无事，睡自六点至八点。同人欲我做速记员，终以须管报务，未果。""同人去追悼会场后，我又睡，间招呼来客，又校对《学生》底稿。""至会场，待报，不至。又回辅德一视。复之会场。散会后，卖报二百份。叫卖甚有味也。"

---

① 《追悼殉国学生参观记》，《汉口新闻报》1919年7月4日。

针对时事之进展，他笔耕不辍，贡献意见。7月14日，"作《参加爱国活动的诸君请听》，即写信汉石并稿寄去"。19日，"作《我对于各界联合会的意见》，三易稿乃成"。湖北各界联合会是于7月12日在辅德学校召开第一次筹备会议的。20日，"作《若交涉究竟失败了，我们怎么样？》。作《铁路共同管理问题》"。22日，"渡江，为学生会作《请看我们享的自由》《希奇广告》"。

● 愿去职以救校

不惜自屈，以救此校

文人的"七寸"在于饭碗，因为文人在社会上的生活、生存能力至为脆弱，"砸饭碗"往往是军政当局对付文人的最有力的武器。在这种情况下，一些人就不能不有所忌惮。恽代英对此很是不满。6月23日，他就在日记中说，"吾观于近来，人为饭碗计，不敢行义或并干涉他人，愈信□（按，当为"曾"）文公所言，不为圣贤，便为禽兽之有理也。"

而他本人在这次学潮中激扬文字，表现活跃，以至于他的朋友都说，"此次学潮应由代英负责"，现在因恽代英的活动，当局开始向学校施压。7月3日日记云："伯言来云：军署因我活动，颇迫叔澄师有解散或派人办理之说。"8月21日他在给胡适的信中也说自己"多少受官厅的猜疑"。[①] 恽代英曾于7月1日就向校长表示，他可以牺牲自己的饭碗以保全学校：

> 现谋我校者，因我之活动颇多借口。甚有逼散校长暂时他避之

---

① 恽代英：《致胡适》1919年8月21日，《恽代英全集》第3卷，人民出版社2014年版，第75页。

说。不知敝校长能平安应付过去否？代英已告校长，如见有牺牲代英个人饭碗者，无以一人败全校。代英决不愿负一身败全校事之咎。且此事本代英独立意志所判断、所进行，于校长无涉，于全校亦无涉。代英明知此一牺牲，影响于我校及同学，或至鄂学前途颇大，但代英只保此头颅与意志，在他处仍必有以慰故人者。且必尽力助母校、同事、同学。好在以往之信用极好，他日武人之冰销，再来时，能力及信用或更大也。代英自此事生，于饭碗之牺牲，久有决心。但非愿去。即他去富贵，但得可回头，总仍愿回头。盖久视此校、此位置为终身之业矣。每念孔子不愿去鲁，然终有不脱冕而行之日，代英不敢妄比。但去就之间念念于此，决不为个人计。即此次能不去，不愿去，亦不敢去也。

话虽这样说，但他毕竟还是十分热爱中学教育事业的，并不想离开学校。因为他认为这个职业是养成"善势力"的一个重要的、有效的方式。"总想一生做中学事业，比中学高的事业固然不想做，比中学低的事业却亦有些不屑于做的处所。"（10月2日日记）所以他一面决定牺牲自己的"饭碗"以保全学校，一面又在给朋友的私下信中表达了他对这份教职的眷恋之情。"我视此校如生命，同学如弟兄，但未知此番能不去否。"（7月5日日记）

迫于压力，7月3日，校长陈时委托覃寿堃维持校务。恽代英为自己辞职后的事业做了规划，决定仍然从事中学教育事业。"此次若去此得清闲事，亦预备肄习一、二专门学科，做混饭吃材料。但视此终非要事，因只求为中学事，决不望作大学教授也。精神因有事业而有所倚托，所以心神常愉快。暇或以书报消遣，无书报亦一样愉快也。足下知己，不辞狂渎而书之。"（7月3日日记）

7月4日，他将牺牲自己以保全学校的意思致函校长："如以我去职可救一校，勿惜一人。又表明我非愿去，去亦仍当助此校，而武人妖雾消灭后，如愿我回任，虽已富贵，必回任也。"

7月5日，恽代英和陈时商量准备和王占元对着干。"出访理恒（按，为六三事件受伤者）于集贤学社，为草上督军却还抚恤金书（按，身受重伤的陈开泰也却还王占元所赠送的50元调养之资，并发表却金书）。即偕河九（即马禹敷）至校，晤叔澄师，颇言拟用强硬手段对付外界干涉。"

然而，鸡蛋不能和石头硬碰，胳膊扭不过大腿，"秀才遇到兵，有理讲不清"。7月8日，陈时决定答应官方派遣两位管理员，恽代英名义上不担任教务主任职务，而实际上仍负责工作。"至校，叔澄师告以允受官厅所派二管理员，我不居主任名位，而骨子里仍须我担负主任之事，此次之祸，由我所酿，我固不惜自屈，以救此校。惟恐此等不鬼监（左右组合）不觥之办法，怕中途做不下去耳。"对于这一安排，他觉得不能十分遂心。

大概是学校对学生限制过严，7月18日，恽代英致函校长，称"学生活动可限制于单独进行的范围以内的，不可无限制的禁止"。在信函中，他批评校长用词"不当"，引起校长之不满。7月22日，他早至校，"校长以余致彼有'政客手段'语，谓立言太未检点。吾甚愿吾言为妄也。总之，只求此校根基稳，同学受福，社会受福。齐桓、郑简不失为贤，吾何问校长之是否政客耶？"8月21日，他在给胡适的信中私下说到校长是个"政客"。"我可以说我们校长是个政客，或者这名词下得太重一点亦未可知。但是他很信任我，所以教育方面，我在中学有全权做事——用人施教，一切他都不干预。"① 7月24日，"写致除名诸同学父

---

① 恽代英：《致胡适》1919年8月21日，《恽代英全集》第3卷，人民出版社2014年版，第76—77页。

兄信"，看来，学校开除过一些同学。

湖北若无代英，学潮遂不发生耶？

就在官方清算五四积极分子的同时，有同学对他鼓动学潮加以责问。7月8日，湖北高师学生张景武（复初）来信，"似甚怪我之于此次学潮不应参加活动者"。恽代英随即复信辩驳，就鼓励学潮之必然性，五四成功之功绩（唤起学生、民众的爱国心，促其觉悟），对群众心理的把握和鼓策做了详细阐述。

恽代英认为张复初对他的诘难，是其想法过于理想，没有注意群众的心理，脱离了当时的现实。他反诘道："（一）此次湖北学潮，不应发生耶？（二）湖北若无代英，学潮遂不发生耶？（三）湖北若无足下，湖北或第一师学潮遂不发生耶？（四）湖北若无代英，罢课之事遂不实现耶？"要之，湖北的五四运动，势所必然，不以个人的意志为转移，非个人所能遏抑或鼓动，而他所做的只是顺其自然，因势利导，从旁扶助而已。

足下后来极力主张不罢课，群众曾见信耶？代英以为，足下完全未注意群众心理，足下乃注意理想，而代英并非注意理想也。代英于此事发生，一顺其自然——群众心理发展之自然——而随在尽力范围之扶助之。初原不料能各校联络，乃至罢课也。惟事机既进一步，便只有在那一步上想。

罢课妨碍学生的求学固然是事实，但对学生的思想以触动和影响也是事实。恽代英说："又因此次学潮，不甚活动之有志者，渐进于活动，不甚切实之有志者，渐进于切实。不在代英左右者，代英不得知。

在代英左右，因其创痛之深，迎机引导，至少多可恃者三五人，此亦事实也。"他以为，这场运动正是一场难得一遇的思想教育运动。

今日所为，即教育之一种手段，且以其刺激性稍强，故尤为有效力之教育。所惜者，能因势利导之教育家少耳。然即此，所生效力仍有可言：（一）可以增工商界乃至学生之自信力，为平民政治进一步。（二）可使有志者受一番强刺激，生活动切实的觉悟。（三）可使平民注意政局之腐败，而生不满现在之思想，为革新之动机。

学生果能有一种积极的大活动，工商界可动，且学生自己对国家观念或加明了，责任心亦加重。请问足下，假如教育家平日总令学生爱国，今既有举国认为爱国之事，又禁不令做，此足以长其爱国之念耶？抑正所以打消平日教育之效力耶？今日所以举国乃至举世认此等罢课为正当者，岂不以此为可怜的中华民国无法之法，只有且一试验耶。足下必持纯理以论之，且不顾此种活动之必要与利益，亦过矣。

因此，"虽少读一月书，似为害甚少"。相反，所获甚多。

针对复初所说，这次成功实属侥幸，恽代英也同意，但是在目前国家无实力和民智未开的情况下，舍此一搏，还能有什么好办法呢？

针对复初所云"乌合之群，不可与谋"，恽代英反问他，"除合群外，救国之法如何？"他认为群众固然有弱点，我们应当善于利用，以做正当的事业。他说："足下若能离世独立，不顾国亡种奴，诚无可责。不然，正须以合群练习指挥群众，鼓策群众之能力。野心家利用群众弱点，鼓策群众之能力。野心家利用群众弱点，足下独不思善用此弱点，亦可导入合当之境？"

这一复信,亦可视为他对五四运动一种实事求是的省察和评价。

● 福州事件:游行是"很少价值的事"

1919年11月16日,福州发生了日本居留民团寻衅闹事,并打死打伤我爱国学生和警察的"福州事件"。这一事件再一次刺激了全国的反日情绪,各地学生再掀风潮,是可视为五四运动的余波。

沟通无果的教职员学生联席会议

12月6日,武汉学生联合会召开会议,公推高师、高商、中华、文华四校代表赴督省两署及教育厅提出两个请求条件:一请求电争福州,二为允许公开集会。① 代表举出后,四代表当即向省署请愿,谓可由教育厅厅长路孝植接见转达,路厅长对第一条满口应允,对第二条不能立允,谓次日1时答复。当晚,路厅长通知各校校长于7日开会,并谓"期限太促",延至8日答复学生。

12月7日,各校校长在教育厅开会,"查此日会议之结果即在教职员亦加入学生联合会,共策进行,以免隔膜。至于学生所要求公开之问题,则亦许其公开,至地址则暂定鄂园云"。教职员加入学生联合会,一方面是便于沟通,一方面是便于牵制。该日,恽代英为学生"即讲福州交涉事"。

12月8日下午,四代表本拟前往教育厅等候答复之时,四校校长邀请四学生代表于高等商业学校开联席会议。"会议结果系由各校长

---

① 这两个条件为:"(一)请求代电部院向日本严重交涉,务获胜利,勿稍退让,以保国际体而,而息民愤。(二)请求收回干涉。该会成命并声明:今后该会开会以公开为原则,以合法为归宿,并俾民意发泄而免反响。"(《闽江潮接汉江潮》,《大汉报》1919年12月9日)

拟亦组织一教职员联合会加入学生会中，于鄂园共同集会讨论救国进行事项，庶两不相隔膜。各校代表当答以俟各校代表共同集合再取进止，此时无权许。最后乃决定由中华大学校长起稿发公启，由文华学校学生协进会承办此事。"①

直到12月11日，教育厅回复学生，对于第一条请求电争福州，已得允许，对于第二条允许公开集会，"口头允许"。教育厅恐学生不满意，遂召集校长团在教育厅开会讨论，其结果是对于第二条，委托校长与学生再行磋商。

由是，12月12日，校长和学生在鄂园召开联席会议。在会议召开之前，34校学生代表就章程修正案，召开改组正式成立会的时间和地点，组织演讲队鼓动民气以及接洽商界抵制日货等事宜达成一致意见。联席会议上，校长到会者有高等师范学校校长刘宏勋、中华大学校长陈时等19人，总体而言，校长们是站在官方的一面，劝解学生勿生事端。

中华大学校长陈时首先发言，大致谓：

> 今日之联席会议，乃各校长与学生精神贯注的第一次。我们大家以后总要同负责任，彼此相见以诚，凡学生做不到的事，我们必须与你们消除前途障碍，使你们不至受困难。我们与学生好比那电气，如果有机匠来照料方不至有触电之事。所以我总望你们取和平手段，不荒功课，不反对政府，我们诚意切磋，一致对外，官厅未必真无心肝，只要〔要〕你们不做出轨外行动，他又何苦来干涉云云。

关于组建了教职员学生联合会，学生联合会还存在不存在的问

---

① 《福州交涉之各方面》，《大汉报》1919年12月11日。

题？对此，陈时称，"学生会当然存在，我们今日师生联合顶好定名为武汉中学以上教职员学生联合会"。会上，两方立场不同，各说各话，不欢而散。

夹在督省两署与学生之间的教育厅厅长路孝植左右为难，"不得已乃权于指定地点开会一层作限制之，许可地点暂许鄂园，到会者仅许学生代表，非代表不得列席，开会时各校管理员必到会"①。

12月12日，文华学校邀各校学生代表开会，主张于13日午后1时赴军省两署请愿。"多数主张与校长全体通过后再行决定，如是分请各校长午后五点钟又在鄂园开联席会议。"第一师范学校校长刘风章、外国语学校校长金定九、中华学校校长陈叔澄等五校校长莅会并相继劝说云："上季出队之恶果，并引以为鉴。且现在官厅对于学生行动亦未如何干涉，所有请愿事件已为容纳，正筹实行办法，并未严拒，遽预出队似可不必，讵久之迄难和平。"②然而学生代表认为非集会不可。

看来，陈时于12日当天在鄂园参加过两次校长学生联席会议，一是作为十九校校长代表之一和学生代表讨论磋商学生所提"公开集会"之要求，一是作为五校校长代表之一讨论文华学校提出的次日游行事，要皆劝解学生。值得注意的是，就在陈时与学生开联席会之先一天，12月11日，恽代英日记云，"到校长处商应付学潮事"。看来，恽代英和校长所商当是如何应对学生。

五校宣言反对游行，学生请愿暂得胜利

文华学校等学生执意决定于13日游行。12日夜，教育厅长分电各校长，命其剀切开导学生切勿出队。第一师范、外国语、中华大学、勺庭、

---

① 《学生和官厅对闽事的态度》，《大汉报》1919年12月13日。
② 《学生校长联席会议讨论闽事》，《大汉报》1919年12月14日。

第二中学五所学校召开全体大会,一致主张采取"稳健态度",对于13日的请愿,"无多数赞同"。12月12日,恽代英日记记云,"为学潮事,本校又大受摇动"。恽代英日记所记,当系中华大学如何应处次日游行之事。

13日晨6时,各视学及省署教科人员,与教育厅人员纷赴各校劝导勿出队。军警也特别戒备,严阵以待。陈时、恽代英积极劝阻本校学生。

恽代英日记这样记载,"第一时因校长为学潮训话未上。第二时与五班人谈话,勉其多做根本事业。原谅朋友"。显然,此当系陈校长、恽老师劝阻本校学生不要外出请愿,因此,我们可以看到,这次游行,文华大学出动学生多达438人,而中华大学参与者只有40人。就是当系他们努力之效果。

如上所述,这次请愿活动,文华学校为首的大部分学校,态度坚定,势必出队。而第一师范、外国语、中华大学、勺庭、第二中学等五校,态度"稳健",宣告单独行动。报载:"除第一师范校长刘风章腐败已极实行压制、禁止学生出校外,余如中华大学因代表吴树斌挑起学生与联合会之恶感,致被全体同学取消其代表资格,并饱以老拳。"

五校发表宣言反对游行,宣言云:"人民者国家之分子也。人民优良其国必强,人民恶劣其国必弱,事理之当然,亦古今之所同也。大厦将倾,非独木所能支,少数人爱国,夫何救于国之立乎?同人等之所以组织学生联合会,游行演讲,提倡国货,益深具唤醒国民,改良社会,强我国家之苦心,牺牲求学宝贵之光阴,岂得已哉!惟我父老兄弟姊妹谅之。"①

---

① 《轰轰烈烈之学生请愿团》,《大汉报》1919年12月15日。

12月13日午后，以文华学校为首的武汉各校4920名学生到省署请愿，当天下午，恽代英"上街观各校请愿"。游行学生向武汉当局提出四项条件："第一、要求电达中央；第二、要求允许本会检查日货；第三、要求允许本会择地点演讲；第四、要求指定地点给本会公开会议。"① 至14日凌晨3点多，何省长对于学生的四项要求，不得不予以圆满的答应。"各学生所要求四条，全省议会正副议长屈佩兰、刘挥、李德寅三人签字承认，复经何省长宣读。兹附录于次：（一）电达中央，据鄂省各校学生请求，对于福州事主张以北京国民大会所要求八条件严重交涉。（二）武汉学生联合会公开（准在鄂园开会）。（三）择地演讲（以武、阳、夏三处）。（四）联络商界提倡国货。屈佩兰押、刘挥押、李德寅押。"② 后来，官方随即翻悔，称当初答应学生的条件是出于一时"权宜之计"，"不能不加以限制"，并宣布戒严，提前考试，这些当时的许诺事实上已经失效了。

恽代英虽然反对并劝阻学生游行请愿，但他并不反对爱国抗日，次日，他作《福州交涉始末》。13日的学生游行，虽以暂时的胜利而告终，但他对学生在13日外出游行还是颇为不满。在14日的日记中，他戏拟了"凉血动物宣言"和"传单"。对学生的游行大加嘲讽。他承认人家说他是"凉血动物"，反诘那些"热血动物"也就"只有五分钟"的热度，批驳他们开着玩笑、吃着纸烟去请愿，嘲笑他们凡事都要请求这"民之父母"——高贵的省长，质问他们"你到底预备为国家牺牲你自己许多？"因为，他认为学生请愿游行是"很少价值的事"，应当谋求"根本救国计划"。可是，在五四运动时，他对张复初的回答却是"虽少读一月书，似为害甚少"。

---

① 《武汉学生联合会请愿详情》，《大汉报》1919年12月14日。
② 《轰轰烈烈之学生请愿团》，《大汉报》1919年12月15日。

15日，恽代英为学生"讲评此次学潮"。我们大概可以从他先一天在日记中所写的那些文字里猜到他是如何讲评这次学潮的。这天，他做了一个办《市民旬刊》的计划。因为他认为除学生文化运动之外，还应当有市民文化与乡村文化运动，而这两种运动以市民文化运动更要紧，因为"他直接对于政治同社会有关系"。

12月16日，武汉学生和市民在汉口爱国花园召开国民大会，讨论中日交涉及后援政府办法，到会者数万人。宣言、演讲、通电，并提出八大条件："（一）撤换驻福州日本领事；（二）日政府向我国政府谢罪；（三）慰恤死伤同胞；（四）惩办行凶日人；（五）惩办日领署警长；（六）保证以后在华日人不得携带武器及此类行为；（七）撤退日舰日军；（八）收回日本在华领讲裁判权。"① 这天，恽代英与朋友"同到国民大会演说三次"。

1919年末的福州事件和五六月份的五四事件，性质上都是学生为了防止政府对日妥协的反日爱国运动，因此，福州事件也可以视为五四事件的延续。前有五四事件成功的范例，福州事件爆发时，学生便再接再厉，"照葫芦画瓢"，或者说，"故伎重演"。但问题在于，正因为它是五四事件的"拷贝"，其"停课闹游行"之意义和价值，与此前的五四游行相比，在人们的心理上和事实上都大打折扣，人们对于这种抗议方式的必要性和有效性就有所质疑，而对其"有害性"也有所思考。这与头婚和二婚、初恋和再恋的差别有些相似。

因此我们可以看到，与五四运动时恽代英积极谋划、热情参与学生运动不同的是，在福州事件中，他对学生运动所取的态度已经截然不同了。

在恽代英的"五四日记"中，"五七"国耻纪念，武昌学生团、武汉

---

① 《积极进行国民大会》，《大汉报》1919年12月17日。

学生联合会的成立和活动,"五一八"游行,抵制日货,"六一""六三"军警与学生的冲突,放假令,全国学生联合会的成立,"五烈士"追悼会,官方对运动积极分子的压迫,武汉罢市、福州事件后学生游行等事件,都一一铺陈在这激荡的1919年的五四画卷上,恽代英和众多学生市民一样,被夹裹其中,参与其中,只不过恽代英是其中较为耀眼的一个。这是恽代英个人的五四运动史,同时也是武汉地区的五四运动史。因为他一方面代表他个人,另一方面也不完全代表他个人。

(二)五四运动中的恽代英

对"恽代英的五四运动"有了一个大概的了解之后,我们要进一步分析"五四运动中的恽代英"。即:恽代英是以什么样的身份,用什么样的方式参与这场运动的,在运动中,他所持的是怎样的一种态度,他又是如何看待学生运动的,以及他有着什么样的觉悟。只有弄清这些问题,才能客观地评价他的表现和贡献。这里,我们逐一探讨这些问题。

● 居幕后协助指导

与众多的五四运动参与者和旁观者不同的是,今天,恽代英被称为是湖北武汉地区五四运动的"领导者与组织者"。他昔日的好友伯林这样说:"当五四运动开始时,他便是武汉学生响应北京学生抗日锄奸运动的领导者与组织者。当时他组织了武汉学生举行了空前的救国示威运动,并组织了学生发动汉口商人罢市。"① 他的另一个昔日好友郑南宣这样说:"五四运动时,武汉学生联合会及武汉各界联合会曾经轰轰烈烈地与反动北洋军阀进行了不屈不挠的斗争。这其间,推动、鼓励斗争的胜利开展的,代英同志确是最主要的人物。他计划指导,他奔走呼号,辛勤备至,这是我亲见亲闻的。当时统治湖北的北洋军阀王占元,也知道代英同志是爱国运动中的中坚分子,曾策动当时湖北省议会议长屈佩兰劝告、压迫中华大学校长陈时,速将代英同志撤去。当时遭反动军阀所最忌者,代英同志是第一人。近年来有些纪念五四运动的文字,认为领导武汉五四爱国运动的,还有其他一些当年不在武汉的同志,这是不符合事实的。"② 当时,恽代英在对朋友的信中也说:"故足下似言此次学潮应由代英负责,误也。"虽然他说他只是在运动中起到推波助澜的作用,但从朋友对他的指责中,恰恰可以看到他在运动中起到了重要的作用。

要理解和评价恽代英在武汉地区五四运动中的活动和所起的作用,首先要注意的他的身份。1918年他中华大学毕业后,受校长陈时之邀出任中华大学附中部教务主任。这时的恽代英已经不是一个学生,而是武昌中华大学附中部的一个老师。

"自来学生参加革命运动,教职员总是置身事外,不肯出来活动的。"原因很简单,教师有"后顾之忧"。1918年从北京大学英语科毕业,随后在北京大学预科补习班担任英语教师的李季这样说:"因为教职员多半都是有家室的人,平时的生活虽不能说怎样席丰履厚,然

---

① 伯林:《回忆恽代英》,中国社会科学院近代史研究所编:《五四运动回忆录》续,中国社会科学出版社1979年版,第375页。

② 郑南宣:《永远的景仰》,载《回忆恽代英》,人民出版社2015年版,第111—112页。

大概差堪温饱，学校一旦发生事变，他们的饭碗就成了问题，所以遇事老成持重，长虑却顾，把革命性一齐丧失掉了。他们不独不肯领导学生运动，并且还要阻碍学生运动，无中无西，都是如此（这是就一般情况而论，当然也有例外）。"我们还可以看到，对于学生运动，教职员不光不支持，而且还反对。"当五四运动初起之时，北京各校的教职员多持一种反对的态度，否则也是不闻不问，袖手旁观，至于站在前面来领导的，找不出一人，站在背后帮忙的，也许有几个。"[1] 正是因为教师身份的限制，对李季来说，他就"与学生隐隐约约的隔着一条鸿沟，对于当日的示威运动也没有参加。"他是以北大毕业生的资格"加入群众大会或跟着游行，并且没有出面演过说"。[2]

和李季很相似，恽代英也是刚刚踏上教师的工作岗位，对于五四运动，他当然不愿、也不能置身事外，但他也没法"冲到前头"，他多是"站在背后帮忙的"。

由于他已经不是学生，一些学生的组织和活动就因此一身份限制就无法充分参与。比如，他所在的中华大学在五四运动时极为活跃，几乎成为武汉各校的中心。（5月10日，"武昌学生团"在中华大学成立；5月14日，"武汉学生联合会"也在中华大学成立。）然而，由于他没有学生的身份，他在学生组织中间自然无法取得适当的头衔和地位，自然就无法在台前参与学生活动，不过这并不是说他就因此而无法参与学生活动，这也不妨碍他做一些幕后工作。

又如，当时湖北曾选派两位代表前往上海参加全国学生联合会，一个是武昌文华大学学生会主席余上沅；一个是他的学生，中华大学中学部第三班学生，后来的中国工人运动早期领导人林育南。恽代英

---

[1] 李季：《我的生平》第1册，亚东图书馆1932年版，第193—194页。
[2] 李季：《我的生平》第1册，亚东图书馆1932年版，第199—200页。

私下觉得这两个人并不理想，一个言语不通，一个口才短少。他甚至"拟自告奋勇，为湖北学界一行"。然而他又苦于非学生身份，"名不正则言不顺，言不顺则事不成"。"再用真姓名，恐学生会以现在非学生而不承受。用假姓名又恐他日事泄，人笑湖北学生界无人，而及于我。故冒昧一殊为不妥。"可见有学生身份和没有学生身份，在五四运动中参与的程度和发挥的作用大不相同。

当然，他虽然不是学生，但学生代表和他保持有密切的联系。我们能看到，5月17日，武汉学生联合会成立。18日，学生代表前往军民两署谒见督军王占元、省长何佩瑢，参与这些活动的中华大学学生代表兰芝秩当天就向恽代英报告了谒见之情形。5月25日，林育南等同学也和他谈论了学生联合会内部之问题。这种联系有助于他及时而充分地了解学生的组织和活动，并能使得他本人以他的方式参与到这些活动中。

在这种"非学生的身份"的情况下，他显然更适合做一个"内幕人物"，做一些"幕后工作"。胡治熙就这样说："代英在武汉久负盛名，难免有人嫉妒他，尤其是北洋军阀的御用文人，常找机会造谣中伤他。他们扬言，代英本身是教师而不是学生，对学生运动不应该插手领导。于是，代英便总在幕后指导，更强有力地领导了运动。他很少公开露面，避免给反动分子以口实。"① 因此，在五四运动中，我们可以看到，他不是像学生那样，身处一线，走上街头，更多是退隐幕后，参谋协助。这就好比一台戏，当学生在舞台上亮相表演的时候，它的幕后还得有导演、灯光师、化妆师、音响师、舞美师等一批服务人员来支持协助。在这场运动中，恽代英所居的身份正是后者，而不是前者。这也提醒我们，我们在谈五四运动时，既要能看到游行、示威、演讲这些"台

---

① 胡治熙：《缅怀恽师》，载《回忆恽代英》，人民出版社2015年版，第152页。

前表演",还要能看到那组织和服务于这些游行、示威、演讲活动的"幕后贡献"。

他自己也是这样自我期许和定位的。比如,5月29日,他决心将他设想中的《决心》旬刊办成以"助吾党之士"。"国事益急,吾为个人尽匹夫之责,亦求可以尽力,于助吾党之士似不可缓。"这里,他是以"帮助者"的身份自许的。又如,鉴于他无法代表湖北学界前往上海参加全国学生联合会,他就想他可以置身幕后,做一些"智库"工作。"又思以一人往,而吾与偕作运筹帷幄人物,或吾独往,为清诚作内幕人物亦可。"这里,他是以"谋士"的身份自许的。更何况,他强调"爱国总要克己",特别是"出风头的爱国,更要克己"。在人人感情奋发、情绪激动的时候,理性而务实的恽代英更愿意躲在幕后"做实事",而不是在台前"出风头"。

事实上,他确是以"幕后人物"的身份参与到这场运动中的。这幕后工作内容有二:一曰协助服务;一曰参谋指导。他一方面发挥其文才,做了大量的重要文字工作,如写传单,受学生委托起草各种宣言,拟上北京大总统、国务院、湖北督军、省长电文等。另一方面运用其智慧,随时给学生以指导和建议,比如,5月12日,"武昌学生团"成立时,学生内部意见纷呈,恽代英就致函各校,"劝其勿趋激烈,亦戒濡滞",宜采取一种中正的态度和方式。5月21日,有学生来谈欲发起"学生实行提倡国货团",恽代英为其"拟学生实行提倡国货团办法大纲"。6月16到20日,他奋战数日,一气写成《武汉学生联合会提出对于全国学生联合会意见书》,为全国学生联合会建设贡献他的思考和建议。

因此,我们可以看到,他的同学在回忆他这个时期的表现时,就会这样说:"他日以继夜地出主意,想办法,出谋定计,并负责写书面东西,以及对外进行各个面的联络。"① 他的学生也这样说:"中华大学学生会的领导林育南烈土〔士〕是这次运动的核心人物,他是在代英老师的指导下进行活动的。……林育南烈士经常和代英老师商量,组织指导运动。"② 他正是以一个老师的身份,身居幕后,为学生提供着服务和指导。

可见,在五四运动中,恐怕从恽代英的"老师"的身份出发,方能对他在五四运动中的活动和贡献做出准确的理解和贴切的评价。可以设想,如果他晚毕业一年,以他的满腔热情和任事的能力,他一定会在学生运动中勇立潮头,大放异彩的。

● 发洪音奋笔疾书

"身居幕后"的恽代英为学生提供着协助和指导,这种协助和指导是通过他的"文笔"来实现的。恽代英素有作文之长才和"发达"的"脑力",在五四运动中,他奋笔疾书、激扬文字,推波助澜,激动人心。"做文"可以说是他参加五四运动最重要的方式和最大的成绩。

文人革命家

人们常常会以为,革命者的牺牲精神固然可嘉,但其文化程度往往略显不足,即他们能"武"不能"文",能"勇"不能"谋",这是人们对革命者的"刻板印象"。事实上,很多革命者首先是一个好学深思、思想进步的知识分子。思想家学者陈独秀、李大钊,文人瞿秋白自不必说,诗人应修人、理论家恽代英莫不如此。其实也正是他们的好学深

---

① 冼百言:《恽代英的青年时代》,载《回忆恽代英》,人民出版社2015年版,第246页。
② 柳野青:《回忆恽代英老师》,载《回忆恽代英》,人民出版社2015年版,第272页。

思、思想进步，才使得他们"死心塌地"地接受了革命的理论，坚定不移地选择了革命的道路。如果单就对知识和文化的追求而论，他们的勤奋上进，他们的文章著述不光独步于当时的青年，即便与今天的青年相比，我们恐怕也望尘莫及。

对今天的人们来说，恽代英是一个革命烈士，他的"革命者"的身份和功业一定程度上遮蔽了他的"文士"的身份和功业。他是黄埔军官学校政治总教官、八一武昌起义前敌委员会委员、广州苏维埃政府秘书长、中国社会主义青年团团中央宣传部部长，但他同时也是"国内著名的政论家和教育家"①、上海大学教授和翻译家②、《中国青年》创始人和主编。可见，恽代英不只是一个政治家和行动家，更是一位理论家和宣传家。当然，在其短暂的革命事业中，他主要还是以他的文笔来建功立业。

1950年5月，与恽代英长期共事，同他"个人感情也很深"的周恩来在纪念恽代英殉难19周年的题词中这样评价他："中国青年热爱的领袖——恽代英同志牺牲已经19年了，他的无产阶级意识，工作热情，坚强意志，朴素作风，牺牲精神，群众化的品质，感人的说服力，应永远

---

① 廖焕星：《武昌利群书社始末》，中国社会科学院近代史研究所编：《五四运动回忆录》续，中国社会科学出版社1979年版，第369页。矢志教育的恽代英在教育界颇有声名，各方曾积极延请他前往办学。1920年秋，受安徽宣城省立第四师范学校校长章伯钧邀请，恽代英担任教务主任兼教授修身、英语。1921年，恽代英受邀前往四川泸县川南师范学校任教，并于1922年接任校长。廖焕星回忆称，"各方面都想借重这位爱国主义的新教育家来办学、教学。河南信阳的朋友，愿筹一笔资金请代英同志在柳林创办代英所计划的柳林中学，我曾奉代英同志之命到柳林筹办。章伯钧以安徽宣城师范校长名义，请代英同志去任教育主任；舒新城以湖南第一师范教育长名义，请代英及其同志去任教职。代英同志提出带人附学的条件，因只是一人来教学，收效尚微，必须带人来附学，在学生群众中做工作，组织学生，使之向上转移学风。当时师范学校带人附学的条件颇难做到，因师范学校的官费待遇有一定的名额，可是宣城、长沙都答应了。"（廖焕星：《武昌利群书社始末》，中国社会科学院近代史研究所编：《五四运动回忆录》续，中国社会科学出版社1979年版，第371页）

② 恽代英从1916年始就开始发表翻译作品，他翻译的多是教育类文章。在他翻译作品中，尤以1919年底所翻译考茨基的《阶级争斗》一书最为著名。

成为中国革命青年的楷模。"① 其中,"感人的说服力"正说明了恽代英在理论和宣传工作上的贡献。1961年,恽代英遇害30周年之际,董必武亦有诗云,"手书口说万人钦"②。恽代英的特长和贡献正在于他的"一支笔"。很多人日后回忆他的时候都异口同声地提到他的作文和演讲的魅力。他那种"感人的说服力",用他的话来说,来源于"情"。恽代英常对其学生的林育南说:"论理性化人,不如感情有力。盖以情动者,上智下愚皆有桴鼓之应。"用别人的话来说就是,"有如一团炽热的火能熔化人的感情,使人感奋不已"。③

恽代英虽然"拙于交际",但他有作文之长才。他出身武进(常州)望族,其祖辈恽敬系阳湖派代表人物,与桐城派的姚鼐齐名。虽然其祖辈的文功很难说能泽被后世,但他还是有一种作文的天赋。他自云13岁时,读书不多,作文却好,常为师长所表扬。"然吾读文不过十余篇,能记忆者更少,能涵蕴其味者更少,吾不知吾文何由而得师长赞美也。"他的朋友回忆说他的小学老师经常抄他文章中优秀内容。"在小学时,国文老师镜涵先生(后在中华大学任教)极喜爱他,称他为'奇男子',经常将他作文中的优秀部分抄录下来,日积月累,时间长久了,竟集成一大本。其文之动人,可想而知。"④ 可见他所言非虚。

他也惊奇并自信于自己有作文之"天才"。1915年,他说他做起文章时文如泉涌,"振笔直书",洋洋洒洒,辄数千言,"若仙助者"。"吾为文皆不预布局面,见题即直抒己意。亦不好矫作古语奇语。但偶一为之以为笑耳。吾作文振笔直书,新颖之思想自然由笔尖写出,此思想之由心至手、至笔、至纸,顷刻之间耳。于顷刻之前,吾固无此思想也。此等奇

---

① 恽代英:《恽代英文集》上,人民出版社1984年版,插图。
② 董必武:《董必武诗选》,人民出版社1977年版,第143页。
③ 郑南宣:《永远的景仰》,载《回忆恽代英》,人民出版社2015年版,第115页。
④ 冼百言:《恽代英的青年时代》,载《回忆恽代英》,人民出版社2015年版,第240页。

境,吾每作文即遇之,仿佛若仙助者。言谈之间亦然,每有隽语冲口而出,自诧其奇,确非所料也。"

写作的无滞障得力于思想之发明,很多人写文章写不出就是因为没有思想,而他却自觉"头脑里有无数之新奇思想",也自信在思想界他有自己独到的领悟和见解。他为自己的头脑之清醒("绝无常人头脑永不清楚之状态"),思想之创获而自感惊奇。"吾亦不自知吾脑力之发达何似也",他自己甚至觉得自己可能是个"奇人","吾每自思,或吾之天才非人所及,古今中外无可相并者"。

1914年10月1日,19岁的恽代英在《东方杂志》第11卷第4号发表《义务论》,此为他本人"投稿之一新纪元",此一"最得意之事"让他振奋和鼓舞。他本来上学时"考试冠军,不须学费",现在有了历次稿费之所得,"颇足购学用书之半",几可自立。不过投稿之成功对他来说更重要的是,"此事乃职业成功之小影也"。是的,日后他所依恃的正是他的那一支健笔。

自从1914年发表作品以来,直到1931年牺牲,17年间恽代英在《东方杂志》《新青年》《少年中国》《中国青年》《民国日报》《时事新报》等各种重要报刊上正式公开发表文章若干,在其短短的36年的人生中,他总共留下290余万文字。① 分量不可谓不重,笔头不可谓不勤。

平均不到两天就写一篇文章

1919年的恽代英,正是以他的激情、思想和文笔,参与着五四运动。

---

① 据新出版的《恽代英全集》9卷本(人民出版社2014年版)统计,恽代英所作文字共有290余万字。

据恽代英日记的记载，从1919年5月初到7月的三个月中，他所作的与五四运动相关的宣言、传单、文章以及与朋友书信等总共有50篇左右，平均不到两天就写一篇文章，其笔头之勤，风头之健，可见一斑。除过一些油印传单在大街上散发之外，其在报刊上正规发表的"重量级"文章有9篇。

其文章如下表所示：

表一：1919年5—7月恽代英在报刊上发表文章一览[①]

文章题目	发表报刊和时间
《武昌学生团宣言书》	《大汉报》1919年5月13—17日
《呜呼青岛》	《大汉报》1919年5月20日
《武汉中等以上学生电北京大总统及国务院》	《汉口新闻报》1919年5月17日
《湖北全体学生上督军省长书》	《大汉报》1919年5月30日
《学生周报发刊词》	《国民新报》1919年5月31日，又载《时事新报》，1919年7月3日
《骂人五分钟热心者注意》	《大汉报》1919年6月7日
《武汉学生被官厅解散最后留言》	《大汉报》1919年6月7日，又载《湘江评论》临时增刊，1919年7月2日
《为什么要罢市》	《大汉报》1919年6月12日
《武汉学生联合会宣言书》	《新申报》1919年6月21日
《武汉学生联合会提出对于全国学生联合会意见书》	《时事新报·副刊学灯》1919年7月8日至12日；又载《汉口新闻报》1919年7月15日至23日

要知道，这些文章不同于一般的个人感想或评论，其多是代表学生团体所发表的具有宣言性质的文字。也就是说，恽代英所代表的不只是他自己，更是武汉的学生，他所发出的声音不只是自己的声音，更是武汉全体学生集体的声音。

[①] 参见《恽代英著译目录》，田子渝、任武雄、李良明：《恽代英传记》，湖北人民出版社1984年版，第195—196页。

他也自认为他于教育界或言论界,"今日亦有小小实效"。从中足见在五四运动时其言论的效力。

拟编种种报刊

恽代英认为"传播时事真知识,为最切要的爱国活动"(6月9日日记),而唤醒工商界及多数平民的重要途径之一便是发表舆论:"用报纸发表时事,以有系统之叙述,有眼光的批评写出之,使工商界及平民知有国家而爱之,知有武人政客之罪恶而渐廓清之。"

恽代英不光是报刊杂志的作者,同时也是报刊杂志的编者。

他向来就有编辑报刊的兴趣,并有所尝试。据胡治熙回忆称,恽代英曾在他的大家庭中,"组织伯叔兄弟自学,并自办一小型月刊,按月轮流由一人主编,把当月国内外大事、重要新闻、学习心得、小品文等作品,笔写汇集成册,在兄弟间传阅"①。1915年的时候,他与黄负生、梁绍文、冼震等创办油印的《道枢》杂志。1919年3月,在他的影响和指导下,林育南、胡业裕、魏以新等中华大学附中部学生主办的刊物《新声》半月刊,此系"武昌第一个新文化出版物,或者亦是全国响应北大新思潮的先驱者"②。后成为1917年11月8日恽代英在学生中发起组织的"互助社"的社刊,五四时期,恽代英还编纂武汉学生联合会所办的

---

① 胡治熙:《缅怀恽师》,载《回忆恽代英》,人民出版社2015年版,第148页。
② 恽代英:《利群书社》,张允侯、殷叙彝、洪清祥、王云开:《五四时期的社团》(一),生活·读书·新知三联书店1979年版,第125页。这一学生刊物当时受到很多青年的欢迎,时在上海的一位青年银行职员、后来的革命烈士应修人就曾在日记中将这份刊物与《新潮》等同,并去函索讨过刊。他在1919年5月19日日记中云,"蒔凡君送我《新声》第六号,很好。就写信到武昌大学新声社讨第一至五,又以后附邮费一角;并述:《新潮》等而后更有同声的《新声》,怎不欢迎。并劝稍收些费,以谋普及。"(上海鲁迅纪念馆编:《上海鲁迅研究》(1997年10月),百家出版社1997年版,第46页)。27日,新声社回信称,"《新声》为同人商量用,无新思想,不敢卖钱。"并邮来搜罗而来的《新声》过刊,应修人回信云,"贵报,极爱读,可补《新青年》《新潮》的不及,请多介绍有益的书报。"(同上,第48页)。可见,此一学生刊物在当时之影响。

《学生报》。

他善于学习并借鉴"较汉口各报远优"的《申报》《时事新报》的编法,并批评《汉口新闻报》新闻标题的幼稚和古板。"新闻纸不良之点,我已著专篇论之。犹有汉口新闻报,其标题之法,总取如前昨之该报相同,而附以(二)、(三)等字,至(七十几)而不换他种题目,似惟恐引起人注意者。就营业上言之,可笑极矣,或该报原为看报当读经书人看耶。"(7月25日日记)

风起云涌的五四运动使他创办新的报刊的冲动愈发强烈。依据当时具体的时代背景和他的思想的变化,在其日记上,他曾先后较为详细地擘画过八九种报刊的框架、内容,以及他们的运作和发行。以下,我们对他计划创办的报刊做一梳理。

5月21日,注重抵制日货、提倡国货的恽代英"拟学生实行提倡国货团办法大纲",并拟印刷《爱国周报》。他设计了《爱国周报》的框架、内容和运营方式。

> 《爱国周报》分(一)论说,贵恳切简明。(二)记载,注重国家大势及爱国活动,以有系统的简明叙述为主。(三)国货调查,注意国货品类、价值及商情。(四)本团消息,每周必报告团务及团中款项。以上文体均用白话,庶易动人。不涉及范围外太远之事。

5天后的5月26日,他又想模仿《共进》办四期《勿忘国耻》周刊。主旨是"爱国",主要内容包括,"以指示人爱国方法,劝人爱国方法为目的","叙每次交涉之实情,及失败后损失之实情",国货介绍及杂评。如果无款无稿的话,他想他自己可以全任。"但怕事多不能接续下去,所以有些迟回。"

"我观中国人所最缺乏者,乃决心也。"次日,他"决心"将《勿忘国耻》周刊拟改为《决心》旬刊。既然是要办《决心》,就得有此番"决心"。5月29日,他在日记中说:"吾实无暇做日记,因吾极欲将《决心》办成。国事益急,吾为个人尽匹夫之责,亦求可以尽力,于助吾党之士似不可缓。"

这次他似乎下了"决心"要把这个刊物办成,接连写了数篇文章。5月30日,"作《谁有决心》及《骂人五分钟热心者注意》,颇快意。未免骂人太刻露,则憾事耳"。31日,"作《中国与日本最后之决斗》,约三千言,即删改前作《青岛同山东利权》,而改语颇扼要。原拟刊之《决心》,晚定投《学生》,取其传播较速较广也"。当然,这个《决心》也没有办成。

5月29日,武汉学生联合会的《学生》周刊出版发行,该周刊由中华大学、公立法政专门学校、高等师范学校、高等商业学校四校总代表担任编辑,"以唤起国民爱国热忱,提倡国货坚持到底为主旨"①。

6月16日,恽代英在日记中提出改组武汉学生联合会的《学生》周刊的意见,其意见正是他这时正在拟办的那些刊物的想法。"《学生报》吾意即就吾素日所想之《勿忘国耻》周刊、《决心》旬刊、《每周通信》等等办法。"

---

① 《〈学生周刊〉之编辑》,《大汉报》1919年5月30日。据有研究者云,恽代英"亲自"为《学生周刊》刊拟订办刊宗旨。(任武雄、李良明、田子渝:《恽代英》,中共党史人物研究会编:《中共党史人物传精选本》第6卷,人民日报出版社,中央文献出版社2001年版,第399页)。又据许德珩的回忆云,恽代英"亲自"为《学生周刊》撰写了发刊词。(许德珩:《怀念恽代英同志》,载《回忆恽代英》,人民出版社2015年版,第3页。)发刊词为:"嗟我中国,强邻伺侧,外交紧急,河山变色。壮哉民国,风起云蒸,京津首倡,武汉继兴。维我学界,风潮澎湃,对外一致,始终不懈。望我学生,积极进行,提倡国货,众志成城。力争青岛,事出至诚,口诛笔伐,救国之声。愿我同胞,声胆俱张,五月七日,毋忘毋忘!"(恽代英:《〈学生周刊〉发刊词》,恽代英:《恽代英全集》第3卷,人民出版社2014年版,第56页。《恽代英全集》编者将此文写作日期定为6月29日,文末出自1919年5月30日的《大汉报》上,显然,6月29日的文章不能发表在一个月前的报纸上。)在恽代英日记中并没有他作发刊词的记录,一般情况下,恽代英拟办刊宗旨、做文章都会在日记中记下来的。

他对《学生》周刊的宗旨、内容和办法详加规划。其宗旨是:

  注重传播时事知识。罢市之不能持久,即关于青岛之力争,国民颇有馁意,皆以缺乏时事知识之故。故此项之传播,颇有必要。传播以(一)浅近。(二)有条理。(三)真。(四)能动人为目的;注意提倡国货,即用二十五日所写之标准;注意国民外交的联络,连日本国民在内,不持伤人家国民感情之语;注意学生间问题,联络感情,切磋学问;注意地方利弊,居武汉言武汉,必于移风易俗大有功效。

  内容分为:"谈话"(即社论)。"记事"(即新闻)。"评论"(即时评)。"介绍"(即国货调查)。"浅说"(即通俗演讲材料)。"杂录"。"会讯"。"通信"。而现《学生》周刊内容分为警钟、新闻、论文、浅说、谣歌、箴言六类。① 两相对比,恽代英的调整意见显得更为均衡合理。

  值得注意的是,武汉学生联合会所办为《学生》周刊,全国学生联合会所办刊物为《学生》日刊。恽代英在6月16日日记中记有两件事,一为提出全国学生联合会会务建设之意见,一为《学生报》之改组。这里所说的《学生报》之改组是指对《学生》周刊的意见。

  随后,他于6月17、18、19日连续三日写成了对全国学生联合会会务建设的意见书,在意见书中,有一部分内容是对全国学生联合会所办《学生》日刊的意见。对《学生》日刊,他提出10条宗旨:(一)用以传播时事知识。(二)用以传播国耻知识。(三)用以传播日用生活的通俗科学。(四)注意提倡国货。(五)注意引导或纠正舆论。(六)传达有价值的民意。(七)辅进国民的外交。(八)用以传播国民对于政府的地位之

---

① 《〈学生周刊〉之编辑》,《大汉报》1919年5月30日。

知识。(九)研究学生间各问题。(十)使会外人得知会中大概状况。①值得注意的是,这十项宗旨中,第一、四、七、九、十项等五项内容皆来自于对《学生》周刊的意见。毕竟这两个学生刊物性质相近。

7月29日,他又打算编辑一本"为中学校教育者研究中学校教育之用"的教育类刊物《中学校》旬刊,并拟定办法。而在一个月前的6月23日,他已经做好了《中学校》的发刊词及《教育究竟是甚么》。

这个聚焦中学教育的刊物在一定程度上可以说办成了,那就是一个月后他和朋友商议举办的《教育》旬刊。8月23日,访友,"定于九月一日起办《教育》旬刊"。8月27日,与朋友商量《教育》旬刊进行。9月10日,校对《教育》旬刊。9月13日,《教育》旬刊得以印出分发邮寄。当时报上云,《教育》旬刊系中华大学教职员主办,"专研究中学教育实施上之办法",加上该校学生主办的《向上》《新声》等刊物,"均系砥砺学术交换智识为宗旨,每月各出版一次,各校颇为欢迎。"②

11月22日,他又梦想创办一个《每周评论》式的报纸《武昌时报》。而《每周评论》是陈独秀、李大钊于1918年末创办的一份"主张公理,反对强权"的报刊,在五四之时,可谓执当时舆论界之牛耳也。

> 我假定我的事业是在办杂志及代销杂志,做个稳健纯洁的新文化机关。仲清说,办杂志不如办《每周评论》式的报。我亦想他这话很有理,若能照他这话办去,似乎比杂志的鼓吹还收实效。我因此脑筋里又多了一个"武昌时报"的梦想。我的计划若能与仲清、成章、希葛等组织个读书会,湘浦若能加入更妙,我可以每日用五、六小时在编辑

---

① 恽代英:《武汉学生联合会提出对于全国学生联合会意见书》,载《恽代英文集》上,人民出版社1984年版,第97—98页。
② 《中华大学之新气象》,《大汉报》1919年12月12日。从1920年10月的广告上可知,这些刊物均已停刊。

上。至于校对、发行，便他们多负些责任。篇幅如《每周评论》大小，印五号字。若能销三百分便可支持。内容：论著占五分之四，包〔括〕小说、文艺及转载各项有价值文件在内。时事占五分之一。作文固然我可以为主体，仲清等亦可以常作，选编新闻亦大家共做。彼等勉做数月，必然亦成熟手，将来亦大可便以此为立脚地也。余暇的时候，大家仍好读书，做工，谈话。星期日便除编报外不做他事，如此便仍可游览散步。这似乎是很快活的生活。虽然是梦想，亦很快活。

办杂志是他的事业，也是他的爱好。

恽代英还觉得当前的文化运动主要是在学生界中开展的，然而，学生文化运动之外，还应当有市民文化运动与乡村文化运动。他的这个观察和判断十分重要，学生的思想虽然相对先进，但人数毕竟有限，且其长于言而拙于行，没有广大市民和农民的启蒙和觉醒，中国社会的改革无异于纸上谈兵。

是市民更重要一些，还是农民更重要一些？恽代英认为市民更重要。他说："这两种以市民文化运动更要紧，因为他直接对于政治同社会有关系。"这可是与他和农民很少接触，长期生活、成长在都市中有关。当然，事实上，显然农民才是革命的主力。1908年刘师培鼓吹"无政府革命"的时候就说："欲行无政府革命，必自农民革命始。"他在分析农民的团结性时就和市民做了一番对比说："试观都市之民，于邻曲之人或鲜识其面，农村之民则居于一境者，其亲睦之忱溢露于无形，则知中国各阶级，其富于团结性者以农民为最优。"[①]

12月16日，认为市民文化更重要的恽代英于拟出版一份《市民旬

---

① 刘师培：《无政府革命与农民革命》，王晓明，周展安编：《中国现代思想文选》下，上海书店出版社2013年版，第89—90页。

刊》。因为是面向文化程度较低的人群,就得采用简单的语言和传单的形式,内容注重事实而不是理论。"我的意思,这市民与乡村两种文化运动,因为对手程度较低,所以办法与之前不能完全相同,宜注意事实,不宜注意理论。"其具体内容包括"关于民本主义的成语名论或其他切中社会病状的格言",国内、外要事,"以引起人感情或良心,评判为主,本身不陷入攻讦抨击之列"的杂评等。"注意在宣布日本同军阀的罪状,教社会不满于现在社会状态以为革新的动机。"

以上,便是他在日记中先后规划过八九种报刊。其中似乎也就只有《教育》旬刊得以最终实现。这时,他显然已经不满足于做一个投稿的作者,而是想通过编撰报刊,打造一个属于自己的阵地,以便能更自主地、更有效地鼓吹舆论和传播思想。

1919年底,恽代英在思考和规划他的人生和前途时说:"我的计划,若父亲就了事,我决在武昌专心做文化运动的事业。若父亲没有事,我便跑到上海去,打我的世界去。"1923年,恽代英在上海参与创立并主编团中央机关刊物《中国青年》,主编国民党理论刊物《新建设》,他编辑报刊的梦想得以实现。我们从1919年他编辑报刊的热情和能力来看,这对他来说,可谓是水到渠成、驾轻就熟的事了。

要之,在五四运动中,恽代英作为老师,身居幕后,以笔为剑,为运动摇旗呐喊,这是他参与五四运动的最重要方式。

● **热烈而理性,理想而务实**

恽代英是武汉地区五四运动的"风云人物",运动期间,他攘臂奋起、积极奔走,鼓动学生游行,商人罢市,唯恐学生、民众的爱国热情为内外之压迫所遏抑和摧残。我们常常会想当然地以为他是一个热烈而激进的人。其实,他有"热烈"之一面,更有"理性"之一面,他有"理想"之一面,更有"务实"之一面。他并不主张以一种激烈的态度将运动推向极端,也不赞同提出一些不切实际的要求,而这一点是我们鲜有看到并论及,也是当时身处在那激情四溢、激动人心的运动中的很多人,特别是青年学生所缺乏的。

理性:"人家都说我是凉血动物"

五四时期的恽代英为国事所刺激,心潮澎湃,但他同时又能保持一种清醒的态度,与那些血脉偾张的人相比,他的确显得相对沉稳冷静。

和今天我们很多人对他的误解有些相似,当时就有一些人认为他在运动中表现"过激"。他10月8日的日记中就记有"有人说我过激"。对此,他本人并不认可。9月9日,他在给王光祈的信中说,他本人相信安那其主义(无政府主义)已有七年,但"我亦不同主张安那其的人说安那其,因为他们多半是激烈的、急进的",而"现在亦居然有人加我过激党的头衔"。可见,他并不认为自己是一个"过激"的人,非但如此,他还自觉地与过激者保持距离。

相反,当人家说是"凉血动物"时,他说:"我想这话亦有些不错,因为我的血比较说我的人实在是凉些。"他的朋友还一度说他"总算得一个圆滑犀利而有聪明的新顽固家",他虽然为这样的评价感到"惭愧",但也从中可见,他在朋友心中的另一番面目。

由于其冷静沉稳的自觉,与很多人相比,他的态度和言行就显得不那么激烈。

5月7日是国耻日,在5月6日的日记中,我们就能看到他这样说,"我不愿意同学不说爱国的话,因为不说是心死了。我不愿意同学只说不做,因为这是无真心无胆气的表征。我不愿意同学不趋于极端,因为不如此,不见他有真感情、真知识。我又不愿意同学趋于极端,因为真理常不是在极端上面,而且趋于极端容易失败。我不愿意听许多不冷不热的折衷论,因为那是不求甚解的心理之表现,但是自己又喜欢说折衷论。我亦不能尽说这些道理,或者我是一个滑头。咳!"他不主张同学趋于极端,也不主张同学不趋于极端,他又不愿听"不冷不热的折衷论",然而他本人又喜欢说"折衷论"。他似乎说了一大堆他自己都不能满意的"车轱辘话"。

对于1919年11月的福州事件所引发各地学生抗议热潮,恽代英不以为然,也没有那么激动和冲动,人家都说他是"凉血动物",他也承认他的血是比其他人要凉一些。12月14日,他戏拟了一篇"凉血动物的宣言",在这段小文字中,他甚至还讽刺那些血热到沸点的"五分钟的热血动物","又是怎么样呢?"

> 人家都说我是凉血动物。我想这话亦有些不错,因为我的血比较说我的人实在是凉些。然而凉热是对待的名词,我亦有时曾比人家热些呢。这五分钟的中间,自然要让他们热。在这五分钟以前,究竟我自信比他们热。因为他们那时一点热气都没有。他们还曾经笑我出风头,发癫狂呢。所以我的血大约总在五、六十度热,他们的血,却从冰点变到沸点了。自然我应该是凉血动物。然而他们一般五分钟的热血动物,又是怎么样呢?

他不主激烈,不走极端。虽然他本人最终从容赴死①,但这时的恽代英其实不主张冒险犯难,不主张牺牲,不主张革命,不主张做烈士。

---

① 这在他那首著名的狱中诗中表现无遗。"浪迹江湖忆旧游,故人生死各千秋。已摈忧患寻常事,留得豪情作楚囚"(恽代英:《狱中诗》,载《恽代英文集》下,人民出版社1984年版,第1075页。)

1919年3月1日，朝鲜爆发的反抗日本殖民统治的"三一运动"。他虽然敬佩那些反抗日本殖民统治的朝鲜人，并称那些把这场运动"嗤为儿戏"的人为"无心肝"，但他觉得从"私心"上讲他很难做到，他更倾向于选择"较安全而较有利益之事"。他说："朝鲜独立示威运动，至今未衰。对于此事之评论，其自命为老成持重之无心肝的人物，其嗤为儿戏，自为彼等火候直到了无感情的地位之特征。余自身常不愿为此行险之举动。然于其能行险为此举动者，未尝不深服之。余自问所以不为此行险举动者，未始不有计较利害之私心。然亦觉在事理上，吾人宁于较安全而较有利益之事，应多用心，故更无大勇心以去此私心。"

1919年朝鲜的"三一运动"，引起了他对牺牲的思考，他赞同"找较安全的路，做较切实的事"，不主张也不愿做烈士。他说："吾自问于生死关颇参得透。每戏谓吾所以今日之事，总要今日做了者，即防明日死去，在人世尚有未了之事故也。然言简直不怕死，亦是假话。蝼蚁犹自惜其命，吾若肯随意行险，则不如此时此刻自裁为更直接了当也。吾年来每抱一种宗旨，即常'找较安全的路，做较切实的事'。有生一日，必须做事一日，不做事不如死。但事要做得成功，成功要伟大永远，则须总找较安全的路。烈士徇名，究只成得一个人的名。于事无补者，我不为也。"

由于他不主张冒险，主张做安全的、切实的事，因此，当他看到运动中有人慷慨激昂"出风头"的时候，他暗笑他们，难道你们就没有看到这背后的危险吗？他说："我每笑今之想出风头者，还不知危险在何处，简直想买好多张保释的预约券，做个决无危险的冒险家。"他告诫道"出风头的爱国，更要克己"。

不主张冒险的恽代英同样不主张革命，不鼓吹革命，自然也不会参加革命。在他看来，革命是非理性的感情的爆发。"革命只是群众感情的爆烈。而群众的特征,感情每易于浮动,所以革命的发生,很少可以说是受了理性的支配,亦很不容易求他完全遵守着一个有计划的发展。"加上他承认自己的胆怯,"我信我便不勇敢"。① "我是一个胆怯的人,亦十分不愿意看见流血的事。"② 1920年,总想避免流血革命的恽代英在北京还和"笃信流血"的刘仁静就这个问题争论经月。他也不主张别人去革命。7月8日,恽代英在给朋友信中说:"代英以为学生平日研究政局真相,并以其真象告知一般社会,这是应该而要紧的事,亦并不主张学生去革命。"

虽然他不主张革命,也"不是说我们应该忘了眼前革命的需要"。而且他对别人在无法可想之时进行革命以充分的理解。他说,"政府迄无觉悟,殊堪痛惜。果不幸而有汤武之事,代英以为固非救国之本,然实不应遏抑之阻挠之。以政府如此认贼作父,后患何堪设想。譬如悬性命于仇敌之手,亦不应有自卫权利耶?惟代英胆怯,大约只敢做根本上教育事,亦不敢鼓吹他人,只有袖手看这潮流自起伏耳。然凭良心说,断不能把人家那等事,下一个坏批评。"1920年,他同样说了他并不反对他人进行革命,虽然他认为革命是"利害参半"的"最后手段","我并非决不参加流血事业,我亦并不怕同志走这条路,因各人选他最愿走的路,尽量努力,比不彻底、不园融的合力协作还好"③。

据说,当时王占元曾就问过其僚属"恽代英是不是过激派"④,如果王占元真正了解这个时候的恽代英的话,他就明白恽代英显然不

---

① 恽代英:《致胡业裕》1920年10月,载《恽代英文集》上,人民出版社1984年版,第246页。
② 恽代英:《革命的价值》1920年10月10日,载《恽代英文集》上,人民出版社1984年版,第224—225页。
③ 恽代英:《致胡业裕》1920年10月,载《恽代英文集》上,人民出版社1984年版,第247页。
④ 恽子强:《恽代英入党前轶事》,载《回忆恽代英》,人民出版社2015年版,第208页。恽代英的弟弟恽子强以此来说明此时的恽代英是有共产主义倾向的"激进派"。其实,这个时候的恽代英思想并不激进,他并不主张革命。

是什么"过激派"。更何况,恽代英不仅不是"过激派",而且认为"过激派之主张,并理论上亦多有怀疑或反对者"。

当然,此一时期的恽代英不主张革命,并不妨碍他日后主张革命,并成为职业革命家。当1924年朋友劝他出国留学时,他义形于色地说:"中国现在并不急于需要镀金的学者,而是需要冒险犯难的革命家!"[①] 他这时候还"不主张学生去革命",1923年,他却常劝人革命。舒新城说:"他经常以民族主义及经济史观(那时形势难于公开谈马克思辩证唯物主义)、阶级斗争等理论诱导我,只以我的资产阶级的立场根深柢固,未能接受他的意见。"[②] 可是在当时,不只是恽代英,当时的毛泽东,倾向的也是俄国的克鲁泡特金的平和改良,而不是德国马克思的激进革命。

当然,不激烈、不冒险、不革命、不牺牲是为了做实事,而不是纯乎出于苟全性命。针对他的朋友香浦(按,即林育南,后来也成了一个牺牲者)所云:"激烈的事,亦是人做的;不激烈无所谓宗教改革,政治改革。"他认为,"香浦若定要做一个激烈的人,亦未始不可。不过改革的事,一个有名的英雄,总得许多无名的英雄代他补偏救弊。根本的改革,每每是无名的英雄做成的。所谓善战者,无赫赫之名也。我总盼望我是更有用的人。亦盼望我们的朋友是更有用的人。若说假不激烈之名,以饰其奴颜婢膝之实,是父母所生的人,宁死不愿我的父母有这般的儿子。"

在他看来,不做烈士,可以切切实实地做更多有意义的、必须要有人做的事,而他的贡献并不亚于一个烈士的贡献。因此,他宁可做一个"无名的英雄",而不是做一个"有名的英雄"。7月8日,他在复张复

---

① 郑南宣:《永远的景仰》,载《回忆恽代英》,人民出版社2015年版,第113页。
② 舒新城:《回忆恽代英同志》,载《回忆恽代英》,人民出版社2015年版,第222页。

初的信中云:"足下所望于代英者,代英久已自任,有生一日,必为人类做一日事,且必要收一日之效。代英决不欢迎失败,亦自信决非徒凭理想。盖不敢忘者,乃以稳健笃实的进行,求最洁理想的实现也。即令今日代英夭死,亦信己有朋友肯坚决为人类做事。只此精神辗转传递,理想终有实现日也。"他是从这样的角度来看待牺牲的。

不幸的是,他本人最终因为顾顺章的叛变而牺牲,他的牺牲固然是光荣的和宝贵的,但依他的思想来看,如果他没有牺牲的话,他所发挥的作用和所做的贡献势必更大。事实上也的确如此。据说他在南京国民党中央军人监狱临刑前就遗憾为党工作太少。"国民党派人问:'你有什么话要说,还给你一个机会。'代英同志怒目以对,严肃地说:'我遗憾的是为我们党工作得太少了。'"[①]后来人们也不约而同地为他的牺牲而惋惜。周恩来就发自肺腑地说:"代英的死,对我们的损失太大了。假如代英不死,还会给党作出很大的贡献!"[②]郭沫若也说:"他的壮烈的牺牲,在我们革命阵营中的确是一项大损失。"[③]"代英如果不为顾顺章出卖早死,其品德学识,坚忍猛进的为人精神,能在二十世纪革命队伍中创造些什么,在群众中起些什么模范作用,我想谁也不应该低估。"[④]类似这样的话,放在他身上,仍觉得特别贴切。

当然,我们也要看到,恽代英虽然不主激烈,不走极端,但他承认有时候人的感情是无法受到理智的控制,在他不认可林育南主张"激烈"的观点的两天后,他说:"吾观香、希皆非不知过激之不可,然感情所激,盖不容自己也。"对于朝鲜人反抗日本殖民统治,若非处于其被压迫的身份和地位,局外人是不易理解他们的激烈行为的。在随

---

① 黄静汶:《面对困难和死亡的时刻》,载《回忆恽代英》,人民出版社2015年版,第89页。
② 阳翰笙:《照耀我革命征途的第一盏明灯》,载《回忆恽代英》,人民出版社2015年版,第25页。
③ 郭沫若:《纪念人民英雄恽代英》,载《回忆恽代英》,人民出版社2015年版,第180页。
④ 易礼容:《追念代英》,载《回忆恽代英》,人民出版社2015年版,第142页。

后的五四运动中,他本人"亦明知言语激烈,徒生听者之反感,行为激烈,徒召官长之干涉,是以公议商决,发言务求平和,一切举动尤戒越出范围"①。但他本人也并不能完全做得到,他曾经在运动中情不可抑地起草了一些言辞激烈的宣言和传单。

五四运动后,恽代英在给胡业裕信中说五四时期本是革命的大好时机。"我常说,'五四'简直是中国革命的好机会,可惜真肯为民众做事的人少而无联络、真知如何为民众做事的人少而不勇敢(我信我便不勇敢,但今天想起来,勇敢亦无大益处),活活把机会送掉。我本非十分欢迎革命的人,但我却可惜这个机会错过了。"②不主张革命的恽代英又并惋惜当初没有把握住这个革命的大好时机。

务实:"做事而顺其自然"

理想和现实存在着天然的差距,甚至是鸿沟。没有高远的理想,就没有向上的动力,但如果不立足和正视当下的现实,不顾现实条件的限制,一味蛮干,那无异于飞蛾扑火。恽代英自然不反对高远的理想,但他更注重奋斗的可行性,反对不切实际的想法和做法。这便是他可贵的"务实性"的一面。

因此,对于运动中所出现的一些不切实际的要求和想法,他都能予以及时提醒。

比如,他虽然支持罢市,但他并不完全认可武昌商民向当局提出的"不切实际"的条件。在武昌罢市时,武昌商民曾向当局提出八项要求,其中有一条云"任命警务处长须得武汉两总商会同意,任命署长须得所管辖区域内商民同意"。恽代英认为不能将此一高远的、事实上官

---

① 《武昌学生团宣言书》,《大汉报》1919年5月13日—17日。
② 恽代英:《致胡业裕》1920年10月,载《恽代英文集》上,人民出版社1984年版,第246页。

方不可能答应和做到的,"将来应为宪法上之一重要问题"作为开市之条件。现在提出这样的条件,官民双方势必造成僵持对立的不解之局。因此,他主张见好就收,"让步结束"。何况罢市"此等非常事,本不可望其常见"。

又如,他虽然对全国学生联合会的成立抱以绝大的希望,但他并不主张将学生联合会搞成一种经常性地干预政治的力量。五四运动时期学生成立的联合会曾见效于一时,它的成功让很多人一时头脑发热,觉得学生联合会可以成为一股制衡、甚至干预政治的"有势力之集合"。对此,恽代英认为学生联合会事业应"中庸平易","非关国家运命或名誉极大之事不干预政治"。因为 "此等干预政治之事,虽遇必要时,学生可偶为之,然究非学生联合会经常事业之一。"他在对全国学生联合会的建言书中这样提醒:

> 学生联合会之事业应中庸平易:政治界之龌龊非一手足之烈所能扩而清之者;说者每观于此次全国一致的精神因欲借以谋种种根本之改革。然不知所谓全国之一致者,初不过表面之现象,论其实际不但工商界多数无真正之觉悟,即我辈学生多数,亦并无真正之觉悟,故我辈并无甚厚的后援。(此数语万望诸代表以冷静头脑体会之,初非挫自己锐气也。)若必贪做事实上做不到之事,若政治上之廓清,甚至欲借以实行过激派之主张,必见嫉于政府,失一般社会的同情,学生界内部或且呈破裂状况,无济于事,徒播动学生联合会之根本,此不可不慎也。至于中庸平易之事业,即为社会一般所承认为正当事业。为学生的正当事业而事实上又无甚大之妨碍者,学生联合会尽可取以自任,积而久之,于国家人类前途关系仍极重大。学生能自居为国家负

责任之人，国家必能承受学生事业之益又可以断言也。①

在他看来，廓清政治是"事效稍远之事"，也是目前"事实上做不到之事"。因此，对于"过激派之主张，正与上述理由相同，不宜借此机会求其实现。政治界之扩清，只事实上做不到，理论上尚无人反对。过激派之主张，并理论上亦多有怀疑或反对者，更不宜牺牲此难得之机会，以不求适当之解决，致此会不能得永久之成立也。"

他主张做切实可行的事情，而认为不能囿于高远之理想，以至在现实的坚壁上碰得头破血流。他曾经说过这样的话，"我辈要顺其自然而做事。做事而顺其自然。故非不做，亦不必太勉强的做。"

在"非孔"之声势正盛的五四时期，他给新走上小学教育工作岗位的朋友子孚的信中，发自肺腑地劝他"最好不要显明的反抗"孔子，因为"那多半是失败的道子"。他说：

> 孔丘的教训，我想你最好不要显明的反抗他，只不提倡他便可得了。这些过于重看的地方，不是一刻说得清楚的。我想你不要凭一时的感情同他肉薄〔搏〕的格斗。若有时用得着你同他鞠躬，甚至于跪叩，我盼望你看在你那般小兄弟的面上，勉强的照着做，——同你在这里勉强上课一样。对于孔丘的人格同教训，亦似乎与我的见解与你的微微不同，盼望有机会详细讨论。但是无论你能否略略修改你的意见，你总不要同他肉薄〔搏〕格斗，因为那多半是失败的道子。你所应该做的，告诉那般小兄弟，孔子不是宗教家，孔子的话有些（莫说完全）不宜于今日，同时你再鼓吹平民精神，提倡无常师主义（背面便打破

---

① 恽代英：《武汉学生联合会提出对于全国学生联合会意见书》，载《恽代英文集》上，人民出版社1984年版，第91页。

了独尊一教精神），自然他们不得误入歧途了。

与其"蛮干"，不如"巧干"，还得讲究斗争之策略。恽代英务实的一面可见一斑，一以贯之。

他满怀激情，但同时又能保持头脑冷静，他是一个理想者，但同时他是一个务实者。这是五四运动中的恽代英与一般人略显不同的地方，我们以往也鲜有全面看待他在五四运动的表现。

● 反省学生运动："不过乌合之众，虚张声势而已"

五四运动中，纯洁勇敢的学生本乎天良，激于义愤，走上街头，以救国家。但他也看到了学生的缺点所在。"就武汉及全国学生联合会说，学生的势力不配说是善势力。他们的根性同缺点，正同一般武人政客不相上下。"[①] 恽代英也积极鼓动并支持学生运动，但是对于学生运动，他并没有一味简单地支持，对"学生运动的发起""学生运动的参与"和"学生运动的成功"，他都有着自己的观察、认识和反思。

"药怎可以当饭吃？"

恽代英自然不反对学生运动，认为学生运动是没有办法的办法，也是无法阻挡、不可避免的。学生运动固然有积极作用，但他也同时看到了频繁的学生运动的消极作用，并从长远的和根本的角度来质疑学生运动的价值和意义。

特别是五四运动之后，学生感受到了自身的力量并尝到了成功的

---

① 恽代英：《恽代英全集》第3卷，人民出版社2014年版，第76页。

"甜头"，一遇不顺遂之事，动辄罢课。作为老师的恽代英对学生将学潮视为"儿戏"的现象忧心忡忡。

10月5日，他写了一篇《学生的风潮》，对于接连不断的学界风潮提出质疑，并问"这是学界的幸福么？"

> 现在各校学生每每都闹风潮，此处解散，彼处罢课。这真是五四运动后学界的新发展。然而，这是学界的幸福么？若是一般学生果然能有一番觉悟，用沉着、切实、一致、合理的态度对待不合教育原理的人物同事务，以开湖北学界的蛮僿风气，为自身谋幸福，那自然是可喜的事。然而，说到沉着、切实、一致、合理，这是谈何容易的。现在真觉悟的人便很不多，真觉悟而有能力指挥群众更少有了。然而现在把解散罢课的事互相鼓煽，一方对于旧人物给他些摇动，看来固似乎可喜，然而旧人物断不得因此种无本原的扰动，至于根本上被他推翻。然而学生过于嚣张的气不遏抑，便教育根本摇动；遏抑，便反把旧势力增进了。

虽然恽代英所在的学校情况还算好，"上下隔阂较少，教师对于学生亦多无恶感，固似乎这风潮无由波及"，然而学生与学校之间并非完全没有矛盾，如教学改革、伙食（"伙食事亦渐平息。"）等问题，多为自己考虑的学生也有颇多不满。恽代英对学生的不满也感到惴惴不安，他唯恐因此而爆发学潮。"在他们还总觉得学校方面固执成见，不容纳他们的意见，不顾他们的利益。若如此背驰，亦未始非发生风潮的危险引线。"10月8日，他在日记中又写到他的担心，"外面各校的浮动。从前同学看见风潮，如天翻地覆一类的事，现在却把他当儿戏。这一种遇触即发的危机，亦是很可耽心的事。"

11月份的福州事件又一次触发了学生的反日情绪,再一次激起了学生的抗议游行,这时,恽代英对学生运动已经不以为然,他认为这是"很少价值的事",学生运动有如"药","药怎可以当饭吃?"

我记了上面几段话,人家必然要疑惑,不知我是何用意?其实我亦并不这样反对他们这次的举动,不过我只承认是很少价值的事。这等举动,比如是药,药怎可以当饭吃?至于只讲应酬(按,指"应酬性爱国"),并无诚意;只知请愿,不知自决;只知一打一叫,不图个根本救国计划;事过情迁,血比冰还冷,心比铁还顽,酣吃傻睡,只知个人利益;然而在这五分钟热度的中间,还骂人家凉血,打罚谴责别人,不留一点余地,简直忘记了他五分钟以前,五分钟以后是个甚么样子。亲爱的同胞——倘若你是我的亲爱的同胞,请你还要多注意你自己。中国总要靠几个公诚恒久的人才可以得救呢。

是的,病急时不得不用猛药去沉疴,但病后保养的根本还得有赖于平时的"强身健体",何况药还有"副作用"。

就在5月15日五四运动正酣之时,恽代英就将运动比作"吃药",认为应当从治本上着手,而运动只是治标不治本,如果治标不治本的话还不如不治。"与谢焕文君谈国事,总宜注意治本。只知治标,永不治本,不如不治,盖迟早终是亡国,何必定要将此苦口之药,使垂死之人加倍吃苦?"

因此,当"五一八"武汉学生第一次上街游行得以实现时,恽代英在日记中写道:"同学谋游行,居然成为事实。然不过了此一过节,欲求实在有裨于国,只有各发天良用国货,注意国事,为国家做事。"在他看来,切实地实行比喧闹的游行更为有用。而在福州事件引发的12月13日学生游行之前,他在学校劝阻学生,并"勉其多做根本事业"。

胡适和恽代英对学生运动看法有些相似。在一定程度上,胡适是同情、理解学生运动的,但他同时也是反对学生因运动而牺牲学业。1920年"五四"纪念一周年时,胡适说:"单靠用罢课作武器,是最不经济的方法,是下下策。"[①] 1921年8月4日,胡适在安庆演讲提到学生干政问题时说:"我认定在变态社会中,学生干政是不可免的;但罢课不是干政的武器。"[②] 1923年,胡适说:"这几年的经验给我们的教训是:一切武器都可用;只有罢课一件武器,无损于敌人而大有害于自己,是最无用的。"[③]

值得注意的是,恽代英一面为学生风潮而担心,一面又为学生的不满而暗喜。"我以为办事完全凭一付赤心,一付真面目;我以为教师学生大家总是一样;我以为同学由于自觉而多所责备,乃好景象,不可遏抑。然而由于我此等见解,一方面固然提起了许多活动精神,一方面群众的过分要求亦未免完全未能容受相当的裁制。以此我亦常常栗栗警惧,怕自己亦无以善其后。"他似乎对学潮爱怕交加。一面觉得对学生的不满不当遏抑,一面又害怕对学生的过分要求无法对付。"所以若永久是这种抗衡的光景,我虽然怕,亦究竟喜欢。"

在当时的情境下,学生运动固然不可避免,自有其意义在,但如果学生和民众没有真正醒悟,不能实实在在地、公诚恒久地奋斗,学生运动就无异于大海上的泡沫,夜幕下的烟花,虽有一时的喧嚣,一时的好看,但终将会破裂和消散。

---

① 胡适:《我们对学生的希望》,欧阳哲生主编:《胡适文集》第11卷,北京大学出版社1998年版,第48页。
② 曹伯言整理:《胡适日记全编》第3卷,安徽教育出版社2001年版,第412页。
③ 胡适:《蔡元培与北京教育界》,欧阳哲生主编:《胡适文集》第11卷,北京大学出版社1998年版,第111页。

"应酬性"爱国

"爱国"是学生运动的出发点。然而,他看到一些学生的爱国不是一种发自内心的爱国,只是一种"应酬性的爱国"。

对于1919年福州事件引发的学生游行,他曾不无讥讽地说:"你们爱国,你们说,不爱国面子上不好看,人家的骂亦难得捱。好个轰轰烈烈的爱国事业!原来是这样的一笔应酬帐。你自己问罢!你当真把国家当做甚么?你到底预备为国家牺牲你自己许多?你预备出几大的精神?吃几大的亏?还是仅仅只预备慷他人之慨,做一个大滑头。请你先问良心罢!不要睁着眼睛红着脸,做那吓鬼的样子,实在难得看。"

因为不是发自内心的爱国,在沉郁悲愤的总体气氛中就自然不自然地现出他们的"不严肃的"一面。他在日记中讽刺学生云,"你们请愿,你们为福州交涉请愿,你们为救国家的危亡请愿。你们笑,你们开顽笑,你们吃纸烟,你们便这般的请愿吗?"

在五四运动中在焚烧日货的现场,他同样看到一种"浮嚣高兴之气"。人们表现出更多的是一种情绪的发泄,而不是真正的、发自内心的、真实的、痛切的痛苦和觉醒。"吾国民最可痛的过失,即在此创巨痛深的耻辱中,虽官吏压迫无所不至,但得一发泄处,总见坚忍卓绝哀痛迫切之意少,而浮嚣高兴之气多。故毁焚日货开会叫嚣有如中狂,则有之。事过境迁,靦然仰仇敌鼻息,彼此相顾,不知羞耻。盖其闹时先即全为一种客气,本非发于良心。而良心又因不肯吃亏之故,威严久已坠失。如此,亦何怪无源之水,可立而待其渴也。"恽代英从这种严肃气氛中所显露的滑稽,看到了那些学生"爱国"外衣下的虚假。

不可不防虚骄之热狂

五四运动以曹陆章的免职和中国拒签对德和约而告成功,人们额手相庆,并为运动的成果陶醉。

然而参与其中的恽代英却认为这次运动其实并没有"实力",失败是"当然",成功只是"侥幸",现在侥幸成功,他并没有为表面的成功而满足,相反,他清醒地认识到"今日之事,工商界乃至学界均无真正之觉悟,不过乌合之众,虚张声势而已。"

7月5日,他在回复张复初的信中云:

代英对于此次事变,本不信为根本的办法。有实在根据的办法,惟:(一)用以唤起一般社会。(二)用以使学生界练习活动。(三)用以保全武汉学界以及他界之名誉。曹、章固罢,和约固已拒绝签字,若贪天功以为己力,则过也。今日之事,工商界乃至学界均无真正之觉悟,不过乌合之众,虚张声势而已。代英以为,在此日,诚有不得不虚张声势之苦。然失败则应用以激励国民,使有更深刻的观念。成功犹应警惕国民,使有更深远的防敌计划。今幸颇有成功,可增加国民荣誉与自信心,然不可不防虚骄之热狂。且日人棋我必有甚于已往者,不可不卧薪尝胆图之。

显然,他对这场运动的内心期待并不完全在于卖国贼的免职和凡尔赛合约的拒签,还是民众是否真正觉悟,没有民众真正的觉悟和切实的努力,这场运动的意义和价值亦将大打折扣。这是恽代英不同于一般人的深刻之处。

学生运动只是一种不得已而为之的"手段",并非我们所要追求和达到的最终目的;参与运动的人并不一定全是出于真正的爱国之心;运动成功与否的标志在于民众是否真正觉悟,这是身历运动的恽代英对学生运动的观察和反思。

● "共产自给的共同生活"

面对1919年国际上"人为刀俎,我为鱼肉"的危局,国内武夫跋扈、社会腐败的乱象,中国怎么办?我们能靠谁?这是置身其中的每一个进步青年都会自然而然地要思考的问题。

"现在应该靠自己"

1919年8月初,恽代英与父弟去庐山游息,在九江的时候,他买了《世界亡国稗史》,大概是看到朝鲜的亡国历史,他憬然于中国的昨天和今天与"高丽未亡国时的景况"完全相同,而且中国"简直没有比高丽强的地方",推彼及此,国之将亡的图景让他焦灼不安。他说:"我因此想到中国,若欲不亡,应该靠谁呢?所以才得了这显著明确的觉悟。我同聘三说,聘三还只说不过我们自期应该如此,不知其实无所谓自期,这千斤担我们既能够挑,亦应该挑。""救国只能靠自己"便是他的觉悟。

问题在于他人是靠不住的。9月9日,他在给王光祈的信中说,章太炎所说的"现在青年第二个弱点,就是妄想凭借已成势力",这和他平日的感想一样。"我们中国已成的势力,没有一种可以靠得住。因为他们是由几千年谬误的教育学说、风俗习惯传下来的,你凭借他,他便利用你。所以南北军阀,新旧议员,以做官为营业的官僚同留学生,以闹场面为唯一目的的政客同学生联合会代表,以出风头为惟一主义的国粹学者同新思想家，我们只好把他们看作一邱之貉。不是说他们变没有一个可以为国家人类做一点事情的人，他们多少亦有些有用的地方，但是不能把他们做一个切实可靠的希望。"

明知别人靠不住，还要偏偏依靠，这便是"亡国奴之性根"。他在5月19日的日记中这样说："国不可不救。他人不肯救，则惟靠我自己。他人不能救，则惟靠我自己。他人不下真心救，则惟靠我自己。明知无可倚赖，偏要倚赖他人，否则怪他人不足倚赖，自己却不下真心做，此其所以为亡国奴之性根。"

9月27日，他在日记中写了一篇名为《我们与中国的前途》的短文，在这篇文章中他又一次说到中国其他种种势力的不可靠，他说："中国唯一的希望在于我们"，"国事亦一天天坏了。现在应该靠自己"。这些话和8月4日意气风发的青年毛泽东在《湘江评论》上宣称的"天下者我们的天下。国家者我们的国家。社会者我们的社会。我们不说，谁说？我们不干，谁干？"①可谓异曲同工。

既然要靠"我们"挑起救国的重担，"我们"何在？当务之急是培养"善势力"。光有"善"，没有"势力"是不行的。"中国的好人向来是独立的、保守的、消极的。这样的好人自然用不着甚么势力，但是这种好人是没有用的。……若没有善势力，我们是不能扑灭恶势力的。"没有善势力，就无法扑灭恶势力，更无法在恶势力失败之后，填补恶势力所留下的权力空白。恽代英说："恶势力没有经久而不失败的。我们看见的恶势力，清室、袁世凯、张勋都失败了，便段祺瑞亦失败了。几次中国的事不坏于恶势力不失败，而坏于恶势力失败的时候，没有善势力代他起来，所以仍旧被别种恶势力占住了。"所以说，必须有善势力才能抵挡和代替恶势力。

---

① 毛泽东：《民众的大联合》，《湘江评论》1919年8月4日，第2页。

早在1918年10月，恽代英就发表了一篇《一国善势力之养成》的文章。文章称，"天下之治乱，视君子小人势力之消长而定。以君子之道不长，小人之道不消，而欲借一二巧妙之政策，阴谋之手段，以致国家于治平之域，此舍本逐末，徒劳无功，以吾国最近十余年之已事，可以证之，吾等今后将欲言拨乱反正，不可不引以为鉴戒也"。在他看来，"君子道长，小人道消"，才是"救国之惟一方法"。①

1919年8月21日，恽代英在给胡适的信中说："善人不能做事，或不肯做事，天下的事，便都让不善人做了。善人要做事，要先有能力，先养势力。"② 恽代英这里所说培养"善势力"以与恶势力做斗争和后来胡适号召"好人"站出来与"坏人"做斗争如出一辙。胡适也认为"坏人"的跋扈，与"好人"的消极无为有关。"天下有许多事，都是不肯负责任的'好人'弄坏的。好人坐在家里叹气，坏人在议场上做戏，天下事所以败坏了。不肯出头负责的人，便是团体的罪人，便不配做民治国家的国民。"③ "厌世家每叹天下事不可为；我以为天下无不可为之事，只因为好人缩手说不可为，斯不可为矣。"④

由是，胡适号召好人站出来，并联合起来，和坏人做斗争。1921年8月5日，胡适在安庆"第一次公开的谈政治"，大讲"好政府主义"。他说："政治不良，什么事都不能做：教育也办不成，实业也办不成，甚至于小生意都做不成。"他号召"一班'好人'都结合起来，为这个目标做积极的奋斗。好人不出头，坏人背了世界走！"⑤ 1922年，他在和一班

---

① 恽代英：《一国善势力之养成》，《恽代英全集》第2卷，人民出版社2014年版，第94页。
② 恽代英：《致胡适》1919年8月21日，《恽代英全集》第3卷，人民出版社2014年版，第75页。
③ 胡适：《我们对学生的希望》，欧阳哲生主编：《胡适文集》第11卷，北京大学出版社1998年版，第52页。
④ 胡适：《好政府主义》，欧阳哲生主编：《胡适文集》第12卷，北京大学出版社1998年版，第719页。
⑤ 曹伯言整理：《胡适日记全编》第3卷，安徽教育出版社2001年版，第417页。

名流联合发表的《我们的政治主张》中也号召,"凡是社会上的优秀分子,应该为自卫计,为社会国家计,出来和恶势力奋斗"①。

争做"太阳系",养成"善势力"

培养善势力以救国,恽代英不光是这样想的,而且是这样做的。他积极培植善势力,团结一批志同道合的青年,结成团体,互相砥砺,共同奋斗。

他在给王光祈的信中说:

> 惟一可靠的希望,只有清白纯洁懂得劳动同互助的少年,用委曲合宜的法子,斩钉截铁的手段,向前面做去。我从前就是本这个见地,同好些朋友结好些小团体,互相监督,互相策励。自从去年从本校的学生做本校的职员,得同志的同事及同学(便是说中学部的学生)的帮助,到今天,学校中渐渐养成了一个劳动而互助的风气。我很信要做事是少不了一种势力的,我已往、现在、将来,便都是以养成一种善势力为目的。

他的教育职业有利于他团结力量,养成势力。因此,后来当人家问他,为什么教书席不暇暖,"打一枪换一个地方"时,他说:"教书是为的播革命种子,播的面越广收获就越大越多。"②他也自信他的做法卓有成效。"我自信我的职业是最便于养成善势力的事业。我很信靠我同我的朋友的力量,一定可以养成更大的善势力。很信这善势力是中国

---

① 胡适:《我们的政治主张》,欧阳哲生主编:《胡适文集》第3卷,北京大学出版社1998年版,第329页。

② 郑南宣:《永远的景仰》,载《回忆恽代英》,人民出版社2015年版,第113—114页。

各方面欢迎的,很信中国一定可以靠他们得救。"他先后创立了一些团体,如互助社、仁社、共存社等。举办了一些事业,如在学校开办文化启智图书室,在校外开办利群书社、甚至利群毛巾厂。

周恩来曾称恽代英为"中国青年热爱的领袖"。恽代英身上似乎确有一种"领袖"气质,他有着一种强大的感召力和组织力,他总能团结和引导一批进步的青年,敦品励行,一并前进。

"其身正,不令而行;其身不正,虽令不从。""将欲养成社会之善势力,当先维持自己之品性,使亦为善势力之发源地。使自己之品性,先不能维持,则自己且将入于小人之群,更何养成善势力之足言。"①那么,这种领袖气质是什么呢?或者说,一个领袖应当具有什么样的精神?恽代英在7月24日的日记中画了一个示意图,分别从"自身方面"和"同事人"两个方面分析了"愿活动做事的人应具的能力",也就是"领袖的精神"。

自身方面有两部分:一是计划力(要有周密的事前计划、机警的临事计划和审慎而恒久的事后计划),一是魄力(对事要勇猛、肯负责任,对人要能指导分配任务)。同事人方面也有两部分:一是得其信心(示以高尚纯洁的精神(无私)、示以成功成绩(无为高远事、易失败事)、示以不亏损朋友成绩),一是得其助力(以感情动人(信、爱、助、谅)生好感、名利让之同事、劳怨自负之)。这便是他所说的一个领袖所应具备的素质。做人纯洁无私,做事干练负责,吃苦在前,享乐在后,只有这样,才能赢得他人的支持和拥护。

的确,他的学生、朋友都认可他、信服他,追随他。他在回复吉珊的信中说到"领导"的诀窍。"领袖非引导人,乃以协商及妥当之法,使一群人自然从我。"领袖不是自视高明、居高临下地"领导"人的,而是用

---

① 恽代英:《一国善势力之养成》,恽代英:《恽代英全集》第2卷,人民出版社2014年版,第95页。

靠"协商及妥当之法"让别人自然而然地、心悦诚服地跟你走的。

要结交团体,培养善势力,光靠他一个人这样干还不行,还得人人争做"太阳系"。

> 我常说,我们的扩张团体,人人应该盼望做太阳系,教他的周围的人做行星,教这等行星周围的人做他的卫星——不仅如此,我们还要教行星都进而为太阳系,教卫星都进而为行星,再教他们自己还去得他的卫星。如此的轮回促进,总教国内生出许多太阳系,那时才是百足之虫,死而不僵。我们决计不应只信靠一个太阳系,朝鲜有一个安重根,还是无救于国的亡,所以我们人人应该自己勉励做太阳系。

他本人就是这样的"太阳系",他于1917年10月8日创立了以"群策群力,自助助人"为宗旨的互助社,是为武汉地区最早的进步社团。他自己不光做"太阳系",还鼓励人人争做"太阳系"。他们的互助社"除了欢迎新会员以外,不拘名义、不拘办法的帮助人家成立别种会社"。[①] 一些互助社成员成立类似性质的团体,如刘仁静等发起辅仁社,林育南等发起黄社、健学会,恽代英等还发起仁社等。他不光做"太阳系",也乐于加入别的"太阳系"。他将少年中国学会的同仁引为同调,并应刘仁静的邀请,加入少年中国学会。

他一面积极养成善势力("造友"),一面积极联络善势力("求友")。他对当时的一些社会名流,如胡适,甚为佩服。他不光佩服胡适的学问,"起阅《中国哲学史》,颇服适之先生炬眼过人,不易

---

① 恽代英:《利群书社》,张允侯、殷叙彝、洪清祥、王云开:《五四时期的社团》(一),生活·读书·新知三联书店1979年版,第125页。

得。"(6月8日日记)而且佩服胡适的人品,"与少文谈,京校人物多不免'骄''滑''滥'之病,否则弱病,皆非吾理想中人也。惟适之、漱溟两先生最优"(8月29日日记)。

他将胡适视为他所说的那种"善势力",并积极联络。他打算将他拟主办的《中学校》邮赠给胡适(7月28日日记)。他写信联络胡适、张东荪这样的社会名流。"写致东荪先生信,与昨致适之先生信,皆我联络善势力,以得正当助力之企谋。"(8月22日日记)在恽代英日记中,我们能看到他曾多次去信胡适,比如他曾请胡适就他愿为朋友萧鸿举赴法担保一事问询俭学会,并邀请胡适和杜威来访他们学校。[①]

当然,后来恽代英对五四后胡适所提倡的"读书主义"持批判态度。1926年,他这样评价胡适,"他以为是由于中国文化程度太低了,所以主张非提高文化程度,提倡努力研究学术不可!五四以后,胡适之身价渐高,他自然为避免得罪政府,亦是以专心读书为好,他自己因此便去研究古书,整顿古书,一天天将他自己葬埋到书里头去,不想革命了,他并且影响了许多学生跟着他走去,所以五四运动,忽一变而为读书运动!这种风气,弄得许多人离开了革命战线。"[②]显然,他对胡适也不再那么佩服了。

"造一个圆满快乐的黄金世界"

1919年,周作人在中国介绍了日本的新村运动试验。乌托邦式的"新村"激起了当时很多中国青年的热情,这对苦闷中四处寻觅出路

[①] 5月6日,恽代英日记云,"云鹄约我来校为彼谋法事。余与元衡师商,遂致快信于子民、适之两先生,请其转函俭学会,并约适之先生,如能同Dewey(杜威)来此校,亦姑妄言之也。"(第536页)原信可见于恽代英:《恽代英全集》第3卷,人民出版社2014年版,第7—8页。5月19日,恽代英复"发适之先生、上海青年协会信各一封。"(第544页)仍催请胡适向俭学会问询。原信可见于恽代英:《恽代英全集》第3卷,人民出版社2014年版,第23—25页。

[②] 恽代英:《中国民族革命运动史》,载《恽代英文集》下,人民出版社1984年版,第954页。

的青年来说，有一种莫大的吸引力。1919年12月1日，毛泽东就发表了他的"新村"生活计划。"创造新学校，实行新教育，让学生们在农村半工半读；再由这些新学生，创造新家庭，把若干个新家庭合在一起，就可创造一种新社会；在这个社会里，设立公共育儿院，公共蒙养院，公共学校，公共图书海馆，公共银行，公共农场，公共工厂，公共剧院，公共病院，公园，博物馆等等；以后，把这些一个个的新社会连成一片，国家便可以逐渐地从根本上改造成一个大的理想的新村。"[①]

恽代英、林育南和他的同道们也憧憬那种"日出而作，日入而息"，"各尽所能，各取所需"的"新生活"。11月1日，他在日记中写了一篇《新村的企望》的短文章，在这个短文中，他和林育南设想了一种全新的生活样式。

> 我与香浦谈，都很赞成将来组织新村。我们预备在乡村中建造简单的生活，所以需费不多。村内完全废止金钱，没有私产，各尽所能，各取所需。举一人做会计，专管对外金钱出入的事，举一人做买办，专办向外处购买或出售各事。村内衣服都要一致，能男女都一致更妙。会食在一个地方。设图书室，工作厂。对内如有女子儿童的教育事业，应该很很注意，因为是新村全体幸福所托。对外鼓吹文化，改造环境的事业，亦很要注意。我想，我们新村的生活，可以农业为根本，兼种果木，并营畜牧。这样做去，必然安闲而愉快。

新村的迷人之处就在于它的理想性，设想容易，实行却难。不过，恽代英等人后来开设的利群书社，也可以说是"新村理想"的一种实现。

[①] 中共中央文献研究室编：《毛泽东传》（一），中央文献出版社2013年版，第55页。

11月15日，他在日记中提到有人曾设想在汉口开设一个书店，他认为这个想法很不错，这既有益于社会，又投合个人的兴趣。"松如说，杨笙阶君因汉口商场喧闹，有志结合几个商人，在沿江租一间房子，买些书报，无事时便到此起坐，亦教心身得个安闲，而且有些进益。"后来，这样书店倒是让他给开成了。

12月22日，在日记中，他写了《我们的新生活》，计划纠合同志，"于城市中组织一部分财产共有的新生活"。

> 这是创办一个独立的事业，投身生利场合的第一步，实行一部分的共产主义，试办近乎各尽所能各取所需的团体。看机会以尽力于工读互助主义，尽能力为社会兴办各项有益事业。他的办法，初步是共同生活与书报贩卖。

在这个书店里，书店工作由团员担负。（"每天应该有四点钟或三点钟的服务"。）以书店的盈余和团体分子的自愿投入作为共同财产，以实现部分的"共产"生活。"总而言之，这个团体的分子，都是为社会做事的人。这个团体的财产，都是社会的财产。这是自利而且利人，而且逐渐发展社会的切实计划。"

后来，他将此文修改为《共同生活的社会服务》，并于1920年1月22日发表在《时事新报》上，是为即将开办的利群书社的宣言。在宣言中，他对新生活的具体运作有着更为详细的规划。

1919年12月29日，他"与修平谈新生活实现之希望"。他的这一梦想在1920年基本得以实现。是年2月1日，恽代英和他的同道筹集资金，在武昌横街头租屋开办利群书社，随后他又和林育南、林育英等成立利群毛巾厂，以实业来支撑传播文化、服务社会的梦想。

利群书店开设不久,恽代英致信上海的宗白华,说到他们起初的工作和生活。

最有味的,莫过于做饭,这事我们的朋友亦都不大很内行,而且买的炉子、锅、甑,都不很合式,每每做了些夹生饭吃。不过我们仍然高兴,仍然天天研究,天天改良。今天轮着我做饭,几个朋友帮着我,仍然做不好,不过我倒学了几件乖了。

我们读书做事,都在楼上。亦有四个人在楼上席地而睡,因为是减省床铺钱的原故,而且与床铺一样舒服。我们轮流掌柜台及做饭。除这种服务外,每人作课大概多可一日九时,少可七时。现在诸事未定,作课不能十分这般计算,将来总可完全如此的做到。

从上午八时至十二时,下午一时至六时,晚七时至九时,是作课的时。早七时起,夜十时睡。所作的课,各人自由规定。①

廖焕星在回忆当年他们在利群书社"共同学习,共同劳动,共同进步的集体生活"的工作生活时说:

在利群书社内生活的人,要勤于业务:织布、送报、门市卖书报、业务通信、记账;照料日常生活:洒扫、采购食物如柴火做饭、烧水、洗衣;学习讨论;小组开会批评与自我批评。每日批评的项目:今日是否做过利群助人的事,摆在面前的利群助人的事怎样进行;对于自私自利、腐化思想的抨击;对于戒急躁、戒愤怒的互励。每日必须在小组会结

---

① 恽代英:《致宗白华》1920年2月23日,载《恽代英文集》上,人民出版社1984年版,第125页。

束后，才得就寝。①

恽代英当初就设想"每晚团员有一个会议"，而这是他们的"互助社"的一个"互相激励，互相观摩"的老传统。吴化之回忆他们的"反省"会时说："我们工作一天后，晚上九点开会，大家说说这一天做了什么好事、坏事，有没有差错，互相提提意见。很多意见是属于日常琐事的，例如常常为了几个铜板作检查。多收了顾客的钱要立即退回去，下班后还要跑很远的路送到人家家里去，我们在书社虽然生活很艰苦，但是精神是愉快的。"②

1920年9月9日，毛泽东等在湖南开办的文化书社开业，这个书店与恽代英等创立的利群书社，性质完全相同。而且毛泽东的这个书社还曾得到恽代英的帮助。文化书社曾"恳请恽代英做信用介绍，以便文化书社向外埠订购图书时，和利群书社一样，免去押金"③。当然，利群书社因1921年6月7日王占元部下兵变而被毁停办，前后共开办一年四个月的时间。在长沙的毛泽东等开办的文化书社生意相对红火，据其开办半年事务报告称："除开寒假时一个月外，余月均很畅销，社里总是供不应求。"而且还成立了7个分社，7个贩卖部。④

1920年10月，恽代英还在纸上畅想他的"未来之梦"。即纠合同志，从乡村事业做起，在一定的物质基础之上"全然共产"，过一种"共产自给的共同生活"，"实行各尽所能，各取所需的理想"。在这个乡村共同生活中，一般情况下，每人每日需为团体的工厂、商店、农场、学

---

① 廖焕星：《武昌利群书社始末》，中国社会科学院近代史研究所编：《五四运动回忆录》续，中国社会科学出版社1979年版，第370—371页。
② 吴化之：《我们的师表》，载《回忆恽代英》，人民出版社2015年版，第120页。
③ 田子渝、任武雄、李良明：《恽代英传记》，湖北人民出版社1984年版，第44页。
④ 毛泽东：《文化书社社务报告》1921年4月，毛泽东文献资料研究会编辑，竹内实监修：《毛泽东选集》第2版第1册，东京：苍苍社1983年版，第79页。

校或其他事业工作6个小时,将来减到每日工作4小时。成员的吃、穿、住、抚育、教育、医疗皆由团体供给。

> 衣食住完全由团体供给,但只可布衣,不过二十岁不着羊裘。食则会食(产妇、病人在外),每日三餐。居住则在公有的房屋中,只有各别寝室,读书、作工都规定公共地点。
>
> 产妇生产前后两月,可免其作工,调养费由团体供给。病人亦免作工,其期限由医士诊定,医药费亦团体供给。
>
> 婴儿生两月后,惟哺乳仍由其母,抚育的事,举专人担任,免碍女子工作。其所举的人,以受过保姆教育的为宜。教育费用,由团体议决担任。求学须参酌个性长短,与团体需要两方决定。

小团体过上"好生活"并不是他们的目标,他们的目标是为了"社会服务"。"局部的改造,乃全部改造的第一步。所以我们总不能自安于局部,我们的力量总要征服环境。我们的目的,是在造一个圆满快乐的黄金世界。""靠这种共同生活的扩张,把全世界变为社会主义的天国。"[①]

当然这种共产的共同生活,在现实中是无法实现的。而且他视为"平和的改造运动"的利群书店新生活实验亦以书店的关闭而告终。后来,恽代英反思他的这段社会改造活动时说:

> 另一种是不相信胡氏(按,指胡适)的读书主义的,但是他同时也不赞成开会巡行的法子,以为要救国须先改良社会,所以这般人便

---

① 恽代英:《未来之梦》,载《恽代英文集》上,人民出版社1984年版,第238—245页。

去办书店，设工场，设学校，组织工读互助团，实行半工半读的计划。他们以为倘全国的人都能如此，将一件一件的好事做起来，中国便会达到好的地位，不知道这只是一些空想不可能的，中国在帝国主义压迫之下，不论办一件什么事情，是逃不脱各种压迫，国家先不能救，却想先改良社会如何是可能的事。他们曾经用了千余元的款子，成立了一所的工读互助团，召集青年，每人每日做四小时的工，其余时间便去读书，这种无工作经验的青年四小时的工作，还不及工人二小时所做的工作，因此逐日亏本，不久即关门失败了。①

试图从具体的枝节问题上着手，而不是从根本的社会制度上加以改造，终避免不了失败的命运。

他认为问题的关键在于废私产。"只要能破除私产制度，各尽所能，各取所需，自由工作，废除金钱，便一齐解决了。""世界的组织，非废私产，废金钱，不能得圆满的解决。"显然，只有共产才能是一种理想的社会。1921年7月16日至21日，几乎与上海的中国共产党成立的同时，恽代英和林育南等召集利群书社影响的各团体代表24人，于浚新小学开会，决定成立"共存社"，其宗旨为"以积极切实的预备，求阶级争斗，劳农政治的实现，以达到圆满的人类共存为目的。"② 日后，他为了这样的社会的实现而奋斗就是顺理成章的事了。

救国不能靠别人，只能靠自己，只有培养善势力，才能对付恶势力，基于此，恽代英积极培育、结交善势力，并和他的同道们尝试创造一种"新生活"。

---

① 恽代英：《中国民族革命运动史》，载《恽代英文集》下，人民出版社1984年版，第954—955页。
② 《恽代英同志生平年表》，载《恽代英文集》下，人民出版社1984年版，第1080—1081页。

（三）评价五四优缺点

对于他所曾参与的五四运动，后来，恽代英在不同的文章中时有提及，从中，我们可以看出他对五四运动的认识和评价。

1924年五四前夕，恽代英写了一篇《"自从五四运动以来"》的文章，简要地回顾了当年的五四事件，并对五四运动的政治行动和思想解放予以高度的评价，他说：

> 这是我们第一次打破一切的干涉压制，直接为政治的活动。靠这个活动，我们对外呢，发了不知几千万次的电报宣言到巴黎和会去，全国一致的不许签字于对日本稍形让步的和约。这一次的不签字，使全世界都震动起来了，而且亦引起美国国会的不批准和约，以至于最后日本仍不能不将青岛与胶济路退还于我们。对内呢，全国学生才有了一致的联合，各地都产生了学生联合会。而且又因为这一次伟大的运动，使青年们打破了一切官厅、教职员的尊严，文字上与思想上，大大的得着一番解放，于是文学革命、思想革命的潮流，亦排山倒海的跟着来了。五四运动，实在是辛亥革命以后第一件值得纪念的要事，无怪一般青年要崇拜五四运动。[①]

他呼吁青年应当"研究怎样保持而继续五四运动的精神"，号召大家对"亲英美派政府"再来一个五四运动。

[①] 恽代英：《"自从五四运动以来"》，载《恽代英文集》上，人民出版社1984年版，第495页。

1926年，担任黄埔军官学校政治总教官的恽代英，在广州做过一系列关于中国民族革命运动史的简明而通俗的演讲。在讲到五四运动的时候，他提到了五四运动中"群众运动"所显示出的"人民"的力量。

他说："这回的五四运动，关系中国民众运动重大得很，五四的巡行示威，是中国空前未有的群众运动，后来全国学生罢课，汉口、上海、广州各处学生罢课，商民罢市，上海并有工人罢工，全国人心汹汹，北京当局吓慌了，才罢免曹、章、陆的官职，这是人民向统治阶级第一回的战胜，人民遂觉出人民自己的力量了。"他所说的五四"群众运动"这个事实和观点，非常重要，准确地说，五四运动不只是一场学生运动，它是一场由"学生运动"发动，进而转为一种"民众运动"的运动，正因为"民众运动"所形成的磅礴之伟力，才使得运动最终获得成功。

那么，五四运动有什么样的缺点呢？恽代英认为五四运动有三个缺点，他说：

> 不过这运动，其中尚有三层缺点：第一，是这次运动没有政党在中间指导，当时参加的，都是一般乌合之众，无团体系统的组织，国民党既与之无固定的关系，共产党尚未产生出来，胡适之后来创议，设立学生联合会，想借此指挥；然学生联合会，究竟与政党不同，学生联合会中间，若没有政党指挥，想靠学生联合会去指挥学生群众，究竟是不可能的事。因此到了民国九年，学生就散漫不堪了，群众运动的潮流，亦低落下去了！第二，是学生固然爱国，但欲求学生群众，成为有纪律，有组织，能坚持耐久的团体，是很难做到的。学生年纪轻，多浪漫性，而且大家都爱出风头，不肯服从纪律，那时不晓得组织农工群

众，努力作农工运动，把一切事业，都建筑在这种学生群众身上，故在民国八年的一番热烈运动，不一年就烟消云散了。第三，是参加五四运动的人们，没有认清敌人，认定的对象太小，他们不说打倒段琪瑞，只说打倒段氏之走狗曹、章、陆，更不知说打倒日本帝国主义，等到打倒了曹、章、陆，大家以为目的就算达到了，所以再闹亦闹不起来了！①

"没有政党在中间指导""不晓得组织农工群众""没有认清敌人"，是五四运动的三个缺点。

正如前面恽代英所提到的五四运动是一场"中国空前未有的群众运动"。但同时我们也要看到，五四中的群众运动只是初级的、不充分的群众运动。也就是他所说的，"不晓得组织农工群众"。1941年，毛泽东就说到这一点："五四运动是有群众，还是没有群众？我认为五四运动是有广大的群众性的，比起大革命来自然是差些。那时资产阶级、小资产阶级和无产阶级是统一战线，还没有农民参加，只有广大的工人。"②而在1920年2月，郑振铎说到民众对这个时候的学生运动的不理解和漠然的态度。他说："我前天遇着好些朋友，他们对于学生的运动，不惟不赞许帮助，并且还有许多微辞；许多商家，对于学生的被捕被打，也若'无与己事'袖手旁观。"他称这是因为民众"没根本上的觉悟"。因此，学生根本上的运动是到田间和工厂里去，开展"下层的大多数的新文化运动"，也就是，"灌输新思想给一般社会"，"使一般的社会有知识，明事理，有觉悟，有奋斗的精神，能够起

---

① 恽代英：《中国民族革命运动史》，载《恽代英文集》下，人民出版社1984年版，第954页。
② 毛泽东：《如何研究中共党史》1942年3月30日，中共中央文献研究室编：《毛泽东文集》第2卷，人民出版社2009年版，第404页。

来与你们协力合作"①。

恽代英所说五四运动的三个缺点,自然是以1926年时的形势和眼光来看待和评价1919年的五四运动的。正如他所曾经主张的,"做事而顺其自然",不做事实上做不到的事,1919年自然做不成1926年可以做的事。

通过对恽代英1919年的"五四日记"的解读,我们较为详细地还原了"恽代英的五四运动",较为客观地分析了"五四运动中的恽代英"。

从五月五四事件消息传来到十一月福州事件再起波澜,长达半年的武汉地区"五四"运动中,"五七"国耻纪念,武昌学生团、武汉学生联合会的成立和活动,"五一八"游行,抵制日货,"六一""六三"军警与学生的冲突,放假令,全国学生联合会的成立,"五烈士"追悼会,官方对运动积极分子的压迫、武汉罢市、福州事件后学生游行等,几乎每一个事件,恽代英都或深或浅地参与其中,这是恽代英个人的五四运动史,同时也是武汉地区的五四运动史。

在五四运动中,由于恽代英的"教师"的身份限制(私立武昌大学附中部教务主任),使得他不便突出在学生运动的"台前",更多的是身居运动的"幕后",给运动以"协助"和"指导"。而这种"幕后工作"主要通过他的文笔来实现的,运动期间他奋笔疾书,以笔为剑,撰写了大量的文章,特别是代表学生撰写了一些发抒学生集体声音的宣言、电文、声明、意见书等,这是他参与运动的主要方式。

运动中恽代英,并非是我们想当然地认为的那样,是一个热烈而激进的人。他有"热烈"之一面,更有"理性"之一面,他不走极端,

---

① 郑振铎:《学生的根本上的运动》,《新社会》1920年2月21日第12期。郑振铎:《郑振铎文集》第4卷,人民文学出版社1985年版,第26—27页。

不主冒险；他有"理想"之一面，更有"务实"之一面，他主张"顺其自然"，不做"事实上做不到之事"。对于学生运动，他也并非一味简单地、无条件地支持，他对学生运动的价值和意义、参与者的真诚度，运动表面上的成功，都有不同于常人的观察、认识和反思。身处五四运动中的恽代英，思考并觉悟到要挽救国家的危亡只有依靠自己，不能依靠别人，由此他积极联络和培育善势力，并尝试组织新生活。

五四运动是刚走出校园、走向社会的恽代英参与社会运动的一个光辉的起点，自此之后，他开启了短暂而不平凡的革命人生。

他怀寒不能衣，饥不能食，人当修己以安人，多金何为？

——应修人日记，1919年4月8日

1933年5月14日下午，中共江苏省委宣传部长应修人前来上海昆山花园路七号丁玲住处联系工作，他不知道的是，此时，丁玲以及前来联系工作的潘梓年已被秘密绑架，国民党特务埋伏屋内，在他与特务搏斗时，不幸坠楼牺牲。图为上海昆山花园路上丁玲暂住，应修人牺牲的公寓建筑。2024年3月8日陈占彪摄针对当时流传的关于南洋烟草公司系日人资本，公司创始人、总经理简照南入日籍的传言，该公司于1919年5月14、15、16日连续三天在《申报》上发表"敬告国人书"，对此加以澄清。图为《南洋烟草公司敬告国人》布告。图片选自《申报》1919年5月15日，2版

二、农村和共产的"预备"
——应修人日记① 中的五四

1919年的最后一天,应修人在日记中总结说:"今年于人生观。也很有大大的激悟。"而在1919年的第一天,他在回顾过去的1918年时也总结说,过去的一年,"大愿未偿依然故,我可愧得很。旧年碌碌,进步很少,枉过一年也"。可见,1919年,对于应修人本人来说,意义特殊,影响深远。

1919年,19岁的应修人在上海福源钱庄(2月11日,他所在的"福源钱庄"改为"豫源合资商业储蓄银行")工作,这时,经过多年的历

---

① 1919年1月到6月应修人日记见上海鲁迅纪念馆编:《上海鲁迅研究》(1997年10月),百家出版社1997年版),7月到12月日记见上海鲁迅纪念馆编:《上海鲁迅研究》(1998年9月),百家出版社1998年版。为避繁琐,本文引用该日记内容不一一标明页码。该日记整理的个别字句和标点或有不妥之处。

应修人(1900—1933),浙江慈溪人,原名应麟德,字修士。应修人14岁时,便到上海福源钱庄做学徒,三年学徒期满,在钱庄做账房工作,这奠定了其以后谋生吃饭的职业技能。1919年五四运动爆发之时,19岁的应修人在钱庄工作,有着一份相对稳定的职业和不错的收入。1920年下半年,他到中国棉业银行任出纳股主任。1920年到1925年,他创作、发表、出版新作,创办和主编文艺刊物。1925年,他加入了中国共产主义青年团,并很快转为中国共产党正式党员。1927年,受党的派遣,去苏联东方大学学习,成为一位"职业革命家"。1930年,参加"中国左翼作家联盟"。1932年担任中共江苏省委宣传部长。1933年5月14日,应修人在与敌人博斗中坠楼牺牲,享年33岁。(参见楼适夷、赵兴茂编:《修人集》,浙江人民出版社1982年版。)

练,他已成为钱庄经理秦润卿①的"得力"助手,主要负责账房和信函工作。

能在这么一个实力雄厚、经营良好的钱庄/银行做"小白领",在大上海过着"小资的"生活,当是很多人的梦想。如其在6月25日日记中所云,"钱业更为人羡",7月9日,他的新朋友也说,"君谓羡我,我实羡君"。工作稳定,收入宽裕,"个人的经济,比之前几年,称第一宽裕"。可是,与他那相对平静滋润的物质生活相比,他的思想却高度兴奋、动荡不宁。

对中国来说,1919年最重大的事情莫过于这一年所爆发的"五四运动"。1919年的五四运动,对于当时中国绝大多数的年轻人的思想和人生都会产生一定的冲击和影响,应修人自然也不例外。五四运动中扬葩吐艳的新思想新文化,以及波及全国的爱国社会运动给他的精神以极大的冲击。

"新书很喜看"。他隔三岔五就去购买各种新书报刊。比如2月14日这天,他先后四次去书店(商务印书馆一次、群益书社二次、泰东书局一次),购买书刊若干,其中光《新青年》竟然一口气买了22本(两次到群益书社,分别买1本和19本,又到泰东书局买2本,这还不包括在群益预定的第6卷一份)。到4月21日他设立"修士书箱"的时候,他"共有书共一百十七种,二百九十五本"。7月上旬,他盘点了1919年前半年

---

① 秦润卿(1877—1966),浙江慈溪人,银行家,慈善家。贫困家庭出身,只在私塾里念过几年书,毕业于"社会大学"。历任上海总商会副会长、上海钱业公会会长、中央银行监事、上海市银行董事长、交通银行上海分行经理、中国垦业银行董事长等职。其所抱人生观是:"不置私产,营利所得尽数用之于桑梓慈善事业,做到人生以服务为目的。"他于1915年在老家慈溪创办普迪小学,不但不收学费,而且还供给书籍用品,让贫寒的子弟获得就业的基本技能。又收购古今典籍,在老家慈溪设立抹云楼图书馆,藏书近12 000余册。(参见俞佐庭:《慈溪秦润卿先生七十祝辞》,新潮社会记者衣人:《秦润卿先生访问记》,《慈溪报》1946年7月16日—18日。孙善根,周晓升编:《秦润卿史料集》,天津古籍出版社2009年版,第150页,第143页。)

的花费时，发现"一人之用竟有一百二十九元三角一分，内书占五分之二"（7月10日日记）。可见他买书之多，买书之勤。当然，他之所以能够大量买书，也与他相对宽裕的收入相关。

他所购买的书刊就其内容而言，大概分两种类别：一种偏向新知识；一种偏向新思想。

对一个"小时没受完全教育"的19岁的年轻人来说，这个"无学的青年"对知识有着强烈的渴求。他购买了各种各样的书刊，如《农业浅说》《动物采集保存法》《植物学》《矿物学》《代数学》《物理学》《论画浅说》《卫生新食谱》《粗食保健法》等。其内容包括农、林、矿、动、植、数、理等，门类庞杂，包罗万象。他还积极地聘请老师教习英语、学习拼音、自学农学等。从中可见，这个好学的青年对新知识的渴求是何等的强烈。

除此之外，对他思想启发更大的当是那些风靡一时的宣传新思想的报刊。如《新青年》《每周评论》《新潮》《少年中国》《星期评论》《时事新报》《留美学生季报》《妇女杂志》《家庭教育》等报刊杂志，以及五四运动时期出版的种种不定期报刊，如《全国学生联合会日刊》《全国学生报》《南京学生联合会日刊》等。

在他的日记中，我们可以看到他如饥似渴地阅读这些鼓吹新思想的报刊。"晚在晒台读书，真快活呀！"（4月3日日记）"看《新潮》。上半天也看，看了许多，做得真好。"（3月22日日记）"看《新潮》，这书很好，看了加我许多希望。快活！快活！"（1月25日日记）8月3日，为了买《少年中国》，他先后到群益、亚东、救国日报馆，都没有买到，于是到全国学生联合会找到五四运动中的风云人物黄一葵，共订购五册。次日，他在给黄一葵的信中，"言：《少年中国》真好，我们青年又多了一颗'明星'。近来'明星'着实出的不少，东也一颗，西也一颗，照耀得中国已光亮非常，以后青年也许不再受'迷途'的苦了。我们饮水思源起来，不得不感谢先生，因先生是制造'明星'的一份子"（8月6日日记）。他甚至被人称为"新学究"（7月24日日记）。从他对这些书刊的认同和痴迷，足见其"研究新思想之诚"。

正是这些书籍报刊，或者说新知识，特别是新思想对他思想的形塑起到很大的作用。正如他所说，1919年，他的人生观"很有大大的激悟"（12月31日日记）。以至于他决心弃商就农，后因家庭变故不得不恢复原职时，秦润卿经理就警告他："惟须守范围，少看书。"（12月3日日记）为了平息新思想在他内心掀起的狂澜，他自己也决定"新书少看，想学画以替代，或不致使我发狂。"（12月28日日记）可见，这一年中，受到这些书籍报刊的刺激和影响，他的思想的确起到很大的变化。

日后，很多当时的青年常常会自豪地宣称他是"五四的产儿"。只是今天我们很大程度上看到的是一个已经出生、甚至已经长大成熟的"五四的产儿"，不太容易看到当年的"五四的产儿"在"五四的母体"中孕育、滋长及分娩的过程。

1月24日，应修人存放日记和贵重物品的抽屉上的锁坏了，为了防止别人翻看他的日记，他写了这么几句话："诸君这是我的日记，庸庸碌碌、琐琐碎碎，很不足看的。看了徒然糟蹋诸君宝贵的光阴，我看诸君还是不看好。"今天，我们知道应修人是诗人、左翼作家、革命烈士，但是我们并不是很清楚他是"如何成为"应修人的。而他那"庸庸碌碌、琐琐碎碎，很不足看的"1919年"应修人日记"成为我们了解他是"如何成为"应修人的一个核心文本。

本篇通过1919年的应修人日记，探索"尚未成为"文学家、革命者的应修人在这个对他影响深远的年份中的思想激悟、志向理想、社会活动以及个人选择。这包括五四运动的参与，"弃商就农"的抉择以及白话写作的尝试，以期展示应修人在"成为"应修人的过程中的一个重要断片。

（一）一个银行小职员的"五四"

1919年的五四运动，对现代中国来说，是一个标志性的事件，而上海正是五四运动的主要发生地之一。这时，应修人在福源钱庄做一个小职员，他也成为五四运动的参与者。不过，与一般青年学生参与五四不同的是，他是以一个"社会青年"，即一个"小职员"的身份参与到这场运动中。

今天，我们的五四运动文献绝大多数是知识分子参与五四运动的报道和回忆文章，而工人、商人、农民、一般社会青年如何具体地参与到运动中，直接的、一手的叙述并不多见。而事实上，除了学生，一般的社会人士也积极而广泛地参与了这场运动，但是由于他们很少留下相关的记录，因此，他们参与五四运动的具体情形也就往往模糊不清。1919年的应修人日记，显然略能弥补这份缺憾，这也是他的日记的特殊价值。这当然归功于他的单纯热情和勤学好记，如果没有他的记录，我们自然也就不知道一个社会青年是如何参与到五四运动中。

然而由于日记体裁所限，这样的记录不可能是很详细的。因为，对一个普通人来说，日记不是创作，多是供个人备忘而已，应修人的日记亦是如此。应修人在1919年日记中简约地记录了他是如何参与五四运动的，这些记述，对置身于当时的环境中，并且有着亲身经历的他来说，理解起来自然不成问题。但对今天的我们来说，如果不了解当时事件的背景，对他相对简约的记述，可能就不能够充分理解。这里，我们结合当时的社会情形，对他的日记的五四记录做一番注解和解读。

● 日本"黎明会"和上海"国民大会"

2月5日，应修人日记云："《时事新报》登日本黎明会消息（在《学灯》内），知日本民主主义也大发动，可喜也。"

黎明会是日本学者吉野作造、福田德三、今井嘉幸等进步学者所倡设的一个有着进步思想的社会团体。他们与当时那些为军阀效力奔走，主张侵略中国的一般浪人组成的所谓"国体拥护会"针锋相对。其揭出三大纲领："（一）学理的阐明日本国本，完成日本在世界文明进步中特有的使命。（二）扑灭逆着世界大势的危险的顽冥思想。（三）顺应战后世界的新趋势、促进国民生活的安固充实。"[①] 反对军国主义，反对资本主义，主张民本政治和政党政治。受黎明会的影响，东京大学学生也发起鼓吹"德谟克拉西"的"新人会"。他们的主张比黎明会还要急进，其纲领为："一，我们要促进世界文化大势的'人类解放新气运'，一 我们要从事'现代日本的正当改造'。"[②] 这确像黑暗中的黎明。

他们的主张体现在对中国的态度上，就是反对日本对中国的侵略。比如，吉野作造对刚刚发生的五四运动给了这样的观察和评价，他称，与以往民众运动不同的是，这次运动："第一、纯然为自发的，并无何人煽动于其间。虽我国（日本）报纸，照例载称某国之煽诱，实则毫

---

① 明明：《祝黎明会》，《每周评论》1919年2月16日，2版、3版。
② 《日本的〈黎明会〉和〈新人会〉》，《星期评论》1919年6月15日，3版。

不相干。第二、此次运动,具有一种确信的精神,彼等欲达此确信之目的,而所向之标点,乃未尝错误。第三、此次运动,其结果非单纯的排日,彼等之主眼,乃在除去国内之祸根。惜乎彼等之手段,颇极狂暴,而未尽文明,此则不能不遗憾焉耳。"①

他奉劝日本官僚军阀能从这次运动中吸取教训,改变其侵略性的对华外交政策。

> 此次风潮又与我国官僚军阀,以实地教训。即对支之外交根本改良者要求是也。有此实地教训,而犹不知悟,我日本将永无对支发展之机会矣。日本果欲亲善支那,果欲与支那共存,协谋东洋文化之进步,则对支政策不可无人道的改革,如吾人所恒言者也。历来对支政策,虽未必为"侵略的""军国主义",然至少亦带有此臭味,非根本铲除不可。吾人始终以人道主义为基础,由自主共存之正道以刷新一切对支政策。然此等主张,曾未邀官僚军阀之一顾,而今则如何。②

他对中国的排日行为表示理解。他说:"我知贵国虽盛倡排日,所排之日,必为野心的、侵略的、军国主义的日本,而非亲善的、平和的、平民主义的日本。侵略的日本,不独为贵国青年所排斥,抑亦我侪所反对者也。侵略的日本,行将瓦解;未来平和人道之日本,必可与贵国青年提携。"③

除吉野之外,黎明会中也有人旗帜鲜明地"反对日本占领青岛,反

---

① 《日本帝国大学教授吉野博士之论文》,杨亮功、蔡晓舟编著:《五四》,(台北)传记文学杂志社1982年版,第96页。

② 《日本帝国大学教授吉野博士之论文》,杨亮功、蔡晓舟编著:《五四》,(台北)传记文学杂志社1982年版,第100页。

③ 《全国学生联合会致日本黎明会书》,杨亮功、蔡晓舟:《五四》,传记文学出版社1982年版,第169页。

对日本在中国扶植特殊势力,并且反对日本占领朝鲜"①。

1月18日,黎明会在神田青年会召开第一次讲演会。"到会者几千人",在日本引起很大反响。黎明会的主要成员分别做了演讲。比如,本村久一氏在其《新国民心理的创造》的演讲中,就反对日本信奉的那种"力就是正义"的国民心理。他说:"我今天也说,我们不可不创造一种新国民心理?新国民心理是甚么呢?就是适合新国际心理的国民心理。换一句话,就是从武力万能的迷梦中醒来,信正义也是一种很大的力量,我们应该信赖他的。"② 在日本正要借巴黎和会之"白手套"攫取中国山东权益之际,这些来自异域的积极而正义的声音深契当时国人之心理。

2月5日,应修人"知日本民主主义也大发动"当系指当时中国报纸对日本黎明会于1月18日召开第一次演讲会的报道。当时,吉野也希望得到中国思想界、知识界的声援和支持,他给陈独秀、李大钊主持的《每周评论》的电文中即云:"最近开第一次讲演会,当时的速记,不日可以公刊,公刊后必寄赠一部。"③

在"大家在恨日本人到了极点的时候",这种清醒而友好的声音对深受日本祸害的中国人来说备觉可贵,自然也引起了国人的关注和好感。这也是应修人感到"可喜"之原因。

正因为其主张之正义,黎明会的声音在中国传播颇广,影响颇大。7月21日,在湖南长沙办《湘江评论》的毛泽东在说到新思想的力量的时候,就提到吉野博士的主张。他说:"盖自俄国政体改变以后,社会主义渐渐输入于远东。虽派别甚多,而潮流则不可遏抑。即如日本政府,

---

① 《日本的〈黎明会〉和〈新人会〉》,《星期评论》1919年6月15日,3版。
② TC生:《黎明日本之曙光》,《每周评论》1919年2月16日,3版。
③ 吉野博士:《黎明会》,《每周评论》1919年1月19日,4版。

从来对于提倡社会党人,苛待残杀,不遗余力,而近日竟许社会党人活动。如吉野博士等,则主张采用国家社会主义以和缓过激主义,顺应世界之趋势,从容将日本政体改变为英国式虚君制。于此可知世界思潮改变之速势力之大矣。我国新思潮亦甚发展,终难久事遏抑,国人当及时研究,导之正轨。"①

当然,我们也要看到,在黎明会中也有一些人仍抱有侵略主义的"黑暗思想"。李大钊后来就说:"在日本的黎明会里,也可以分黑暗与光明两个层级。大概已竟在社会上享有相当地位声望的一流人的思想,比较的不澈底,议论,态度,比较的暧昧。还是新人会一派的青年,较有朝气。他们的议论,思想,很有光明磊落的样子。这也是青年胜过老人的地方,也就是光明与黑暗的分点。"②"我也劝黎明会中的真正黎明分子,先要在黎明会中作一回黎明运动。"③可见,要出"侵略主义"之污泥而不染,并非那么容易。

5月4日,是五四运动的发动和高潮,北京的学生火烧赵家楼,痛殴章宗祥。5月6日,在上海的应修人在日记中记录了这个消息。"北京专门校以上学生(按,空格)多人举行示威行动,到曹汝霖家,数卖国罪,有章宗祥及日人在。章受伤极重,曹逃其家。电灯走火,焚数间。学生三十二人被拘,校长往保,不许。"

应修人日记的内容当然是报纸上的消息。事实上,赵家楼起火的原因当然是学生所为,而不是什么"电灯走火"。"电灯走火"是当时学生规避火烧曹汝霖宅第"责任"的一种推辞。当时报纸上多做如此报道。比如,五月五日的《益世报》这样说:"传闻起火原因有二:一说因

---

① 毛泽东:《健学会之成立及进行》1919年7月21日,竹内实监修,毛泽东文献资料研究会编集:《毛泽东集补卷》1卷,苍苍社1983年版,第102页。
② 守常:《黑暗与光明》,《每周评论》1919年7月13日,3版。
③ 守常:《忠告黎明会》,《每周评论》1919年7月13日,3版。

电灯被砸，电火溢出，一说系曹家人自放，各生见火起，乃离曹寓。"①上海的《英文沪报》亦云："当时与警察争执之际，竟将电灯打碎，电线走火，遂肇焚如。"②想来，沪上各报报道的信息大同小异。

5月7日，应修人的日记中记载："本埠因山东问题开国民大会，到二万多人。"

他在日记里所说的国民大会，是5月7日上海各团体，因力争山东青岛问题，在西门外公共体育场召开的国民大会。这次大会共有57团体及临时加入者十余团体参加，约计五六千人左右，可谓声势浩大。当时开会的场景和议程如下：

> 会场门前扎有白布一堆，上书"国民大会"四字，佐以国旗二方，门内设有招待、办事等处，场中两边各植木竿一枝，上悬白布所书开会秩序、游行顺序等旗各一。演说台设在场西，台上设方桌三张，居中者为演说席，左右为书记席，旁置扶梯，以便上落。会场中贴有各团体之提议案，如国民大会提议通函东洋停办货物，又致钱业公所不用钞票，又致全国断绝商业关系，又有中华国民策进永久和平会提议：（一）惩办卖国贼段祺瑞、徐树铮、曹汝霖、章宗祥、陆宗舆；（二）打销大借款；（三）收回青岛；（四）释放被捕学生。其会场秩序：（一）推定主席；（二）报告开会宗旨及经过情形；（三）宣布办法：（甲）致电巴黎和会及我专使；（乙）要求惩办卖国贼；（丙）要求释放北京被拘学生；（四）演说；（五）游行。

---

① 《山东问题之日益扩大》，《益世报》1919年5月5日，2版。
② 吴中弼编纂，李味青校阅：《上海罢市救亡史》，中国社会科学院近代史研究所近代史资料编辑组编：《五四爱国运动》下，中国社会科学出版社1979年版，第236页。

大会于午后1时半开始,"是日天气骤热,燠闷异常,场内人多拥挤,来宾中之临时发生昏闷者多至四五十人,幸上海医院在该会场大门内东偏设有临时治疗处"。先是江苏省教育会副会长黄炎培登台演说,继之者为王容(宏)实、叶刚久、汪宪章、朱隐清、光明甫等人演讲。"演辞均极激昂,台下掌声雷动。"至2时半演说毕,遂共同决定,同往外黄浦滩旧德国总会,晋谒正在举行南北和会的南北总代表唐绍仪和朱启钤,要求将大会决议转陈政府。①

沪上这次声势浩大的集会游行,对勤于读书看报的应修人来说不可能视而不见。

正因为应修人不是学生,他就不可能是五四浪潮的策划者和推动者,而只能是五四浪潮的感应者和参与者。

• "救国十人团"的成立和解散

直到5月12日,应修人在报上看到"救国十人团"的号召,他和他的朋友们立即响应,组成以抵制日货提倡国货为主要宗旨的"救国十人团"。5月12日日记云:

> 夜因报载有"救国十人团办法",平实易行。由莳凡君发起,合林瑞庭、徐文卿、黄笑蝶、秦子奇、冯梅卿、冯蕙生、谢澹如、罗菊泉和我,共十人为一团。以提倡国货(一面不用侵略国货)、奖励储蓄(每人每月两角以上)为大旨。推冯蕙生君为代表,我为书记。

---

① 《五月七日之国民大会》,《申报》1919年5月8日,10版。

应修人在当日报上看到的"救国十人团办法",其内容应当如下:

(甲)组织

(一)每十人为一团,推一代表曰团代表(以团为战位)。

(二)十团公推一代表,曰十代表,百团曰百代表、千团曰千代表(以千为止),曰某处千代表、曰某处第几千代表。

(三)每人所用名片(或普通或特别),背面刊团友九人之姓名。

(四)对于团外更须竭力劝导(每人须劝导十人以上)。

(乙)消极的责任

(一)倡倡国货,宁死不买侵略国人货物,自己的住屋不许侵略国人贴广告。

(二)有存款在侵略国人银行应立刻提出,并不得使用侵略国人银行的纸币。

(三)各人均代表其家庭负责(以同居为限)。

(四)十人互相监督以人格或生命为担保(一人背约九人得自由处分之)。

(五)消极的责任至我国国权土地完全恢复时为止。

(丙)积极的责任

(一)提倡储蓄以为培养国力的基础。

(二)团友每人每月须储蓄国币二角以上(愈多愈好),积至一元即送银行存储。

(三)国内外千代表达百人以上时,即开一救国团代表大会,商办左列各事:(子)组织国民储蓄银行。(丑)组织国民实业公司。某省某地某种原料出产最富,即于某省某地设制造相宜某种物品之工厂,各工厂均受成于国民实业总公司。(寅)所有储蓄金均改为国民实业总公司股金。①

以上所刊载"救国十人团办法"其实是一张传单的内容。

"救国十人团"发起于北京，张国焘回忆此一组织系当时担任北京大学事务主任并负责《每周评论》发行工作的李辛白首先提倡。"至迟在5月7、8日，北京就已出现成立"救国十人团"的号召。5月8日，《京报》在《附件》栏不加任何说明地刊载了传单的全文。9日，北京的《益世报》刊载了这个传单，10日天津《益世报》也刊载了这个传单。11日，上海广泛散发这张传单，5月12日，上海的《申报》《字林西报》等报纸刊载了这张传单的内容。②这时，应修人在报上看到了这个传单的内容。

要之，"救国十人团"是一个主张在经济上从我做起，以抵制日货、提倡国货为宗旨的组织。因其组织起来"非常简单，容易实行"，所以流传甚广。通过"救国十人团"这样的组织和活动，能够使得每一个普通老百姓都可以切身参与这场运动并为这场运动的胜利做出自己的贡献。"提出了人们站在日常生活的立场上，作为主体参加当前的爱国运动，通过与无数同志一起积蓄零碎的资金而直接参加中国的自立和富强的可能性。"③这种"十人团"的形式日后成为组织工人的一种有效方式。1921年8月，参加了中国共产党第一次全国代表大会后回到长沙

---

① 《申报》1919年5月12日，10版。亦可见《益世报》1919年5月10日，天津历史博物馆、南开大学历史系《五四运动在天津》编辑组编：《五四运动在天津——历史资料选辑》，天津人民出版社1979年版，第41页。

② 〔日〕小野信尔：《救国十人团运动研究》，殷叙彝、张允侯译，中央编译出版社1994年版，第1—2页。

③ 〔日〕小野信尔：《救国十人团运动研究》，殷叙彝、张允侯译，中央编译出版社1994年版，第8页。

的毛泽东,"担任中国劳动组合书记部湖南分部书记,致力于湖南地区(包括江西省萍乡和安源)的工人运动。该地区在他的指导下广泛而有系统地运用'十人团'的方式把工人组织起来。"① 可见,五四时期的这个"救国十人团"的组织形式在日后仍然发挥着其有力的作用。

看到这个倡议后,"应修人们"在银行也成立了这样的组织,他担任他们的这个"十人团"的书记。

在他们的这个"救国十人团"成立的次日,即5月13日,应修人"作'救国十人团志愿书'。除书大旨外,有负约者,与众共弃之。都签名。夜作简章。"

5月14日,在繁忙的工作之余,得知"救国联合会"成立的消息,他们于深夜召开紧急会议,讨论和联合会接洽的事宜。"十一点上楼,'救国十人团'开紧急会议,因报载'联合会'已成立,本团应推代表去接洽。冯代表无暇,遂改推徐闻磐君为代表,叫我明天写信去。卧已十二点了。"

次日,应修人一起床,便处理和联合会"搭线"之事。"七点三刻起。代'救团'写致'联合会'函稿。又抄章程。"不过好像没有写好,等到了晚上,他继续写信,"夜抄章程及名录。写好信,明日送去。只报告成立,请编号事。"他的朋友林章君来,"言已组成一团"。从中也可以看到一个社会组织的发动、组织和最后形成的机理。

材料准备好之后,16日,"'救团'信送去。得复,云:详。章印就即寄来。约星期,可开会,地点再告。"当天晚上,"蒋凡、滨掌两君到'联合会'去,云:已有七十一团,约在新舞台开。"他们也开始将抵制日货的承诺付诸实施,"夜,本团代表闻磐君因前曾买日草帽,打破

---

① 〔日〕小野信尔:《救国十人团运动研究》,殷叙彝、张允侯译,中央编译出版社1994年版,第122页。

以示决心。"

17日是星期六,"救国联合会"来信,通知18日"下午二时假环球学生会开会"。当天,"中华救国十人团"也在报上刊登了于18日开会的通知。这个通知如下:

> 径启者:救国十人团报告成立者已在五十团以上,兹定本月十八号(即星期日)下午二时在静安寺路中国寰球学生会开谈话会,讨论进行办法,务希各团推举代表届期驾临,共襄义举。特此通告。敬请各界同志公鉴。中华救国十人团联合通讯处谨启,五月十七号。①

接到开会通知的"应修人们"当即于17日晚上十点多在楼上开团会,"议决明日提议案三件:一、竭力推广十人团案;二、注重储蓄;三、诘问南洋兄弟烟草公司,简照南究入日籍否?请会去函。交代表相机提出。"

他们的三项提案中的第二项与他们的行业息息相关,当然这也不完全与他们的行业相关,积极储蓄也是当时为摆脱日货的依赖,实现经济独立的一种普遍的呼声。而第三项则是涉及当时人们质疑南洋兄弟烟草公司有日本股份的传言。

南洋兄弟烟草公司是简照南和简玉阶兄弟于1906年在香港创办,1918年,总公司移至上海。简照南(1870—1922),广东广州府南海县(今佛山澜石黎涌乡)人,著名实业家和爱国华侨。17岁时到香港,在叔父的瓷器店学做生意,不久便被派驻日本收理账款,随后在日本经商。也许正是这样的经历,当时就有简照南入日籍的传闻。

当时,山东国货维持会去函上海的中华国货维持会,请查询南洋

---

① 《救国十人团联合通讯处来函》,《申报》1919年5月18日,11版。

兄弟烟草公司是否有日本股份一事。经调查,"该公司确系完全华股,且在农商部二次注册,并无外股"①。论理,这个事实已经清楚了。

5月4日,北京的学生运动发生后,5月5日,该公司还在报上发表"上总商会书",忧心于巴黎和会的失败,向上海总商会提出抗日爱国之倡议:

> 上海总商会正副会长暨诸公均鉴:切启者巴黎和会将次结束,某国强攫青岛而列强袖手旁观,山东濒危,中国不□,凡属国人同此哀痛,而不绝如缕之民气乃让青年,敝公司同人心马〔共〕耻之。贵会为沪商总汇之机关,诸公为同人素仰之泰斗,伏乞召集各行商筹议惩办国贼,保全学生,抵御外侮之法。使全球各国咸知中国人心尚未尽死,则国或垂危而获安,而某国狡焉思逞之谋或有所怵而不敢进行,我国之幸也,沪商之光也。敝同人当执鞭以从诸君子之后,敢布下忱,维执事实图利之。②

对于五四运动,该公司反应不可谓不迅速,当然这也有助于破除当时人们对该公司性质的质疑。

针对外面流传的关于南洋兄弟烟草公司系日人资本,公司创始人、总经理简照南入日籍的传言,该公司于5月14、15、16日连续三天发表"敬告国人书",对此加以澄清。其称:

> 青岛问题发生,而利用时机以倾陷我公司之人倏起,两言以蔽之,曰:南洋公司日人之资本也,假冒国货以欺同胞也。查本公司于民

---

① 《国货维持会评议会纪事》,《申报》1919年5月4日,11版。
② 《南洋兄弟烟草公司上总商会书》,《申报》1919年5月9日,10版。

国四年、七年先后在农商部注册，注册章程第七条早已声明股东以中国人为限。又查本公司货物采用山东潍县、安徽凤阳等处烟叶，其是否土货不辩自明。且股东不止一人，如必以攻击简照南个人，抹煞股东全体，于理尤为不协。须知本公司经十余年困苦艰难，乃克至此，自问对于国中公益事业可告无罪于国人。此次学界热诚，本公司深欲附骥，如国人不谅，竟为三五人所煽惑以摧残实业为快心，间或为虎作伥以劾忠他公司为乐事，士各有志不能相强。本公司只可检齐各种证据，陆续登报，藉明真相，以待公评。再简照南并未脱离中国国籍，合并声明，南洋烟草有限公司全体股东公布。①

14日，公司还公布了1915年和1918年（由无限公司改为股份有限公司）公司呈农商部文及批复。15日，公司又公布1918年在农商部注册的股东姓名及股份。16日，公布了农商部注册执照的照片。17日，公司还发表此前总经理简照南所提的"巩固主权，保全华产，增进税源，培养国脉"的条陈。该条陈已荷大总统发交国务院农商部咨行各省省长商会通饬遵行，以此来"证明"公司的爱国之情。其云"兴我实业，利我农人，如有日资，怎得云云，爱国君子，请看条陈"。② 随后各商号纷纷发表声明称南洋兄弟烟草公司的香烟产品是完全国货。显然，关于该公司是否与日人有关，已经非常清楚了。

可是到5月17日，应修人还拟提出"诘问南洋兄弟烟草公司，简照南究入日籍否"的议案，显然他们没有注意到报间的这些声明，也可以看出这个流言在当时传播之广泛。以至波及杭州。夏衍回忆说："我们曾到城站南洋兄弟烟草公司的门市部去示过威，因为听说这家公司的老

---

① 《南洋烟草公司敬告国人》，《申报》1919年5月14日，3版。
② 《南洋烟草公司敬告国人》，《申报》1919年5月17日，2版。

板简照南入了日本籍。"①

问题是,这么一个简单的事实,南洋兄弟烟草公司为什么要反复澄清?直到5月22、23、24日,南洋兄弟烟草公司仍接二连三地发表"敬告国人书",再三剖明心迹,自我辩白。他们问,我挽回利权,热心公益,"五四"以来致函上海总商会挽回青岛,应民大会请求加以赞助,"我做错了什么?"

> 而南洋烟草公司成立以屡蹶而屡起,千辛万苦以有今日营业发展,同人尤兢兢,喜与惧之交萦,喜权利之以次收回,而尤惧忏悔之从此益重,乃仅仅于公共利益之事以棉力奔赴之,深虑无补于百一。国人不谅,妒我者时以手段逼人,竟不惜为外公司之前驱。若以挽回中国利权为同人罪也者,同人知罪矣。更或以本公司为肥脔,常思染指,我愿虽宏,如之何,尧舜犹病。海上社会状况我不敢言,但数年来所受痛苦于此,益为人心世道抱巨忧矣。青岛事起,本公司即书致上海总商会促其提倡,洎国民大会书来属本公司赞助(原函具在),本公司虽无赞助巨力之可言,但见善如不及,则颇堪自信,而犹未蒙矜察我罪。

他们指出这些谣言出自同行浑水摸鱼,恶意竞争。

> 伊何一二同业复利用机会,明眼快手临我公司,日传单日招纸日演说谁也?奔走谁也?主谋谁也?为虎作伥谁也?操戈同室,则只诉诸良心足耳。然是非不辩则公理危。而人类或几乎息,连日登报藉明心

---

① 夏衍:《当五四浪潮冲到浙江的时候》,中国社会科学院近代史研究所编:《五四运动回忆录》下,中国社会科学出版社1979年版,第730页。

迹者,以此请各团体到公司查阅要件者以此,盖是非问题不能不辩,组织有无日人资本,有无日股,注册是否商部,鲁皖是否土烟,内幕一揭,真相自明,公理不没,谣言自破,且同人更有一解,深望国内名流青年学子提倡禁吸纸烟会,戒消耗而元气以培,肃风尚而人纪以正,实心毅力务期于成本,公司当停止营业,深自忏悔以从诸君子之后,敢布腹心,维邦人君子实图利之。①

从中可见,商业竞争的不择手段,应修人的提案也正是这种混乱时期的商业谣言的产物。

5月18日,作为书记的应修人7时起来就写提案,准备参加当天举办的谈话会,这时经理秦润卿劝他们不要"凑热闹",经理一发话,本来要参加会议的代表也不肯去了。于是,退而求其次,只好用写信提案的形式参与会议。

> 七点起。写议案。秦经理向我说外面团呀、会呀,不要写信去。云云。我不答应,只管写。本来代表准定去,这一来代表不肯去。团友多数主张不如写信去。遂写信,述不能自由,附议案请代主持。云云。

他们没有参加成"救国十人团"谈话会。关于这次会议召开的情形,报纸上是这样报道的:

> 昨日(十八号),救国十人团假静安寺路寰球中国学生会开谈话会,各界来宾及各团代表到者千余人,惟会所稍狭,后至者无立足地。下午二时,首由主席杨瑞葆报告开会宗旨,宣读草拟章程,继请来

---

① 《南洋烟草公司敬告国人》,《申报》1919年5月23日,3版。

宾叶楚伧、朱少屏、张益三诸君及国民大会事务所代表演说，后由各团代表讨论章程，议由发起团采集众意，详拟后再请各团修改，至此时已五点，由主席声明此次忽促集会，一切未能先事布置，招待不周，务希诸公原谅，即宣告散会。①

5月19日晚上，应修人的英语老师葛文卿来信说"因组织'救国十人团'，及'英文研究会'、'英语讲习会'告假一天"。英语夜课不上。晚上，他到永安、先施，"想买笔尖，恐日货不敢买"。

20日，应修人和他的朋友们召开紧急会议，决定解散"救国十人团"。"因外界压迫、内部涣散，不如去形式而重精神，或反有益于国也。"他们在银行内部组建的这个"救国十人团"仅仅存了8日，也可见社会组织之不易。既然当初在联合会做过备案，解散之后也得通知联合会。21日晨，应修人"代团写解散原因信，到'联合会'。邮去"。

应修人组织"救国十人团"，直接参与到五四运动之中。

● 罢市捐款和五四余波

直到"六三"北京大拘捕后，6月5日，上海开始罢市。"应修人们"再一次积极地参与到上海的五四运动中。

6月5日，上海开始罢市。应修人和他的朋友们共14名青年共捐款30元，其中他本人捐款5元。（这30元是什么概念呢？据1月30日日记所云，30块钱，"足足够贫家的一年粮"。）他们把这捐款送到学生联合会。当日日记云：

---

① 《救国十人团》，《申报》1919年5月19日，10版。

> 七点三刻起。昨北京学生拘四百人，今天商界、华界先罢市，渐推至北市都闭门（交易仍有）。过账。我出五元、子奇先生十元、莳凡二元，敌秋一元，及诸君共十四人，成三十元。我写信说明：商人除董事、经理等以外，都表同情，恨压力，未能取一致行动，送上三十元，助贵会，请代做。云云。十四个青年的商人具名。小琴君送到"学生联合会"，极优待。午后、夜，二次出外，门都关。白纸书挽学生等字。

应修人还给浙江《青年团月刊》捐款两元。6月4日，应修人收到浙江《青年团月刊》第一号，回信征订该刊并捐款两元以资助。"晚书函述我也是一个青年，怎不代万千青年感谢先生。恨无力，不能助。附上三元，内四角八分定一年月刊，又四角八分代莳凡君定，又二元作助，又四分邮费等云。"

6月6日，全市罢市中，听说次日有各界联合会议，应修人起草商业之请求，并和他的朋友送到学生联合会。

> 全市罢市（钱业仍理收付）。七点半起。买报，过账。晚出外。见均有"不除国贼不开门"的招贴，可喜。夜因闻明天有军官、商、学之会议，出商界之请求，我起稿，莳凡君写过，再和敌秋君，共三人到"学生联合会"与之，请速筹解决之，方回。

罢市是从6月5日开始。但金融业因关系重大，谨慎进行。"甫至（6月5日）午后，英、法各界除银行、洋行照常外，凡系华人商店，无不罢市。至银行、钱业金融枢纽，关系重大，当然慎重办理。本日南、北市钱业均仍理本日收解，然明日钱业公会能否不被扰乱，开市与否，实难预料。业由钱业公决，如不开市，凡洋厘、银拆均照今市办理，以资镇定。"① 因此，应修人日记所云，"全市罢市（钱业仍理收付）"。这与当时的记载一致，"昨今（按，6月5、6日）两日，上海钱庄虽亦闭门，而钱市仍未停顿"②。

当天晚上，他还买了一本《新国耻》。该书当系民铎杂志社编，1918年版，主要梳理了第一次世界大战爆发以来中日之间的交涉情形。

6月7日，仍然罢市。官商学各界对话以图恢复市场，然无效果。

> 今天像昨罢市。午，军官等邀各业领袖议决明天开市。午后三点总商会议，学生数千，言"开市愿以生命牺牲"。诸董事为屈，无结果，仍罢市。钱业且全停了。午后至"学生联合会"报消息。路买《联合会日刊》第三号，十。十四人的信也登出，有回信。晚坐电车，直到霞飞路渔阳里廿一号"日刊社"，定一月，二角。代友莳凡、澹如定二份。

应修人6月7日日记中所记的"午，军官等邀各业领袖议决明天开市"和"午后三点总商会议"是两次会议。就开市问题，6月7日的上午和下午分别举行了一次对话会，上午的会议在南市的上海县商会举行，淞沪护军使卢永祥召集，他答应向中央政府转达罢黜曹、陆、章的要求，但商界须会同各界劝令开市。

当时学联会推举朱承洵、恽震、狄侃三人为代表参加这次会议，朱承洵回忆称：

---

① 《上海交通银行报告上海罢市罢工金融危急函》1919年6月，中国社会科学院近代史研究所，中国第二历史档案馆史料编辑部编：《五四爱国运动档案资料》，中国社会科学出版社1980年版，第241页。

② 海上闲人：《上海罢市实录》下，公义社1919年版，第8页。

开会后，卢永祥首先讲话，劝商人即日开市，学生上课，并言曹、陆、章三人也有羞耻心，自动会辞职。上海为大都市，五方杂处，稍一不慎，极易引起紊乱，破坏治安，那时本人职责所在，惟有军法从事。以严厉的语气，恫吓商人和学生。上海县知事沈宝昌以代理上海道尹资格（时沪海道尹王赓扬因母忧请假）继起发言，无非迎合卢意，劝商人开市，学生上课。县商会会长顺馨一完全用压制口吻说："军使说明日开市，开课，谁敢不从。"其时商界人心动摇。

针对卢永祥所说"曹、陆、章有羞耻心，会自动辞职"，学联代表朱承洵起而发言说："人而至于卖国，还会有羞耻心吗？"并称，"我代表上海二万学生郑重表示：不罢免卖国贼，决不上课。"① 其实上午的会议，当时各界代表极表赞成，"惟租界方面，必须由北商会发布传单，方有效力。于是决定下午至北商会开会。"下午的会议在河南北路的上海总商会举行。"不料北商会已有工党二千余人聚集于会议厅，人声鼎沸，均不以南商会之决议为然，以今日官厅之言，决不可信，非见诸命令，决不开市。经商会诸董一再劝导无效，于是由各界答复官厅，请其电达政府，速颁明令方可开市；一面工党、学生、商界分头遍发不见命令明日决不开市之传单。"②

当然，这两次会议也可以说是一次会议。关于当天的会议情形，上海公共租界工部局警务处档案是这样记载的：

各种行业、学校、协会的代表6月7日上午十时，在南市上海商会

---

① 朱仲华：《五四运动在上海》，中国社科院近代史研究所编：《五四运动回忆录》续，中国社会科学出版社1979年版，第272页。
② 《新华储蓄银行上海分行经理致北京总行经理、副理函一组》1919年6月5日—9日，北京市档案馆编：《档案中的北京五四》，新华出版社2009年版，第98—99页。

举行了会议,卢护军使等也参加。经过了反复的讨论,卢护军使说将向中央政府传达上海人民要求释放在北京游行的学生的希望,及惩办三个被称为卖国贼的政客,不过这要商家开门及放弃抵制日货运动才能答应。与会者同意了卢将军的建议,并同意将于下午在河南北路的上海总商会举行会议。这样可以使租界及中国地界采取一致的行动。

下午四时半,在上海总商会举行会议,与会者计300个商人及学生(内有25个女的),县知事沈宝昌先生及卢护军使的参谋长马恒利团长亦参加。由汤节之当主席,他是河南路364号商业公团联合会的一个著名会员。几个商会委员说明在南市开会的经过,并提请与会者赞同卢将军建议。

经过了长久而热烈的讨论后,年老的商会委员赞成卢护军使的建议,但他们遭到了在场的学生及商帮协会委员们的坚决反对,会议到下午六时一刻没有结果的散了。

在6月7日的二次会议上,商人们的调和精神促使学生更努力地工作。在傍晚散发了一些新的传单,传单里请求百姓们坚持罢工直到中央政府同意下列要求时为止:

1. 惩办卖国贼,
2. 取消秘密协定,
3. 释放学生,
4. 收回青岛。①

这便是6月7日的两次会议的具体情形。

---

① 《上海公共租界工部局警务处档案》,中国社会科学院近代史研究所近代史资料编辑组编:《五四爱国运动》下,中国社会科学出版社1979年版,第367页。

在全面罢市的情形下,金融业的罢市只是时间问题。7日,钱业公所决定罢市,在这种阵势下,银行公会也就不得不紧随其后。其所发罢市通告分别如下:

上海南北钱业公会广告

吾业因本埠罢市,碍难营业,议自六月八号即旧历五月十日起实行停止营业,无论华洋收付各款,本票、会票、支票,一概止理。凡已付来未到期之会票、支票、本票,以及收付各款,统俟开市日并理。设或停工期内如有不测,吾业概不负责。望各界注意。特此通告。

上海银行公会通告

现因上海罢市问题,总商会调处尚未解决,公议暂停营业,俟有办法即行开市。

中国银行　交通银行　浙江兴业银行
浙江地方实业银行　上海商业储蓄银行

盐业银行　中孚银行　聚兴诚银行
四明银行　中华银行　广东银行　金城银行[①]

上海的金融全部停摆,这便是应修人日记中所云,"钱业且全停了"。

6月8日,仍然罢市。在北京,被拘禁在北大的学生拒绝离开,"政府还要慰留国贼,又捕学生千余人。前拘学生虽释,而学生要求种种自由

---

① 《新华储蓄银行上海分行经理致北京总行经理、副理函一组》1919年6月5日—9日,北京市档案馆编:《档案中的北京五四》,新华出版社2009年版,第99页。

未出"。应修人下午去学生联合会刊社征订会刊,因"佩服学生",又进行第二次捐款,他认捐10元。

> 下午过账,到三点多过完。和前凡君再到学生联合会刊社,代敌秋、佛心、少谷、伯研、羽公、樵峰诸君定六份,与一信(本备送来时带转),请由邮来,加邮费,九份共九角。我一角,其余算我送。拿收条。这里真有趣,都是青年的学生,无诈无虞。出回。晚种花。拿五种花,夜送到恒章泰。听说慈溪昨天也罢市了。回。同事都佩服学生,代〔巡〕捕维持秩序,劳苦不怨。由辅廷兄发起第二批捐款,先认二十元,我十元。后敌秋不要,自买,备送友。

6月9日,上海仍然罢市。因为在罢市中,应修人无事可做,早晨买报、看报,下午将他们11个人的61元捐款送到学生联合会。应修人捐款11元,比先一天认捐的10元多加1元。"午后二点半到学生联合会,以十一人六十一元,令佐廿、笑蝶五、樵峰五、羽公一、菊泉五、佛心五、蕙生二、莳凡五、伯研一、澹如一、我十一。讵该会由工部局迫令迁移,正忙。由干事费公侠君代收。出。"他去学生联合会送捐款的时候,正是学生联合会被要求搬出租界的时候。

他看到租界干涉学生的情形,很是愤怒。"今天租界干涉执旗围布(有切勿暴动字)之学生,真以亡国对付矣。"

自6月7日,官商学调停失败之后,8日,护军使所就有强迫开市的告示,工部局亦有开市之警告。9日,"华界戒严,由警厅长带领警备队向各商铺劝导开市,迹近威逼手段,各商咸置不理。上午十时,外国银行团开会要求工部局赶速维持开市,并干涉学生举动,业已出示布告"①。下午，华界和租界同时行动，拘捕学生。应修人所看到的正是这种情形，这大概从以下描述中可以看出：

  今日下午四时后，学生带白帽、着制服、佩带徽章、手执小旗及传单者，行经各马路，遂概遭印捕西捕拘入捕房，随即解送护军使署。华界遂亦下同一命令，拘捕类是〈似〉之学生。华租界顷刻捕获学生有一百余人之多，均押途护军使署。一时学生闻此警耗，悲愤欲狂，皆愿与被捕学生，同受谴责，即相率自投护军使署请罪。其数约有二千余人，皆徒步而往。入华界后，由武装军警夹护而行，闻尚有女生若干在其中。至军署后，如何办法，则戒严区域内，殊难探听消息。公共租界，昨晚万国商团仍复出防，分数小支队，步队荷枪实弹，在各马路巡逻。南京路又有商队马队，及印度马巡，往来戒备。各捕房门前，亦特增印度捕守卫。寰球中国学生会内之中国学生联合会总机关，已由捕房干涉，迁移别处。昨日下午，该会双门紧闭，阒无一人。②

  在华洋两界强迫开市的巨大压力下，"总商会闻知，即召集紧急会议，发出油印通告，于明日起照常先行开市，要求目的由官厅负责办理。午后银行公会开议，如钱业上市，当即照常营业"。然而，准备开市的钱业又因害怕人身威胁而不敢开市。这便是应修人日记中所云："商会通告开市。钱业下午议，明开市。后有会威吓，且明将罢工。又司务集合，要求担保身命。夜十一时，仍决议，仍罢。可笑！以贪利而开，怕死而罢。商人被辱煞矣。"

---

  ① 《新华储蓄银行上海分行经理致北京总行经理、副理函一组》1919年6月5日—9日，北京市档案馆编：《档案中的北京五四》，新华出版社2009年版，第100页。
  ② 海上闲人：《上海罢市实录》下，公义社1919年版，第13页。

应修人当天冒雨到"日刊社"求证开市的消息是否确切未果，回来后与银行协理因开市问题而起冲突。"五点多得开市消息。偕二君至'日刊社'，大雨淋身。社亦无确息，且与联合会非一气，不能为力。回，与协理谈开市，屈之。彼老羞成怒，我言汝怒我不讲了。遂止。夜，兴仁里中聚集多人，民气极盛。十一点多卧。"毫无疑问，他是不主张开市的。

6月10日，为平息民愤，政府免曹、陆、章职。"仍罢市。报载曹、陆、章三人请辞，政府允云。"他的父亲来信问他"安否"，并告诉他家乡宁波也在罢市。6月11日，"钱业开市，别市仍罢"。12日，"各业以学生来劝，一律开市。初军官、商业等来劝，都不开"。到6月12日，罢市基本结束。"租界内的商店均开门，各种各样的罢工者均回去工作，至16日已恢复正常。"①

随着曹、陆、章的免职，五四运动风潮渐渐平息，应修人日记中与五四运动相关的信息就比较零散了。

他通过征订、购买、阅读各种书报来了解、参与这场运动。6月13日，应修人到中华书局"买《国耻小史》，八分，买《亡国奴之日记》，四分"。

《亡国奴之日记》系鸳鸯蝴蝶派作家周瘦鹃所作。原收入中华书局出版的《瘦鹃短篇小说》中，因此次青岛问题既起，周瘦鹃请陆费逵别刊单本行世。据报载，"尝于一日中销去四千余册"。

当时周瘦鹃就在报上就说到他写这篇文章的内容和目的。"余曾有警世小说《亡国奴之日记》之作举吾理想中亡国奴所感受之痛苦，以日记体记之，而复参考韩、印、越、埃、波、缅亡国之史，俾资印证。深

---

① 《上海公共租界工部局警务处档案》，中国社会科学院近代史研究所近代史资料编辑组编：《五四爱国运动》下，中国社会科学出版社1979年版，第368页。

宵走笔,恍闻鬼哭声,而吾身似亦入于书中,躬被亡国之苦,纸上墨痕,正不辨是泪是血也,书仅万言,而亡国奴之苦况已尽。"他以此来"警吾醉生梦死之国人力自振作,俾不应吾不祥之言陷入奴籍耳"①。

在五四事件发生不久,5月9日,周瘦鹃又"体卖国奴之意,作卖国奴之口吻",做了一篇《卖国奴之日记》。"此书之作,冷嘲与热骂俱备,而写末路之窘促,穷极酣畅,盖区区之意,即在警吾国人,俾知卖国奴之可为而不可为耳。"由于文章所描写的正是当时人们所指认的曹、陆、章诸"卖国贼"。"因语多激烈,无出版社敢印,6月自费出版"。②

至于《国耻小史》,当即为沈文浚编纂的《国耻小史》(中国图书公司1909年版,上海图书公司和记1914年版,后由商务印书馆再版),记述了自鸦片战争至辛丑和约时种种国耻。后赵玉森还编有《国耻小史续编》(中国图书公司1915年版,后商务印书馆再版)。

6月15日,"上午到北京路河南路角兄弟国货公司,托定《全国学生联合会日刊》,可定,很和气。回"。"托人买来《星期评论》第二号,廿,看完,好。"

6月19日晚上,应修人和朋友莳凡到"亚东"买《每周评论》后,到青年会听了学生联合会北京代表、亦即全国学生联合会会长段锡朋等人的演讲。"学生联合会北京代表(全国会长)段锡鹏君、天津代表沙口口君,前沉痛后激昂。大致劝以此为训,猛进毋急等云。操北语,多听不出,十点多完。"

关于这次演讲,报纸广告云:"青年会商业夜校学生分会于今晚新钟八时半,请全国学生联合会会长段锡朋演说,凡该夜校学生及愿瞻

---

① 瘦鹃:《小说杂谈》(四),《申报》1919年6月16日,5版。
② 范伯群主编:《周瘦鹃文集》第1卷,文汇出版社2010年版。

段君风采者均可至会听讲。"① 显然，应修人所参与的活动正是这次演讲。段锡朋于先一天6月18日以18票当选全国学生联合会会长，何葆仁15票步其后，当选为副会长，而段是作为北京代表之一参加16日于大东旅馆召开的上海全国学生联合会成立大会的。

6月20日，应修人去找费公侠，取回9日他们捐款61元的正式收据。"午后到环球问费公侠君，与我一临时收据；再同到新民里上海会事务所。路上谈谈《日刊》上的'天放'，极好，是姓程，在复旦等云。到后拿正式收据。出，回。"

7月2日，他的父亲询问上海"谣传下毒事"。"谣传下毒事，如何？（前数日有日人下毒说，近无矣。）"当时在上海有人为了刺激人们的抗日情绪，就制造了日本人在食物及水中下毒的谣言，也可见当时这个谣言传播之广。7月16日，应修人不再续订《全国学生联合会》日刊。7月20日，他的朋友张问影兄来信问他"救国举动如何"，他回复："救国学界最长乐观。"

7月23日晚上，应修人去青年会听包世杰先生的演说《新思潮是什么？》。"夜和莳凡、伯研君到青年会，八点半听报界联合会干事包世杰先生演说《新思潮是什么？》：一、新思潮中各种主义之批评（俄式虽好，含危险。美式正当）；二、新思潮之在中国；三、新思潮与爱国主义；四、新思潮与外交政策；五、……与内政改良；六、与社会问题；七、与人生觉悟；八、与旧人物；九、与宗教；十、与政党、政客；十一、就蔡子民先生回任北大校长事；十二、国民今后人人自动的救国策。议论明彻，姿势很好。十点半冒雨回，犹兴致尽然也。卧。"听这个演讲，他一方面是汲取新思想，另一方面是学习别人是如何演讲的。因为，7月9日，秦润卿经理在银行内部发起了一个演说练习会，他们要轮流演讲。

---

① 《青年会商业夜校今晚演说》，《申报》1919年6月19日，12版。

9月23日，回到老家慈溪的应修人收到转来的莳凡的信，其中云，"蔡元培已到'北大'。陈独秀已释。开心勿？"10月23日，仍在老家的应修人去后洋庙看戏。"戏原无足观，但也将这回学潮和抵制日货、争回青岛插人〔人〕曲中。惜乎这种只百分之一耳。"

以上便是应修人在1919年日记中所记载的参与五四运动和关于五四运动的相关记录。

要之，在五四运动如火如荼地展开的1919年，置身五四运动主战场之一的上海的青年应修人不可避免地被夹裹其中。只是作为一个银行小职员，迫于职业和生计之限制，无法像普通的学生那样无拘无束、全心全力地投入到五四运动的第一线。但他在思想上同情和认可五四运动，积极组织"救国十人团"，并两次积极捐款（共16元）以支持学生运动。除此以外，他还订阅与五四运动相关的各种报刊，关注着运动的进展，在"精神上"继续参与五四运动。

（二）功败垂成的"弃商就农"

● 从"修士"到"修人"

"'修士'的名到今天为止。明年起要用'修人'。"

1919年的最后一天，12月31日，19岁的应修士正式决定终止使用"修士"之名，改名"修人"。在数天前的12月25日，他给在家乡的妻子寒妹邮寄了六双线袜，叫她"去做袜底，记认改用'人'字"。"因我要改名叫'修人'了"。

然"修人"何意？4月8日，热心于学习英语的他做了一篇名为cold的英文作文，"大谈：他怀寒不能衣，饥不能食，人当修己以安人，多金何为"。

"修己以安人"源自《论语·宪问》。孔子在回答"怎样去做一个君子"这个问题时，这样说：

> 子路问君子，子曰："修己以敬。"曰："如斯而已乎？"曰："修己以安人。"曰："如斯而已乎？"曰："修己以安百姓。修己以安百姓，尧舜其犹病诸！"（《论语·宪问》）

只是"安百姓"难度太大，这是治国、平天下的事，在孔子看来，这连尧、舜这些传说中的明君贤王都很难完全做到。但修己、安人对一个普通人来说还是可以努力去做的。

"人当修己以安人"！恐怕是应修人所改新名之含义。如果是这样的话，从"修士（己）"到"修人"，字面上虽只一字之差，但含义显然更广大、更深远。前者只是"修己"，后者则不光"修己"而且"安人"，通过"修己"加以"安人"。

人生是"为己"，还是"为人"？心怀"安人"之志的应修人当然倾向于后者。这是他的困惑、痛苦的根源，也是他日后个人的种种思考、尝试和努力的动力。也就是说，没有这份"为人之心、安人之志"，就没有应修人日后的政治选择、奋斗和牺牲。

从他那1919年的日记中，我们时不时会看到他那种为他人、为社会、甚至为人类而服务和奋斗的"思想火星"，也正是"星星之火"，才成就了日后的"燎原之势"。

我们看看他日记中所透露的那种"为人"思想。

可能是受正在进行中的五四运动的启发，7月9日，应修人所在的银行经理秦润卿在银行员工中发起演说练习会。7月21日，应修人参考《新潮》《讲坛》（梁启超著）等书刊，做了一次演说。演讲的主要内容是，"以人和禽兽之分别，人和社会之关系，归结人应极力发挥'自由意志'，去谋'公众幸福'"。显然，他认为人应当去为公众谋幸福。

8月5日，他致信浙江青年团筹备会索寄《五日刊》，信中"并述我素喜研究有益社会之事，以学浅未敢妄为，有青年团如何不喜"。8月6日，他为他的朋友敌秋君修改致张謇信询问入学南通农校事，其中有云："因敬佩先生，愿奉为模范。从改良社会以救国，故极愿至'南通'。"当然，这也正是他的志愿，也是此前他致信江苏省立第一农业学校校长过探先[①]，表达他想改行学农的原因。服务社会，谋"公众幸福"正是当时这个银行小职员的精神境界和人生志向。

同样，我们也能在恽代英1919年3月6日的日记中，看到这种类似"为人"的人生观。恽代英说："今日安可不立定脚跟，抱定宗旨。吾之生活除为他人，几无意义。若丧吾品格，尚安有为他人之可言？故今立志，一息尚存，今日之心终百劫不变也。"[②] 也许正是有着这样的人生观，驱使着他们日后不约而同地走上寻求民众的解放的道路。

应修人将与他有着相似思想的朋友们引为同道。1919年1月5日，他

[①] 过探先（1887—1929），无锡人，农学家、农业教育家。宣统二年（1910）赴美，先入威斯康星大学，后转康奈尔大学农学院学习，专攻农作物育种学，获学士、硕士学位。1915年回国，任江苏省立第一农业学校校长。后创设江苏省教育团公有林，今之孙中山陵园即造林场之旧址也。1921年，国立东南大学农科成立，过探先被聘农科副主任。1925年，任金陵大学林科科长。除尽力于农业教育外，过探先复倡设中国科学社，任该社理事凡十余载，倡设江苏农业贷济局，提倡农村合作事业，并任江苏省农民银行总经理之职，以救济农民。1929年3月23日病逝，享年42岁。（参考《过探先生小传》，《中华农学会报》1930年，第72期，第1页。）

[②] 中央档案，中国革命博物馆，中共中央党校出版社编：《恽代英日记》，中共中央党校出版社1981年版，第499页。

坐车到新世界和津渔君"密室细谈"。

问进，津渔君正坐等。遂共到一密室，细谈很久。论做商之不佳处，他想明年去学工，我很赞同。他青年毛病都犯过，现已一桩桩的戒了。讲到做人，应该做公益事。我乡风俗快要改良、纠正，都和我心相同。真欢喜咧！我就先请他看《模范町村》。讲到八点三刻，我就别了出来。说还是多通信，因为走出很不便，他答应了。

"做人，应该做公益事"。应修人做的最大的公益事，恐怕就是设立免费的"图书馆"。1919年4月21日，他将他的将近三百本书拿出来设立了"修士书箱"，以供大家自由借阅。8月8日，他又和朋友设立了"共书社"。有了这些尝试，到了1921年，他和朋友们成立了"上海通信图书馆"。而这时，"以上海之大，还寻不到一个完全公开的图书馆"。直到1923年，上海总商会附设的"商业图书馆"才成立，但仅是"作有限制的公开"，1926年，商务印书馆的"东方图书馆"开放。

关于"上海通信图书馆"，他说："不让任何地方的人们读不到任何种类的好书；不让任何种类的好书流通不到任何辽远偏僻的地方，这是我们特用通信借还制的本意。以无猜忌的真情接待借书者，不收租费，不讨保证，也不希望任何的酬劳；以设身处地的用心为借书者着想，使不受路途限制，不受经济限制，不受职〔务〕限制，也不受早晚的时间限制：这是我们筹划进行的方针。"而这个图书馆的借书者，"也渐由上海一隅之地，遍达国内二十省区，更及南洋群岛、日本、美国、法兰西等海外各处。"不同于相关机构或者出版社做的公益性图书馆，完全以个人之力，要办如此宏大的公益事业，谈何容易？"在创始之初，我们没一些基金，没一些外界助力，赤手空拳，全凭着满腔血诚，在现代经济组织的压迫之下,挣扎着匍匐前进。""我们筚路褴褛,孤军苦战,非为金钱,非为名誉,不厌不倦,但求心之所安,失败固不知沮丧,成功也何能教我们骄傲。"① 正是那份为社会服务之宏愿,让他放着舒适安稳的"小资产阶级"日子不过,做此等"自讨苦吃"的事。

他还批判他的朋友们的"为己思想"。1919年10月4日,"陪也民君看各书。他志还未定,想学诗,劝不必。已允先去学英文,抄音号与之。并竭力攻击他要先为己,后为公,又不喜做平民的意思"。11月22日,针对他的朋友白梅信中所说"近为情魔所扰",他复信劝导云:"……你是多情人,要善用这情,普遍到全世界人类,不在〔再〕专注于一个异性的人。"

"为人",准确地说是"为穷人",改良社会,具体地说是"改良农村"。在1919年的第一天,他说,"但望二十岁起很竭力的做一个人,种种志愿决不可一时忘却,要一日一日的做近去,可爱的大同呀!共产呀!农村呀!我努力的来预备"。他随后试图选择农业救国,实施其辞商学农之理想,并在日后走向共产主义,并为之献身,从这里看来,莫不是顺理成章的事。

● "学商何如学农好"

对1919年的应修人来说,最大的事情莫过于"弃商就农"。这一年,他决定放弃安稳滋润的银行职员生活,积极联系江苏省立第一农业学校校长过探先,表达学农的强烈意愿,随后勉强说服家人,并成功辞职,为入农校做好一切准备,只是在最后时刻,因家庭变故,为经

---

① 应修人:《上海通信图书馆与读书自由》,楼适夷、赵兴茂编:《修人集》,浙江人民出版社1982年版,第176—177页。

济所迫，又不得不放弃学习农业的机会，重新进入他所厌恶的却不得不依赖的"商场"生活。

从浙江慈溪乡村来到都市上海的应修人，明显有些"水土不服"。他骨子里向往故乡的田园风光，排斥上海的繁华喧闹，这几乎是每一个来到城市的乡下人都不可避免会有的"通病"。1919年1月4日他在日记中云："略在外走一转。繁俗可厌，没有一样可以驻足。"灯红酒绿的上海在他眼里一无可观。而家乡一物一景都让他神清气爽。10月7日，在家乡的他"早四点半起，天还未亮。等亮出外散步，见东方万道金蛇，游翔天空，真好看呀！"10月11日，"下午往田间看下菜子。助其覆草，又削白菜草。清风清气，快乐无比。"

他不喜欢城市里的生活，也不喜欢他在钱庄/银行的工作。1914年，14岁的应修人就来到上海的福源钱庄做学徒，三年学徒期满后的1917年，他留在钱庄做账房工作。俗云："慈不掌兵，义不经商"。钱业的见利忘义，奸诈贪婪，让他对这份外人眼中不无羡慕的工作很是排斥。因此，当他说到想辞职转行的原因时，常常会提到他对商界的不满和嫌恶。1919年6月19日，他在致过探先生的信中说，"诚知在商亦可救国，而媚上咒下，贪利忘义，改革非小商人所能，求高职非没良心不可。"又如7月9日，他对他的朋友说："商之'浊贱'，故弟不为所摇。"1月6日，他劝想出来做事的父亲"安心做事"时说，"商重奸诈，难为。不如注重耕种，利益实大"。

从情感上说，不习惯于城市生活，从道德上说，不满意于本职工作，这是他弃商就农的原因，当然，这并不是最根本的原因。

出于"为人"的思想，决心投身农界，希望通过改良农业来造福那些处于贫穷落后状态中的农民，才是他弃商就农的根本原因。

故乡慈溪和上海的两相对比给他带来的冲击，不仅来自迥异的生活环境,更来自城乡社会财富分配的不均。当他从一个衰蔽落后的农村来到流金淌银的上海,上层社会之享受和底层民众之疾苦的对比,在他心目中就显得格外刺眼。

1917年5月1日,应修人在《自题小影》的两首小诗中这样写道:

> 空说男儿意气雄,春过二十无微功。
> 生涯今日何堪问,万恶沪滨侍富翁。
> 治国无才当治乡,民生困迫正凄惶。
> 学商何如学农好,想共乡人乐岁穰。①

如果说第一首诗表达了他对上海富人之厌恶,第二首则表达了他对家乡农民之同情。从中也可以看出,这时候的他已经有了脱离商业、拯救乡民的志愿。"沪滨溷迹愿终违,飒飒秋风我欲归。"② 1917年9月,在别故乡诸友的一首诗中,也表达了他对上海的厌倦和对家乡的眷恋。他本人出身农村,底层民众的疾苦始终萦绕在他的心头,而这让在上海的他时时不安。

1919年1月30日是传统的"小年夜",钱庄吃年夜饭,食多菜丰,以至于他"吃得腹有些胀"。只是"这样吃法,三桌要三十多元,可怜足足够贫家的一年粮咧!我们贪口欲,作大孽,真是可愧"。若没有家乡农村的生活经验和生活背景,自然就不会有此可愧之心理。

1月31日,他在《时事新报》上看到该报主编张东荪的文章,"说'要防过激党,先要改革现社会制度。加高劳动工金,减低资本家存

---

① 应修人:《自题小影》,楼适夷、赵兴茂编:《修人集》,浙江人民出版社1982年版,第147页。
② 应修人:《将去沪上留别彬章、瀛崎,柏年,华锋诸子》,楼适夷、赵兴茂编:《修人集》,浙江人民出版社1982年版,第148页。

息。禁止制造奢侈品。土地国有。'大意如此,原文我忘记了。我对于这几句话,除土地国有,还有些疑义外,其余都很赞成。所以几天来,很想专攻种植。那畜牧都有些不忍相。养蚕也不好,出来的丝、绸,是奢侈品。所以我养鸡,养蚕,养猪,等等,都不想了"。张东荪的这些主张其实正是"过激党"的主张,而这大大契合应修人之心怀。他对张东荪十分敬佩,曾于1919年的正月初二到报社拜访过张东荪。因张东荪主张禁止制造奢侈品,这时他就觉得"养蚕"都不行了。他还决定从我做起,打算不穿绸缎衣服。当2月13日,他父亲来信问他要不要做绉纱袍,他回信称:"绉纱不要,儿以后想不再做绸缎。"这都是他个人的"不忍"之心的发露。

他对弱者总是抱以深切的同情。比如,对于上海的妓女,他认为妓女无异于自己的姊妹,同情并可怜她们。应修人曾经给汪静之讲过一件他曾经被妓女"敲竹杠"的事。一次,"(应修人)走过新世界后面,看见几个妓女模样的女子,他就想见识见识。他走近她们,她们就一拥而上来拉他,他就挑选其中一个最年轻漂亮的让她拉进妓院去。他就问寒问暖,问她的家庭状况,问被迫为娼的经过。他说了表示同情的话,就拿出一元(是银元)茶钱站起身要走。谁知妓女不让他走,要留他过夜。他赶忙挣脱往外走。一下子乌龟老鸦都来拉住他,硬不让他走,他拚命挣扎也逃不掉。这一下把他吓坏了,心里一急,才想出办法,就问他们度夜资要多少,他们说要六元,修人就拿出六元给他们,才得脱身。从此就怕妓女了"。后来有人告诉他:"你只要拿出两角小洋茶钱,就容易脱身了。你拿出一元钱,自然要敲你的竹杠了。"修人说:"我听说过只要给两角茶钱,我可怜她们,所以多给点茶钱,谁知好心反惹了祸。"[①] 这便是他吃了同情的亏。他对弱者的艰难困苦总能感同身受。

---

① 楼适夷、赵兴茂编:《修人集》,浙江人民出版社1982年版,第243—244页。

他在给周作人的信中说到："看报常常要哭，看《晨报》'社会闷闻'更甚。日前上海报里载被姑虐待的媳竟致偷食猫饭，我读了真想拉出那位媳来到我家，情愿以我底饭供伊长饱了。"① 从中可见他那一种浓厚的同情心。

"我有这放许多好友在可爱的乡村里，我肯舍弃汝们么？"（10月8日日记）同情农民，改良农业，进而造福农民，正是他"弃商就农"的主要原因。

在上海银行工作的他还曾计划和他表兄开办一个农产公司，"我已定几年内（少则三年，多则十年），专求学力，财力充足"（3月4日日记）。

他还将他从农之志愿向他所敬佩的《时事新报》主编张东荪先生请教。1919年的应修人如饥似渴地阅读着各种新报刊，这其中《时事新报》副刊《学灯》是他所喜欢的一种报刊，他曾将《学灯》剪裁成册，以备随时翻看。因此，应修人对主编张东荪和他的文章也非常崇拜，他曾经去信张东荪表达对他本人和他所办的《学灯》的敬佩之情，并提议他将《学灯》和别种著作印行单行本。张东荪收到应修人的信后，在《时事新报》上立即公开复信应修人，并邀请他"有暇可来馆一谈"。接到张东荪的邀请信息，应修人自然是兴奋激动，1月17日，他复张东荪信，先把他的志愿、经历和要请教的问题略做介绍，以致见面的时候不至于浪费张的时间，在这其中，他表达了自己投身农业的志向。他说：

> 我小时没受完全教育，到上海来又不曾利用余暇补足智识。到今

---

① 应修人：《致周作人》1922年9月21日，楼适夷、赵兴茂编：《修人集》，浙江人民出版社1982年版，第268—269页。

年二十岁,还是个常识未备的人,真可愧。做商非我愿,我很醉心做农。我国的农人最可怜。从前年(六年)(按,可从其《自题小影》一诗可见)立个决心,定要投身农界,来改良农业,造福农民。只可惜二年来,实力未充,阻碍横生,依然是个商人。心原未死,更加兴味,拼再住十年做预备时期,一面求学、一面节用。这样办法好否,要请教。

2月3日傍晚,他来到望平街《时事新报》馆面见张东荪先生。张东荪似乎并不完全赞同他的选择,只是含糊地表示,"农业要实验,商也好"。

当然,这并不妨碍应修人坚持他的判断和选择。这时的应修人一心注重从实业,即从农业出发救国救民,他对政治并不感兴趣,也不抱希望,甚至还排斥。他对张东荪信中就说,对张东荪的著作(除讲政治外)和他办的《学灯》,"觉得非常感动",这里他将"讲政治"的除外。待到见面的时候,张东荪也顺着他的话说,"今报多政治消息,是我国新闻界的不好"。7月31日,他在给朋友来焕堂的信中说,"政局我不管,因我志在农。救农、救民、救社会、报国,实行社会好'政治'没用,'无治主义'不是空想"。当然,把政治和社会分开,也是不对的,没有好的政治,哪能有好的社会?他的朋友并不认同他的看法,次日便来信云,"改良社会以改良政治,政治亦无不错。中国〔以〕农立国,惟工商也不可忽〔视〕等大意。"

1919年,关注农业、农村、农民问题的应修人对周作人介绍的日本的"新村"实践备感兴趣。

5月4日,应修人在群益买到《新青年》第6卷第3号,这期刊物中有周作人发表的《日本的新村》一文。这对正热心于农村问题的应修人来说可谓"眼睛一亮",他看完后称"真是我们理想的。可喜呀!"这时,他肯定想不到的是三年后，他和他的几个"湖畔诗人"热烈地向这个文坛"大咖"周作人请教批评。1922年5月15日，应修人第一次给周作人写信时这样夸张地说："你大约比我爸爸要年轻一些，我很想亲亲热热地叫你叔叔，只是不敢。但这样事，也有敢和不敢吗？我究竟太胆小了！如今，只巴望接读你底来信时，信上赫然写着'我许你叫'四个大字。""你为甚这么和蔼？——使未识面的人都深深地感着你那诚挚的仁慈的爱。"[①] 当然，周作人回他说叫"先生"就可以了。

周作人在《日本的新村》一文中介绍了日本的武者小路实笃纠合同志，开展的一种实行"人的生活"的"新村运动"。在他们的"新村"中，"人的生活是怎样呢？是说各人先尽了人生必要的劳动的义务，再将其余的时间，做个人自己的事"。"以协力与自由，互助与独立为生活的根本。"在那里，人人平等，反对那种将自己的幸福建立在别人的不幸之上。人人都有劳动的义务，"但与现在劳动者所做的事，内容与意义上，又颇有不同。因为这劳动并非只是兑换口粮的工作；一方面是对于人类应尽的义务，一方面是在自己发展上必要的手段"。要之，新村是一种互助协作，"各尽所能，各取所需"的一种乌托邦、大同梦。周作人大赞这"实在是一种切实可行的理想，真正普遍的人生的福音"[②]。当然，福音往往不一定切实可行。

接着，周作人又写了一篇《新村的理想与实际》，对日本的新村运动加以评述。他称："新村的理想，简单地说一句话，是人的生活。这人的生活可以分为物质的与精神的两方面，物质的方面是安全的生活，精

---

① 应修人：《致周作人》1922年5月15日，楼适夷、赵兴茂编：《修人集》，浙江人民出版社1982年版，第254页。
② 周作人：《日本的新村》，《新青年》第6卷第3号，第266—276页。亦可参见周作人：《艺术与生活》，北京十月文艺出版社2011年版，第222—234页。

神的方面是自由的发展。"① 而这安全的物质生活是通过同类互助，而不是传统的彼此争存来实现的。

　　介绍了日本的新村之后，意犹未尽的周作人还要眼见为实，亲身体验。他于1919年4月亲自访问了位于日本高城的新村并体验了新村的生活。新村中的同类之爱"令人融醉，几于忘返"。关于新村的劳动，他说："义务劳动，乃是自己的生活的一部分；这劳动遂行的愉快，可以比生理需要的满足，但这要求又以爱与理性为本，超越本能以上，——也不与人性冲突，——所以身体虽然劳苦，却能得良心的慰安。这精神上的愉快，实非经验者不能知道的。新村的人，真多幸福！我愿世人也能够分享这幸福！"② 他自己也参加了新村的劳动，劳动完后，"回到寓所，虽然很困倦，但精神却极愉快，觉得三十余年来未曾经过充实的生活，只有这半日才算能超越世间善恶，略识'人的生活'的幸福，真是一件极大的喜悦"③。对一个整天关在书斋中的知识分子来说，偶尔的、短暂的田间劳动所带来的身体和精神的愉悦是莫可名状的。但是，如果要他终日从事劳作，那恐怕就是另一种体验了。周作人以鲁迅之口所说过的，"文豪"眼中的"无思无虑，这真是田家乐呵"往往"有些不合事实"。④ 亲身体验过新村生活的周作人对于新村运动"全心赞成"。

　　8月10日，在银行内部的演说会上，应修人做了一个关于劳动的演说。"下午拟演说稿《劳动》，参考《劳动杂志》，成六段：劳动之定义；劳动之价值；劳动与个人；劳动与社会；中国之劳动；世界之劳动。旨在劳动为人本分，非可羞。并希望资本家、经理，善使其劳动者得受教育。"劳动固然是必须的和伟大的，这些"大道理"谁都懂，但我们

---

① 周作人：《新村的理想与实际》，载《艺术与生活》，北京十月文艺出版社2011年版，第235页。
② 周作人：《访日本新村记》，载《艺术与生活》，北京十月文艺出版社2011年版，第253页。
③ 同前注，第254页。
④ 鲁迅：《呐喊·风波》，载《鲁迅全集》第1卷，人民文学出版社2005年版，第491页。

不得不承认,劳动,特别是体力劳动是个"苦差事"。正因为如此,事实上,劳动是被鄙视的,劳动者也多居于社会的下层。俗云,"下苦不赚钱,赚钱不下苦"。人们往往视劳动为"可羞"之事,以摆脱劳动为荣,以做"非劳动阶层"为荣。"劳动者不得食","不劳动者锦衣玉食",这都是应修人所不能认同的。

我们还能看到,在上海银行职场时,他暇时会借种植植物来锻炼劳动。1919年4月6日,他和他的朋友暂借豫源银行的屋顶做实验地,成立"新青种植团","宗旨在练习劳动,涵养性灵,以识自然界的真趣,得植物上的技能。"

现在新村的那么一种人人劳动、互助亲爱、其乐融融的乡村生活不正是应修人所期待的吗?他和他的两个青年同事约好分别去农校学习,并幻想"四年后我们仍希望同在一处,渐行'新村'生活。"(8月8日日记)

不管怎么说,对一个不满20岁的青年银行小职员来说,关心政治、参与政治,无异于"老虎吃天——无处下爪",实行"新村运动",又谈何容易,而从个人做起,弃商就农(入农业学校学习),从而改良农村,造福农民,是他所能做的选择和尝试。

● 从坚决辞职到无奈复职

可是,放着好端端的银行"白领"不做,却去做"卑贱之农",相信无论是当时,还是今天,很多人对他的这一"奇葩"想法和"怪癖"行为不能理解。自古及今,人们无不急于"跳农门",有几人"反其道而行之"?何况,他的志向对他个人的生活和前途来说风险极大。可是,如果年轻人不幻想,谁还有幻想?也只有纯白无私的年轻人,才会不顾利害地实行他的理想。

1919年,他还真的将他那时时盘亘在心里的兴农之理想付诸实施。对他个人来说,这恐怕是他在当年的最重要的一件事。

6月16日,他忽然决定筹备400元,去农业学校读书,他所瞄准的学校是江苏省立第一农业学校(日记中记为"南京省立第一农校")。当时,学校的校长是32岁的过探先生。1915年,留学归国的过探先生主持该校,经过他5年的"改革整顿",学校"校誉隆起"。这恐怕也是实现农业救国梦想的应修人选择这个学校的原因。

当天,应修人就给过探先校长去信,述其投身农业之志向,并询问报考事宜。"述钦佩先生及贵校。述己事,不能如志。虽储实力,恐残理论,难成。先生教校生之余,何以益吾。索章程,问年令限止否?考何目?又农学会在何处?云云。"对于陌生人的来信,过探先的习惯是每信必复。"各地青年,自备荐函,向先生做毛遂自荐者,一月中常有若干起,彼皆一律予以答复,且许先为登记,及至一旦有相当机缘,又无不竭力设法引荐。"① 两天后的6月18日,应修人即收到过先生来信并附学校的"学则"。应修人了解到学校的年龄要求、收费、学制等信息,自己盘算了一下,觉得可以勉强积攒出400元钱,能满足三四年求学的费用,其他条件看来也没有什么不符合的,算算明年秋天就可以入学,他很兴奋。

不过,农学家过先生并不劝他弃商学农,称,"足下商亦救国之一道,祈始终奋勉,毋萌退志为要"。

对于过探先先生的劝告,应修人"心痛几狂"。他于6月19日回信中讲了他弃商就农的原因,他说:

---

① 毛邦汉:《过探先先生》,《生活周刊》1928年,第307页。

嘱修士勿退,极应遵命。无如修士好农之志,非数日所激成,亦非在商失意愤而出此。实缘自入商,即以此为〔目〕的。勤慎储财,补习储学,无非为此。诚知在商亦可救国,而媚上咒下,贪利忘义,改革非小商人所能,求高职非没良心不可。六年忍辱,都为成志。农家清高之生活,农家贫苦之惨况,均闭目如见。在商不能救国,何如为农尽力。以家贫无力,蹭跎至今。去年分红,今年稍加薪,约至年底勉强可敷四年读书之用。乃先生反劝勿退,读之心痛几狂。先生或未深悉(原)因,杂陈境遇。修士更有不满于商者,则迟卧晚起,作息无常。不许自由读书,正当集会,均此(非?)我所喜。

6月24日,生怕"误人子弟"的过探先先生回信,再次劝他不要将现在的职业中途废弃,转觅新路,并坦率地告诉他要考虑到如果学农的话,将来毕业后的出路可能没那么顺利,并力劝他应当在商界继续努力,三思而行。他说:"足下有志农业,非不愿引为同道。特以足下于商界已有入室之希望,转为羡农之徘徊,未免可惜耳。目前实业教育,鄙意甚不合时宜。农业因农家生计程度之简单,毕业生之出路尤觉困难。足下如能以三、四年之光阴,尽力商务之研究,以足下之诚笃,后日希望真未可量。待为商界著名人物,积有多资后,再行致力农业,为农民造福,功效当倍。足下以为如何?当祈三思力行等言。"

但是,过先生的劝告并不能使他稍改意愿。6月25日,应修人又复信过探先云:

先言先生为我谋者备至,先生真爱我哉。继述初望少三年、多十年积资归农。未索"学则"以前,本似自行研求。后知不可行,危险万分(详第一信中)。另请专家,已则居资本家袖手地位,非修士所愿。

又述如我之才，毫无研究可以车载。六年至今，实依赖一远亲之力。此力一失，危矣。故此时得一新觉悟，即"无实学之人，旦夕可危"是也，愈不以[可]不学。回思从前所定三至十年，不知何恃，可笑也。实业教育，现制之不佳，毕业生出路之难，不敢妄论，窃闻某银行家言，则由于生之好大、务尊，不耐劳苦，是其咎在毕业生之本身。故私意，但能暂耐卑贱，贫苦自安，无处无毕业生之位置。务高、务尊，诚乎其难矣。修士求学，欲成一较有新智识之小农，非望高位厚俸。欲望此在商尤易，且钱业更为人所羡（中间告店名及改组）。至幸而毕业后，途诚极茫茫。然亦应有此困难，用以自励。总之，国人重商轻农，已非一日。商一位空，待补者真无其数。农则如何□不敢言矣。切求再赐教。

过先生所说的毕业出路之难并没有吓住他，相反，他还辩说，农业学生毕业出路之难，其咎在于毕业生"好大、务尊，不耐劳苦"，而他本人就是要做一个"贫苦自安"的"新智识之小农"。搁着现成的"好日子"不过，偏要"自讨苦吃"，也可见其动机之纯，执念之坚。

过探先先生两次劝阻不成，感于其志向坚定，决定答应他的要求，以遂其所愿，并好意地告知他，如由本籍县教育机关备文申送，可酌量免考。6月30日，过先生来信说，"吾弟立志甚坚，后日必可成就，佩慰之至。俟明正再行来校，入预科肄业似无妨害。如能由本籍县教育机关备文申送，亦可酌量免考。"闻讯后的应修人"欢愉慰快，无可名状"。"可喜呀！可喜！我的愿（望）又近一步了。"

希望就在眼前，"八字有了一撇"，过先生的讯息给他注入强劲的动力，他着手自修国文、英语、数、理、化，并和他的朋友来建民的朋友，抑郁在丹阳老家的"一农"毕业生张问影取得通信联系，向他咨询学校学习、生活相关情况。然而，7月9日，"过来人"张问影来信"现身说法"，给他"大泼凉水"。他说，我不是扫你的兴，我本人就是一个现成的陷入困境的、失败的例子。"惟不得已于言者，以弟而论，四年辛苦，数耗半千，上进拙于资，谋事塞于路，自创大业更不必论。烈日寒风仍愿荷锄带笠，犁泥于雨雪之中，跋涉于山川以外。今何如矣？一身而外无长物，《玄》文覆酱，《论语》烧薪，读书人难发展。诚然，人岂能如君等，营业清高，无烦忧虑者乎。君谓羡我，我实羡君。然人心不同，况逢同志，非故作败兴语，以过来人，饱尝其中滋味，不得不详为足下告耳。"张君所言和过探先先生所言相似。显然，应修人的选择，对他个人的生计和前途来说，有着极大的风险。

只是，对多年来就怀抱着改良农业理想的应修人来说，再大的困难和阻力似乎都不是问题。相反，他倒认为常人所畏惧和设法逃避的艰苦的农业生活正可以平其虚骄之气。他的习农意志仍不为之动摇。7月9日，他回信说："求学而去，学成而归。至谋何以服役社会，此别一问题。""烈日寒风之奔走，暴雨冰雪之滋味，当仔细领受。以平我虚夸之气，增我耐劳之力。"

他的朋友也不完全赞同他学农。7月26日，刘孟晋来信亦为他到"一农"学习"泼冷水"。"校长已会过，是一留学生。能否就可实习、实验，还是疑点。现在农校造出来的是'学生'，非'农学生'，易后悔，恐不愿听，请恕。"他劝应修人与其到"一农"做一个"学生"，不若到张謇在南通办的垦校学点实际的和有用的东西。

显然，放弃相对光显的职业、优渥的生活，矢志献身农业的应修人让过探先很是赞赏，他将应修人写给他的两封信转给"一农"校学生分会所出的《一农周刊》。在这个周刊的第八、第九两期分别刊载了应修人给过校长的二封信的大略。在《一农周刊》第十期上，更有苏民先生短评,说:"应修士何人,胡热心农业乃尔,观其来誊有数善焉:意志坚忍一也;虚心请教二也;节俭储金务达目的三也。西谚云:'天助自助者'。古语云:'有志者事竟成'。吾校校友诸君,人人能如应修士者,农业之发达必矣,幸勿等闻(闲)视之。"(7月29日日记)他矢志学农之事迹,使他成为学校激励学生珍惜求学机会、努力向上的榜样。

本来打算等到1920年秋季入学,顺便积攒够足够的学习费用,但是,迫不及待的应修人决定在1919年年底就前来报考。新学期开学后的9月2日,应修人致信过探先,请求开示预科各种书目,并询问能否邮寄讲义、书籍等。

学校这一关联系妥当之后,这次辞职求学剩下的最后一关,就是回家说服父母家人,并取得他们的支持。

9月13日,应修人动身返家休假。14日,他回到慈溪老家。16日,他将他明春求学的大事向他的母亲和妻子说了,他们都允许,"可喜呀"。18日,他向从宁波归来的父亲详细说了求学一事,"到夜父已略允"。因关乎儿子的前途,他的父亲不能不十分谨慎。22日,"晨因父亲要到储山和严思奎去商量关于我学农事",而他"乃做一文,题是《我何为而弃商学农乎》,写弃商学农之概因。成三十二行,费一点钟"。他所写的具体内容,不得而知,恐怕无非就是日记中他所反复说过的厌恶商业、改良农业之类的话。

为了他上学一事,他的父亲找人商量,征求意见,他的母亲到庙里抽签,求神问佛。好在结果都如他所愿。直到9月24日,他的父母已经完全允许他求学。"我弃商学农事,我父我母都已完全允我。父母因我志坚,恐不允于身体有碍。再者父亲昨去问严思奎,也说其志可嘉,一番赞成话,母亲今天又到什么'梁圣君庙'问一签诗,被我解得很好。所以双亲都答应我去,但照他们的意思,最好先去半年,后如不好,再设别法。又最好有同伴去。我都答应了。真可喜,可乐呀!"

勉强做通父母工作之后,接下来,应修人就要和银行经理秦润卿先生挑明,并提出辞职。这时秦润卿亦在老家。9月25日,应修人写辞职信,"详述我已订明春实行辞商学农。并感七年种种之惠,使我到今犹能有就学之心、就学之品、就学之志、就学之费,当努力勤学以报。末并述改志之经过,今已得家庭允诺,拟恳移我到(阴)十一月初上到十二月底,稗我可即来沪销假。可在十二月到南京去等云"。26日午后二时,应修人冒雨来到秦经理家,当面和他提出辞职,并把写好的辞职信递交给他。

对秦润卿来说,应修人算是一个"得力的"助手,应修人在银行里主要负责信件和账务工作。对他的辞职,秦经理感到"很为难""很可惜",他当然不希望应修人辞职,这也是应修人在求学未成之后,他还能接纳应修人回来做事的原因。但这时,经理又不能不让他走人,因为经理也怕他鼓吹、感染、带动更多的人辞职读书。应修人不光自己弃商就农,还在八月初鼓动、帮助他的同事敌秋联系张謇主办的"南通农校",随后,敌秋"以自感学识不足,决意再往校补习"为由,向秦经理提出辞职,只是,敌秋求学为家人所阻,想复职又不可能,最后还是决定"投身商界,去求学费","竹篮子打水一场空"。因此,秦经理就对他说让他在"店里不要说起,难为情"。随后,他的朋友在信中对他说:"你想秦为何这样爽气,讲起来很好笑,原来他怕你来了要鼓吹我们说读书怎样怎样好,带了一班青年去读书。"(10月15日日记)"秦先生从你事起后,恐惧行了不得。上期演说会,他说'商人亦可以救国'。昨夜忽传新出的书一也不可看了。"(10月25日日记)

当然,在应修人辞职前后,他的亲友劝阻的也很多。他的伯父就劝阻过他。他的表兄也为他放弃现有的职业感到可惜。"钦、华二兄定见，然终抱弃商可惜之见。真可慨！"（9月19日日记）10月13日，他的岳父来他的家，对他的求学，"颇不以为然"，当然他对只知道赚钱的岳父也不以为然。"他只知人生大目的，只在骗饭、赚钱，和我根本不同，怎讲得通呢□我原不为所摇，可惜我母听了，又加愁了。"只是，在亲友的影响下，本来勉强赞同他上学的父亲也颇有动摇，他唯有竭力劝解。他的"姑丈之兄"也来他家劝阻，"大旨在立志不差，但宜从缓"（10月25日日记）。并出示润卿先生复姑丈之书，说秦经理有"恋恋之意，不如回去"。"开弓没有回头箭"，事情已到走到这一步，职都辞了，还能再回去？这些"非关键人物"的劝说，又怎么可能改变他求学的意愿呢？

辞职后的应修人于11月16日去信过探先，报告回家的经过，并提出想在阳历年底就前来报考。11月23日，过先生回信准许他明年正月来校。可是，不巧的是，就在这当口，家庭出现变故！"受戚之欺、受绅之凌，破产难安，只得先要家。"（12月14日日记）11月26日，他决定放弃求学的机会，"今天决定：求学志暂抛，以慰家，以与恶社会敌"。

自从6月中旬，开始实施求学计划以来，这5个月，他不顾家人朋友的种种劝阻，始终如一，抱定目标，联系学校，说服家人，并最终提出辞职，曙光就在眼前，然而，却因意外的家庭变故而功败垂成，真是可惜。但这对他的打击似乎并不大，这也是可以理解的，他毕竟在实现梦想的路途中走了很远的一段路了，与他根本没有行动，或者甫一行动便受阻相比，多多少少已满足了他内心的部分渴望，其失落自然也就没有那么严重了。用他对朋友的信中的话来说，就是"番弃学再商的事，是自愿的，也是被迫的。是失望的，也是有望的。是可悲观的，也是可乐观的。是受人嘲笑的，也是受人原谅的。我有时非常灰心，有时又非常热心。……"（12月9日日记）

现在，尴尬的是，他又不得不面临工作的问题。俗话说"好马不吃回头草"。但是，复职又是他最好的选择和出路。12月3日，他又来到秦润卿先生家告知一切，请求复职，并得到允许，但是他得保证不能和以前那样心有旁骛。"他斥：你宜理清，我求复职，他允，惟须守范围，少看书。我想习画，他允暇时不妨。"他之所以能复职，一方面他的确是秦润卿的"得力"助手，秦经理也需要他，另一方面他们有乡谊之情。而受应修人鼓动，在更早之前辞职求学的另一位同事敌秋，后也想复职，就没有他这么幸运了。

12月16日、17日，应修人又写信给过先生，详告一切。12月20日，他回到上海，开始了"老本行"工作。至此，1919年下半年以来，他"弃商就农"的努力就此告一终结。

要之，在上海钱庄/银行工作的应修人，强烈地感受到农村社会的衰敝破败，发乎其内心之同情，怀抱"修己以安人"的志向，践行"为人"之人生观，1919年，他决心辞别商界，投身农业，改良农村，造福农民。为此，他积极行动，排除阻力，联系学校，说服父母，提出辞呈，并准备入学，然在最后之当口，因家庭变故，又不得不重返职场。应修人"弃商就农"的尝试使得他多年来的"兴农"梦想几乎就要变为现实，这时，虽然他对政治的兴趣还不大，但从此一事件可以看出，关注农村问题，并为农民谋福利，是他的奋斗目标，而这与他日后的政治选择有着相似的逻辑。

（三）应修人的"前文学活动"

绝大多数人是通过文学史才知道应修人的，即文学史中的他与潘漠华、冯雪峰、汪静之等人结成的"湖畔诗社"，而他的文学成就主要是白话诗。

对于文学，应修人是喜欢的，不过那是1914年，14岁的他初次来沪在钱庄做学徒时候的事了。1919年8月18日，他在写给孟晋先生的信中说到他的思想变迁时提到，他的思想，"分前三年，为词章爱农，为高尚自己起见；中三年，渐改实学；今年，方激悟，并及共书社及以后小组织，希望。"1919年的应修人，他不仅不打算搞文学，而且还后悔曾经在文学上的用心。"初来沪，研词章，可惜也。"（7月1日日记）

可以说，1919年的应修人，绝不会想到一年后的1920年会开始他的文学创作活动，因为他压根就没想在文学上发展，这时，他决定转向"实学"，准确地说是转向农学，做一个"有文化的农民"。而且，此后在他进行了有限的、短暂的几年文学创作后，他也没有在文学的道路上继续走下去。显然，他的兴趣并不在文学，相对文学而言，他对社会活动和政治活动抱有更大的热情。

以今天的眼光来看，他恐怕只能算得上是一个借文学来寄情抒怀的"文青"，一个文学的"票友"。因此，如果我们只从文学的角度来认识、理解和定位应修人，恐怕是舍本求末。

不过，话说回来，无论他的志向是不是在文学上，也无论他在文学上取得的成就如何，毕竟他在新诗写作上有着自己的努力和收获。

在讨论作为"前文学家"的应修人的时候，我们应当注意，应修人的写作能力应当与他在钱庄/银行里做账房工作的同时还担负的文书工作有关。左拉就是这方面的例子,左拉的专长在于科学,而不是文学,左拉之所以从事文学,"似乎大半因为在一个穷苦的书记的手头,只有纸笔最便,可以运用罢了"①。恐怕,钱庄/银行的文书工作无形中对应修人的文字能力会有一些帮助。

1919年的应修人其志虽不在文学,但是,仍然有着"前文学活动"。这主要体现在对白话文的接受和运用,以及白话诗的初步的、零星的写作。

在他日记中,我们能够感受到新思想的流行对他以及和他密切交往的青年的影响。这自然也包括作为新思想、新文化的一部分的"文学革命"的影响。

在1月7日的日记中,他写道:"晚看曙帆君新买来的《新青年》杂志。这杂志提倡文学革命,改革。青年思想虽有一部(分)过于偏激,大半是很好的。这期是讲戏剧改良的,很多我很赞成。有说'不论小说、新剧,要有恶结果,或不了结果,才能使人永记'。又说'不要掺批评的话',都是很对的。"在7月10日的日记中,他又说:"夜看《新潮》,先看别些,后看《群鬼》,易卜生原著,这样的新剧真好。直到十一点看完。"

文学革命的基础是语言工具的改换,即白话文的提倡和使用。1919年的应修人,受日渐流行的白话文的影响,对白话文抱以"甚赞成"的态度。

4月22日,他所聘请的英语老师葛文卿先生说:"胡适之前澄衷同学,名洪骍,中文真好。"显然,他们所佩服的,是胡适的白话文。但是,

---

① 〔英〕蔼理斯:《论左拉》,周作人译,《艺术与生活》,北京十月文艺出版社2011年版,第169页。

他的朋友来建民对白话文不以为然,7月3日,其信中云:"惟白话,怪学也。古文佳,自能作。"随后,他以为应修人因此而怪罪于他而没有给他复信,7日他又去信应修人,承认"一部分白话之价值"。应修人随后去函告其并非怪罪于他,并以《新潮》为例,说明白话有普及教育之价值。"白话可普及教育,论据请看《新潮》。送上二至三期,请收云。这书为吾青年的良友,兄当承认。"11日,来建民回信,这时他被白话文完全"降服"。他在信中说:"《新潮》太好,我完全被白话文降服了。不是强制,是良心的。这样的书,源源赐假。"从他的朋友来建民身上,我们可以清楚地看到一个青年对白话文从否定,到部分认同,到肯定的过程。从中也可以看到,白话文的使用,使得《新潮》这样的刊物,在一般青年中产生了非凡的吸引力的影响力。

应修人和朋友们开始尝试用白话通信、作文和创作。今天看来,这都是理所当然、不足为奇的事,但对他们来说,却是一个新的尝试和新的开始。或许,对他们来说,在当时写白话文和今天我们写古文一样会感到别扭。

他和朋友有时也用白话通信。如果他们用"白话"来通信,应修人会在日记中特意标明通信的"白话"性质。比如,7月17日,"来焕堂兄白话信,痛论政局之坏,人民之热度已过"。这当指的是五四运动的落幕。7月31日,来焕堂又来"白话"信。8月18日,他的朋友张问影来信,中间有说到"谢谢。你好么?等白话"。10月8日,他的朋友伯研君来信"也用白话"。11月16日,在他弃商就学暂时成功之后,他致信尤惜阴先生,"详述改换手段之始末。用白话成二纸"。

应修人还屡屡用白话作文。1月11日,"夜做农诗,序用白话"。1月31日,"夜有空,做'假期旅行团'暂定团约。也用白话,还要修改"。2月18日,"为秦经理译白话演说词一篇"。3月7日,初学英语、水平还有限的应修人靠字典艰难地啃读《英文杂志》第一号的《元旦日记》，然后，"就用笔来照我不完全的意思译成白话，等几年英文好了，再看不知怎样，倒是一件有趣事"。3月31日，"晚翻译，翻好文言、白话各一篇"。

与从文言文到白话文相比，从有章可循的古诗到毫无章法的白话诗则难度更大。应修人和他的朋友们开始尝试用白话"做诗"。

1919年的1月31日是旧历除夕。2月19日，应修人写了一首名为《今年》白话诗，全诗内容如下：

> 今年，今年，我万分欢迎你。我每年说"今年好过旧年"，到今年的今年，我更欢喜。我且说我今年更欢喜的意义。第一，是办的事和抱的志，渐渐相连。镇日和可敬可爱的劳动小民们相周旋。第二，是办事有一定时间，早晨和夜里就好拿各种学问来研究习练。若在旧年，哪有这种趣味。旧年总不能和今年比。好吓今年，你年年换新鲜〈。〉来引起人的注意，来磨砺人的志气，能够使人极力向前。我提起今年，我就要准备求一个更进步的"明年的今年"，好吓今年，我万分感激你。

1919年的应修人过着稳定而充实的生活，这一年的2月11日，他所在的"福源钱庄"改为"豫源合资商业储蓄银行"，正式开业，生意兴隆，他本人也加薪分红，收入丰厚。1月15日，"发表戊午年加薪，我加五元，每月共十二元。小花红我五十元，已很可喜了"。次日，他给他父亲的信中说："共有加薪六十五元，分红五十元，礼洋约二十元，共一百三十五元。"2月8日，"大花红儿得900元"。这时，他在商务印书馆函授的英语暂时告一段落，秦经理打算为他们这些员工聘请英语老师教授他们英语,每天两个小时,这正合了他决心学习英语之意。工作之余,他阅读大量的新书报刊,甘之如饴,精神充实。还有,他的父亲也同意了他和他的姑表兄"华兄"一起合办农产公司。2月17日,"农业公司许我,欢慰万分"。这些喜事好事都凑一块儿了,让他觉得"今年"胜过去年,充满了欢乐和希望。他的这首白话诗正是当时他的那种生活状态和心理状态的反映。

应修人是以写白话诗称名的,这首《今年》如果不是最早,至少也可以说是较早的白话诗。在楼适夷、赵兴茂编的《修人集》(浙江人民出版社1982年版)一书中,所收的最早白话诗是1920年1月所写的《你怕冷么?!》。

可是他的这首《新年》在今天看来,怎么能算是诗呢?它只能算是一个大致押韵的"小散文"。三年后的1922年,应修人在给周作人的信中说到他写的一首名为《要去了》的诗时这样说,"我那天一口气写下,写得这样繁冗,这样明露,竟是文里的一段。写成后自看,自己疑惑这可以称诗吗。后来自己拣无力处删去了二十行,仍不敢自信是诗"[①]。同样,这首《今年》"这可以称诗吗?"这又焉能不让我们为他"着急"?要知道,他本人日后可是靠白话诗来留名文学史的。

可是,仅仅一年后,《修人集》一书中收录的最早的白话诗《你怕冷么?!》与一年前的这首白话诗《新年》相比,就形式的讲究和内容的蕴藉来说,可谓"不可同日而语",有了脱胎换骨的变化。

《你怕冷么?!》全诗如下:

大雪片片敲窗,狂风阵阵打门。

---

① 应修人:《致周作人》1922年7月31日,楼适夷、赵兴茂编:《修人集》,浙江人民出版社1982年版,第261页。

笔头蘸着墨,墨就冰了;
放下手来呵手,手终呵不温。
"你怕冷么?
不要怨着火炉不生火:——
只要忖着路上,船上,田里,园里的许多弟
兄,姊妹们!"①

一年的时间,差别怎么这么大呢?

我们以1920年3月19日他在家乡慈溪所写的《新柳》一诗为例,就可以解释这一嬗变。他公开发表的《新柳》一诗为:

软风吹着,细雾罩着,浅草托着,碧流映着,
——春色已上了柳梢了。
村外底小河边,描出些又纤又弱的柳条儿,
满粘着些又小又嫩的柳芽儿。
但是春寒还重呢!柳呵!你这样地抽青,
是为你底生命努力吗?还是为要给太阳底
下底行人造成些伞盖吗?……

可是,发现的这首诗的手稿却是另一副面目:

春色已到柳梢了!村外小河边,登时显出一片幽静而美丽的画景。又纤又弱的柳枝,满粘着又小又嫩的柳芽;远望丝丝绿,近看点点青。软风吹着;细雾罩着;浅草衬着,碧水映着:我到河边柳下散步,

---

① 楼适夷、赵兴茂编:《修人集》,浙江人民出版社1982年版,第3页。

真象在画图中行,新柳的模样儿可爱!新柳的性情儿更可敬!他不顾枝纤,不顾芽小,终慢慢地造成层层浓荫,去保护热天走路的,使他们心脑都清净;他不怕枝弱,不怕芽嫩,终在这春寒还重的时候,努力地做他应做的事——抽青!①

从这首诗的两个版本来看,我们就能明白,1919年他所写的这首白话诗《新年》只能算是一个尚未成熟的白话诗的"底稿"。当然他在当时可能不这样认为。

2月20日,他的朋友小琴君为他的《新年》和一首白话诗。"小琴君和我一首白话诗《我的今年》,做得颇好。他是初次做,真亏他了。"第二天,即21日,应修人"用白话"给尤惜阴先生去信,"告白话甚赞成,祈改正。"又"抄《今年》诗,祈改"。24日,惜阴先生来信云,"改白话多勉奖词。……白话诗大佳"。不知道这是不是敷衍之词,至少以今天的眼光来看,他的这首白话诗《新年》并不怎么佳。

7月12日,应修人又写了两首白话诗。"晚上楼,偶有所感,成白话诗二首:一是《盆里的一株花》;一是《野草》。"由于他的日记没有记载这两首诗的内容,我们也就无从得知他写了些什么,但《盆里的一株花》显然与他这段时间热心于种植各种花草植物的兴趣相关。4月6日,应修人和他的朋友成立"新青种植团","宗旨在练习劳动,涵养性灵,以识自然界的真趣,得植物上的技能。"而与"盆中花"相对或就是"野草"了。

他写新诗,他的朋友们也写新诗。1919年末,应修人辞商求学暂获成功后,他的朋友向他表示祝贺。10月26日,白梅来信称,"做一首白话诗"。来焕堂来信也送他一首白话诗作为赠言。当天,应修人复白

---

① 楼适夷、赵兴茂编:《修人集》,浙江人民出版社1982年版,第5页。

梅信云:"真诚、真爱做的诗,看个不厌,句句印人。"日后,应修人正是以真诚、真情、真爱的态度来写白话诗的。

以上是应修人在1919年的"文学活动"。

要之,1919年的应修人的兴趣虽然并不在文学上,但并不是说他就与文学无缘,他受五四运动中"文学革命"的启发和感染,赞同、承认白话的价值,并尝试使用白话通信、作文和作诗,这可以说是应修人的"前文学活动"。

从1919年应修人的日记中,我们可以看出一个普通的银行职员在风起云涌的五四运动中的个人参与,一个有为青年立志改造农村的热情和决心,一个文学爱好者在文学创作上的起步。这个好学上进,心系他人,内心充满着希望和梦想,并甘愿为理想之实现而奋斗和拼搏的青年,在日后成长为一个文学家和革命者。

努力，努力。无时无息，制造文明的武器，来做国家的根基。

——汪寿华日记，1919年9月13日

图为汪寿华在苏俄学习及回国后在上海工作时使用过的线毯。2021年6月25日陈占彪摄于中国共产党第一次全国代表大会纪念馆

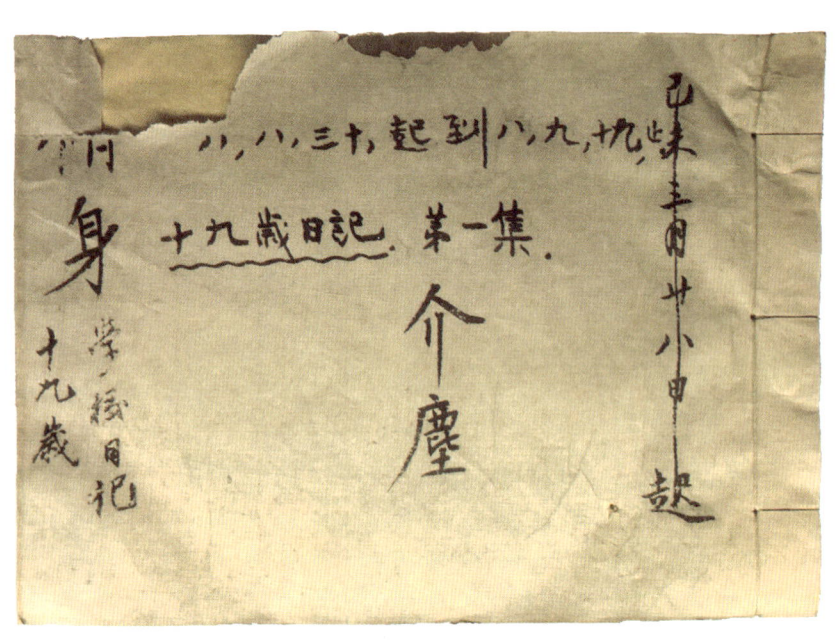

汪寿华的"五四日记"。2021年4月5日陈占彪摄于上海龙华烈士纪念馆

三、"制造文明的武器"
——汪寿华日记① 中的五四

据说,为了筹备共产党活动经费,汪寿华曾成功地"勒索"了杜月笙两万块钱大洋。

"一日,杜月笙忽然接到一封匿名信,信中向他'告借'(两)万大洋,缴款的方式,请他在某日下午三至四时,把钱放在杜公馆左邻墙角落的那只大垃圾箱里,'借'钱的人将会亲自来取。这一封信使小八股党、杜门中人和亲友家人一致为之震动,就是普通人家,强盗土匪也不

---

① 《汪寿华日记·求知录》,《近代史研究》1983年第1期。为避繁琐,本文引用该日记内容不一标明页码。

汪寿华(1901—1927),浙江诸暨人,原名何纪元,字介尘。1917年,求学于浙江省立第一师范学校。1920年8月,汪寿华从杭州来到上海,进"外国语学社"学习俄语,组织"留俄团"。1921年,"留俄团"部分成员抵达海参崴,赴莫斯科受阻,汪寿华在当地华工中活动。1923年,汪寿华加入中国共产党,被选为赤塔远东职工会中国工人部主任。1924年,汪寿华由苏联回国,参与上海全国学生联合会的领导工作。1925年,上海工运转入低潮之际,汪寿华化名何松林,先后任上海总工会组织部主任、中共江浙区委常委、总工会代理委员长。1926年10月到1927年3月,汪寿华先后参与指挥了上海工人三次武装起义。1927年3月,汪寿华与周恩来、罗亦农、赵世炎等指挥的第三次上海武装起义取得胜利后,汪寿华被选为上海特别临时政府政府委员。随后,汪寿华又主持全市工人代表大会,被选为总工会委员长。三次武装起义前后,为减少帮会流氓对革命的破坏,汪寿华曾与青帮大流氓杜月笙等有所联络。是时,杜月笙已为准备在上海发动反革命政变的蒋介石所收买。4月11日晚,杜月笙诱捕汪寿华,并将其送往枫林桥特务处杨虎处,次日汪被杀害。(参考黄美真:《汪寿华传略》,《近代史研究》1983年第1期,第62—64页。叶累:《汪寿华烈士是被杜月笙活埋的吗?》,《上海党史研究》1996年第2期,第33—34页。)

能如此大胆,公然勒索,指定时间白昼取钱。于是大家掇促杜月笙就放两万块大洋进垃圾箱去,且看那贼怎样来拿?"

钱放好之后,百把人在杜公馆附近的垃圾箱把守得有如金汤铁池,可是却没有遇到一个人前来取钱,时辰过后,打开垃圾箱一看,众人目瞪口呆,两万块大洋不翼而飞。所有人为之大惑不解,杜月笙亦爱惜"贼才",于是邀请高手现身,并不见怪罪,还要和他做朋友。

有一天,汪寿华飘然来临,登门拜访,并自报姓名。杜月笙酒食招待,虚心求教。汪寿华说:"容易得很,杜公馆左隔壁的房子上个月不是空出来了吗?那天杜公馆的朋友只顾了墙外的垃圾箱口,忽略墙内的箱门。"而汪寿华则躲在空屋院里,顺顺当当,把钱拿了就走。

听罢此言,杜月笙手下的人恼羞成怒,要取汪寿华性命。这时,汪寿华不慌不忙地笑着说:"对不起,不劳各位费神,兄弟来时身上缚好了两只炸弹,无论我怎么怎样掼下去,炸弹都会爆炸。"结果那一帮人徒呼负负,坐着看他起身离座,扬长而去。①

这当然不是真的,只是一个曾经在上海滩流传的关于汪寿华的传奇故事。不过,从这些传奇故事的排编,可以反映出汪寿华在当时的声望和地位。

然而,历史上,汪寿华之死正是杜月笙诱捕的结果。1927年4月11日,"四一二"反革命政变之前夜,杜月笙以"有机密大事商议"为由,"邀请"时任上海特别临时政府委员、上海总工会委员长汪寿华"饮宴"。汪寿华应约前去,不料为杜月笙诱捕,次日,即"四一二"反革命政变之日,汪在上海枫林桥国民革命军总司令部特务处被枪杀。年仅

---

① 章君谷:《杜月笙传》第二册,陆京士校订,(台北)传记文学出版社1978年版,第2—4页。

26岁。①

  1919年五四运动时期,江寿华是杭州的浙江省立第一师范学校(以下或简称"浙一师""一师")的学生。现存他的1919年手稿有《日记》和《求知录》,其日记自1919年3月28日始,9月19日迄。看起来时间跨度不短,实际内容却屈指可数,总共也就断断续续地记录了31天(其中3月份4天,4月份6天,8月份2天,9月份19天),且五四运动发生之际的五六月份,日记缺记,加之其活动单纯,内容显得并不十分丰富。不过,从这并不丰富的日记中,我们仍然可以看出他的学习、生活、思考和志向。

(一)"浙一师"的五四

  我们谈浙江杭州的五四运动的时候,我们不能不说浙江第一师范学校,浙江一师的前身是1908年浙江官办的浙江两级师范学堂,1913年学校更名为浙江第一师范,是一所培养小学教师的五年制(预科一年,本科四年)学校,该校在五四运动中表现特殊。当时报上就说,"浙江第一师校对于新文化运动,素极注意,以全浙而论,可称文化运动之先锋队"②。陈望道也这样说:"在我的记忆当中,浙江对五四运动的反应,比上海要迅速,强烈。'五四'前后的新文化运动,从全国范

---

 ① 广为流传的1927年4月11日晚上汪寿华为杜月笙诱捕并活埋枫林桥的故事皆出自章君谷所著的《杜月笙传》第二册(陆京士校订,(台北)传记文学出版社1978年版)第1—15页。

 ② 《浙江一师学潮酝酿之续闻》,《申报》1920年3月13日,8版。

围来讲,高等学校以北大最活跃,在中等学校,则要算是湖南第一师范和杭州第一师范学校。"[1] 曹聚仁也说了和陈望道几乎一样的话,"时人谈五四运动的演进,北京大学而外,必以长沙一师与杭州一师并提,这都是新时代的文化种子"[2],而要说一师,就不能不说到他的校长经亨颐。

经亨颐(1877—1938),字子渊,号石禅,晚号颐渊,浙江上虞人。伯父经元善,1900年慈禧欲废光绪帝,另立"大阿哥"之时,时任上海电报局局长的经元善联络蔡元培、黄炎培等五十人电奏反对,经亨颐自请列名于末。不久,清廷以抗旨干禁罪通缉查办,伯侄避难澳门,至风声过后才归。1903年初,经亨颐东渡日本留学,专攻教育与数理,留学期间,他一度应召回国参与筹建浙江省最早的官办师范学堂——浙江省两级师范学堂,并受聘担任教务长。辛亥革命后,经亨颐任浙江两级师范校长,1913年学校更名为浙江第一师范后,仍担任校长。1913年他被推举为浙江省教育会会长。经亨颐主持浙江第一师范期间,竭力提倡人格教育,强调学校不是"贩卖知识之商店",当以陶冶人格为主旨。经亨颐主张尊重学生人格,提倡"自动、自由、自治、自律"的精神,即要使学生有自发之活动、自由之服从、自治之能力、自律之行为,反对强迫命令和他律束缚。[3]

经亨颐思想开明,视野开放,深得学校师生的爱戴。曹聚仁这样评价他:"经校长是勇于负责办事的人,他一生正直,依着自己的理想去做,不十分计较利害得失的,因而有'经毒头'的绰号。他不爱权位,不

---

[1] 陈望道:《五四时期浙江新文化运动》,共青团浙江省委青运史资料征集小组编:《浙江省青年运动史研究参考资料》第一辑,1982年版,第4页。

[2] 曹聚仁:《我与我的世界》,人民文学出版社2000年版,第105页。

[3] 经亨颐:《经亨颐集·前言》,经亨颐:《经亨颐集》,张彬、经晖、林建平编,浙江大学出版社2011年版,第1—2页。

治生产,然而他并不是一个通世隐逸的人。"①另一个学生周伯棣这样说:"校长经享〔亨〕颐(子渊)是人格教育(按,其所针对的是黄炎培的'职业教育')的提倡者,他本身的行为,亦符合于他的思想与言论,学生对他很敬重,他对学生很开明,每次讲话,均能使每个学生欣服。"②

傅彬然说到一师之所以能在五四前后成为浙江新文化运动的"中心","最主要的原因是校长经子渊(名亨颐)所起的作用。他对教育有理想,有识见,办事认真,和当时一般把校长岗位当作个人地盘和饭碗者大不相同。学校延聘的教师,特别是国文、艺术等科的教师,颇多有真才实学的知名之士"③。正是在经亨颐的主持下,一师在杭州的五四运动中居重要地位就显得顺理成章了。

五四运动之际,汪寿华正是浙江第一师范学校的学生,然而,可惜的是,汪寿华1919年的五、六、七三个月的日记都缺记,因此,在其有限的日记中,并没有多少与五四运动直接相关的材料。

因此,后来人们对他在五四运动期间的活动和表现只能笼统而论。"他积极参加1919年的五四反帝爱国运动,是一师的骨干之一。在6月3日全市群众大会上,他慷慨陈词,进行反帝反封建宣传。在'五四'精神的鼓舞下,一师学生掀起了阅读新书报、追求新思想的热潮,汪寿华不仅自己如饥似渴地学习《新青年》《星期评论》等进步书刊,还联合校

---

① 曹聚仁:《我与我的世界》,人民文学出版社2000年版,第140页。
② 周伯棣:《五四前后在杭州》,中共浙江省委党史资料征集研究委员会、中共杭州市委党史资料征集研究委员会编:《浙江一师风潮》,浙江大学出版社1990年版,第405页。
③ 傅彬然:《回忆浙江新潮社》,中共浙江省委党史资料征集研究委员会、中共杭州市委党史资料征集研究委员会编:《浙江一师风潮》,浙江大学出版社1990年版,第383页。

内名同学成立学生'贩卖团'①，积极推销全国进步书刊。汪寿华等人在运动中接受了新思想，因此他们贩卖团的宗旨是：'锻炼心身，改造社会'。"②因为缺乏相关的直接材料，目前很难还原出他在五四运动期间的具体活动。

差强人意的是，我们今天可以看到他的校长经亨颐，以及同是一师学生的陈范予③的日记，从中大概可以看到他所在的浙江第一师范学校在五四运动中的活动，想必他也不外乎这些活动。由是可以略补汪寿华日记的遗憾。这里，我们根据经亨颐、陈范予的日记，以及其他的相关史料还原出当时一师的五四、杭州的五四。

● 闻消息学生愤恨，纪国耻校长激励

五四运动爆发的次日，5月5日，杜威夫妇来杭。一师校长、浙江教育会会长经亨颐正忙于接待杜威夫妇。6日，他从报纸上得知五四事件

---

① "书报贩卖团"是施存统于暑假后的秋季学期组织起来的。他回忆称："一个提前放假命令，大家纷纷回家，这是我认为奇耻大辱的事情。我在暑假的时候，无日无时不要（在）想雪此耻（辱）。等到下半年开学，我就和几个朋友组织一个'书报贩卖部'，作传播新文化的机关。我为了此事，几将全副精神灌注于此。还有一个彬然（按，指傅彬然），他也是一个很出力的人。校里贩卖不足，星期三、星期日还到校外去贩卖。我这时的精神、时间，完全花费在'服务'二字上面。"（施存统：《回头看二十二年来的我》，中共浙江省委党史资料征集研究委员会、中共杭州市委党史资料征集研究委员会编：《浙江一师风潮》，浙江大学出版社1990年版，第370页。）他们贩卖的主要是提倡和传播新文化、新思想、新知识的报刊。当时报上报道称，"听说该部现在书报的销路，计《星期评论》180份、《教育潮》120份、《民国周刊》120份、《建设》35份、《少年中国》50份、《新青年》50份、《新潮》80份、《解放与改造》80份、《平民教育》90份、《曙光》20份、《星期日》30份，该枚〔校〕学生欢迎新出版物的情形，也可以想见了。"从这个报道可以看出他们所贩卖的报刊的种类和数量，而当时一师的学生总共有300人左右。（《五四运动后之浙江第一师范》，《时事新报》1919年12月15日，第2张第1版。）

② 《汪寿华》，中共浙江省委党史资料征集研究委员会、中共杭州市委党史资料征集研究委员会编：《浙江一师风潮》，浙江大学出版社1990年版，第468页。

③ 陈范予（1901—1941），浙江诸暨人。本名昌标。1918年入浙江第一师范学校，1923年毕业。后在上海立达学园农村教育科、福建泉州平民中学、上海劳动大学等校从事教育工作。1941年病逝福建。

的消息。"忽闻报载京师学生滋事,章宗祥被殴毙命,此事关系甚大,即由会拍二电致国务院及教育部,切勿操切!"① 章宗祥被殴毙系报上误传,北京学生搞出了人命,让他觉得事态严重。

同日,一师学生陈范予在《时报》上也看到北京五四事件的消息及事后各方的态度。"徐(世昌)氏云不可伤及学生,段(祺瑞)则严法厉行,傅(增湘)乃力与争无效。蔡元培愿以一身抵罪云。"他在日记中悲愤地说:

> 夫民国成立何曾有承平之一日哉。国内匈匈,壮士销志,握权张柄者,皆奸贼国奴耳。争权夺利,以公为私,国会既消亡,人民若木偶,无故而阋墙启衅,财竭则私行借款,国家之众,逞己所为,较前专制苛政,何以过之乎。愚民蠢蠢无知,固不足与言国家之大事,惟学生志尚节高,不忍奸贼之愚弄,外国之□侮,所以不得不发平日之愤,而雪于此侮〔此侮于此〕一刻也。此种学生诚足取法。吾人寄旅此间,岂不知国事之紊乱、民生之涂炭,特以才少学寡,不敢效揭竿之首事耳。前既有道之者,吾人当砺行踵之,以国家为前提,庶乎得尽薄国贼,而重新中国黄帝尧舜之光,亦父老子女之荣也哉。余望者是,赞者愿同向之其可乎。②

5月7日,杭州学生开始计划响应并声援北京学生。"晚,之江大校来函云:吾侪学生宜结成团体以为北京学生之后盾,所被捕二十余人当思能以出之,近徐东海有注力求和之意,故以全浙学生之名致电于政府云云。"陈范予在日记中说:"国家兴亡,匹夫有责,况吾辈求学者

---

① 经亨颐:《经亨颐集》,张彬、经晖、林建平编,浙江大学出版社2011年版,第525页。
② 〔日〕坂井洋史整理:《陈范予日记》,学林出版社1997年版,第85—86页。

乎。是以对此大事不得不用心强力计，以成之也可。"①当日，杜威在教育会讲"平民教育"，听者不下2000人，陈范予亦前往听讲。

5月8日，一师学生"醵钱为打电报放释大学生"，"此诚为爱国热忱所致，青年正当若是"②。当日，经亨颐召集各校校长也在商议办法。"九时，为北京学生事件及杜威谈话会，集各校长商议办法，又拍一电。"③

5月9日是国耻纪念日。四年前的1915年，在日本的通牒的最后期限，中国政府被迫接受"二十一条"。"日本东邻小岛，于四年是日袁（世凯）贼与订廿一苛款，是举吾国以与日也。凡为黄帝之子孙岂有不愤之情耶？"

因经亨颐正忙于招待杜威，本欲找人代其在学校国耻纪念日上做训话，但没找到替代，只好将纪念会提早至晨7时举行。"七时，到校，集全体学生施训话。"在经的日记里没有记录他的训话内容。但在陈范予的日记中记有经校长的演说内容，经亨颐叫学生不要做"冷血禽兽"，对今天的事情不能置之不问，用意在"感激学生爱国之思想"。演讲大略云：

> 吾国自近年来非特外交失败而鹬蚌犹相争，此对〔对此〕大耻，当局者邈邈过去，人谁无心血，谁无智觉，假以财产不义而被人取去，吾曹想必不许。今日之国耻亦犹是也，以私故则奋力，以公益则罔闻，其可谓冷血禽兽矣。北京学生因耻日已近，乃揭竿于先，虽未克尽诛国贼而遂愿，然众人亦已稍泄愤矣。吾曹处此，所以不得不陈方法，为

---

① 〔日〕坂井洋史整理：《陈范予日记》，学林出版社1997年版，第87页。
② 〔日〕坂井洋史整理：《陈范予日记》，学林出版社1997年版，第88页。
③ 经亨颐：《经亨颐集》，张彬、经晖、林建平编，浙江大学出版社2011年版，第525页。

国家陈事实,至若莘莘青年置此事而不访,将谁为之耶?此吾曹不得其辞〔辞其〕咎。今日之仪式,出于万不得以〔已〕,有雪国耻之日,后方去〔取〕消,否则岁岁若是,千万年存之可也。若是而未有一日可雪前未之有也。是吾人之对于国家不得已自任其责。况遭逢机会,尤当激之发之,令此等观念时时放于脑海。"①

当天晚上8时许,天象大变,电闪雷鸣,暴风骤雨。陈范予日记中说:"晚骤雨大风,走廊坏,玻璃飞,电光闪闪,雷声惊人。""今天天时之现象想亦表有同情耶。"经亨颐日记中描述:"晚八时,又到校,时,飓风猛雨,雹大如拳,校舍倒坏。"

5月10日,各校学生代表在"一师"集会,学生通知所拟进行的各项事宜。"四时后,徐麟书等报告中学以上秘密会议情形:一、致电英法以求归还青岛问题。二、通书本省各校。三、印刷布告青岛历史及现时情形,传达诸民。本校有议论团之发起,捐金之事实,通书各校之担任云云。后有几位同学演说,实属颇好。以后开同乡会。晚,在本级教室演讲。"②

● "五一二"游行:经亨颐"助呼万岁"

5月11日,经亨颐"闻明晨省会学生将有示威游行会"。5月12日,杭州各校学生游行。乐见学生游行的经亨颐早早到校,嘱学生保守

---

① 陈范予日记整理者将"今天天时之现象想亦表有同情耶。"此句话作为经亨颐讲话的最后一句内容。其实,5月9日气象大变,是在晚间8时,经在早晨的演讲自然不会有这样的话。此话当是陈本人在日记中的话。

② 〔日〕坂井洋史整理:《陈范予日记》,学林出版社1997年版,第89页。

秩序，随后即赴教育会。他在日记中这样说的学生当日的游行：

> 六时余，先到校，学生尚未发，略授以保守秩序，切勿妄举.即至教育厅，缄甫接踵，谓学生全体黎明已自后门逸出。电话因风雹，多不通。分别与军警接洽，免致误会。九时，全城中等以上学生三千余人，自公众运动场出发，先过教育会，气甚壮，余出助呼万岁，直至下午三时始回原处，秩序甚好。即午，王赓三邀至西悦来便膳。四时，至教育厅，开临时校长会议，亦敷衍形式而已，少坐即返。

缄甫，即时任浙江甲种工业学校校长许炳堃，他对学校学生强行出校十分不满。当全城中等以上学生三千余人经过教育会，身为浙江教育会会长的经亨颐出而"助呼万岁"。

杭州学生5月12日游行之际，另一位教育家严修正在杭州，当杭州各校学生集合公众运动场时，他正在旁边旅馆楼上亲眼目睹。他在日记中写道：

> 六时起，雨仍未止。缄甫昨约今日来访，午前与仲文同来。是日清早，本城各校学生结队游行，均在湖滨齐集，同时出发。周行街市，手持白旗，书还我青岛，毋忘国耻，并往督署、省署求见督军、省长。其出发之地适在本馆楼前，余在楼上历历见之。闻是日，各校学生皆不听校长训令，径自出校。①

在游行队伍中的陈范予在其日记中记录了他们这一天的游行情

---

① 天津图书馆编：《严修手稿》第12册，天津古籍出版社2012年版，第8767—8768页。

形,他这样写道:

> 云连绵而不雨。上午八时出发于本校,咸执一小旗,上书"争还青岛""抵制日货""共杀国贼"等字样。及至公众运动场则各校已执旗待,及高呼相应。及各校齐乃出发,回绕各要津,呼字以地方标准,见店中凡有日本之照子皆拆去。下午三时廿分到原地,各校散云。抵校后,膳焉。时皆疲倦云。①

经亨颐是学生运动的积极鼓吹者和支持者,他的立场和表现自然招致一些人的不满和忌恨。其5月16日日记记云,"外间传余好事,鼓动学生"②。5月24日日记:"据云,省长处匿名控余者甚多,听之而已。"③

● 焚日货"泼冷水"被揍

游行结束后,学生连夜开会,商议后续步骤。陈范予日记中说:"晚间,各代表报告会议结果:一、将江浙两省禁止米出口。二、集毁日货于旗营。三、演说永久保持。四、通书商会,禁止店卖日货。五、本省建大学事,迫议员必通过。否则将示威强迫。晚,阅诸报上各方面已极力抵制旧货云云。"除第五项"本省建大学事"之外,其余皆为从经济上抵制日本、制裁日本。当时,张謇亦有禁止出口大米予日本的提议。

---

① 〔日〕坂井洋史整理:《陈范予日记》,学林出版社1997年版,第90页。
② 经亨颐:《经亨颐集》,张彬、经晖、林建平编,浙江大学出版社2011年版,第526页。
③ 经亨颐:《经亨颐集》,张彬、经晖、林建平编,浙江大学出版社2011年版,第528页。

5月14日是一师校庆纪念日,放假一天。"校长无暇,故仪式不行云。"5月15日,经亨颐到校授课,"学生要求谈时事"。下午,他向蔡元培的弟弟,杭州中国银行行长蔡元康(字谷卿)询问蔡元培的下落,并和他一同旁听在商会召开的抵制日货大会。"三时,至教育会,今日商会为抵制日货事开大会。余先至中国银行,访蔡谷清,询鹤卿先生下落,同往商会傍〔旁〕听。"① 5月17日,经亨颐"到会开校长会议,拟公函致商会抵制日货"。

5月18日,星期日。早晨8时,一师学生王大纶等的追悼会在白衣寺举行。经亨颐略演说"一人生死与社会之关系,一事成败与生平之关系"。他鼓励、号召青年参与社会、融入社会,并且不为一时之挫败而灰心。他说:"人存政举、一蹶不振之观念,不适于新思潮。生存时与社会不密接,则无相当之预备与相当之含接,故人亡政亡。若其人与社会确有关系者,人存政举,即人亡,亦不至不举也。一事之失败,自恐不振,养成青年悲感之由。近日为山东青岛竭叫,游行示威若仍无效,不知青年思想界如何也?'青岛去,中国亡',过甚之辞亦可不必。"当天下午,杭州各校焚烧日货。经亨颐"闻今日下午各校学生焚毁自购之日货,以示决心,足以惊动社会不少"。

陈范予也参加了早晨的追悼会,下午,他到新市观焚日货。"学子者慨慷〔慷慨〕激昂,主讲者尤指引有方。思此番行动,有影响于国民不少。夫人真非木石,苟稍有血心,经此而犹购日货者未之有也,童孩之脑中输入'仇日'二字尤深云云。"他还写了一篇《五月十八日焚毁旧货记事》,比较详细地描述了当时焚烧日货之情景,其中有云:

五月十八日杭城各中校皆出日货付炬,以新市、城站为地点。余

---

① 经亨颐:《经亨颐集》,张彬、经晖、林建平编,浙江大学出版社2011年版,第526页。

往新市观。下午伴同学生忽见人如蚁,而片飘飘之旗。忽作声大呼,近之,分印刷物。过西园,烟光上冲,一望满场皆人,则吾校焚日货也。立路上在焚者,举物相告,破器声、拖衣声、敲物声,耳不胜听,加之一部分拍手,一部分相语云:"此日货也,不当卖。"或曰:"甚矣,这般学生子之爱国心也。"俄而则军乐洋洋,校旗飘飘,则曰宗文校又至人。于是复向宗文校焚日货,洋伞杯子,皆焚而碎之,讲台四五区,皆有仇视日本之心理。观未毕即回云。因志此。

回到学校后,陈范予还听到在城站焚烧日货现场,一个说"风凉话"的人被学生"胖揍"的事。"归校又闻同学有云:在城站举行,有坐车之主翁,头戴日帽,身着大衣,叱于学生之前曰:'前四年时有五分钟热度,今观你们为者不过一分耳,喜则到外讲几句,倦则到校嬉俚,何尝有救国补益之心,所谓章宗祥若曹属乎。此时学生正当爱国(心)大发之际,一见不忠之人,即有弹压之心,彼竟敢以此言辱之,岂不无礼之至,公愤一激,拳下如雨,血淋淋,置诸警厅。噫,是人岂不自好,罹法触祸哉,是人之良心脑子,余想已乌有矣,不然何若是也。此等如弗重办,中国未可为,任他骚之可也,中国之病,大流氓之极也。"① 其实此人所说并不错,错就错在他不看时机、不分场合,也就是人们所说的"没脑子""不识相"。

5月19日,北京学生宣布罢课,并派学生代表分赴全国运动外省学生。5月21日,经亨颐日记:"又闻北京学生有代表四人到杭,明日将开大会,罢课之事不远矣!对内对外并案办理,忙煞学生。"5月22日,经亨颐到教育会。"各校学生为欢迎北京学生代表在会开会。"② 陈范予

---

① 〔日〕坂井洋史整理:《陈范予日记》,学林出版社1997年版,第93—94页。
② 经亨颐:《经亨颐集》,张彬、经晖、林建平编,浙江大学出版社2011年版,第527页。

日记:"早间选代表迎北京救国团来代表。""蔡先生述青岛于我国之形势,近日学界之举动。词颇动听。"当天下午,一师学生奔赴议院搜查并殴击那些否定设立大学提案,并主张为自己加薪之议员。①

5月23日下午4时,经亨颐"集各校学生代表谈话,惟与昨日省议会事无关。学生联合会之勇气,拟导人〔入〕轨道。余意学生示威运动究为有限之效力,非达到市民与一般社会接〔结〕合不可"。经亨颐为学生运动指出一个更深入、更长久、更根本的方向。

当天晚上,杭城又大烧日货。陈范予看在眼里,惜在心底。他在日记中云:"晚,到操场,望见前黑烟勃勃,继则红光起,又大起云。清河坊火烧忽明忽消,广可里,诚悲事也。谅各货毁去已不能计矣。真是惜哉。抑亦小心之一教训也。"

● 学生罢课,官厅放假

焚烧日货后,学生开始酝酿罢课事宜。5月24日,陈范予日记云:"朱〔权〕师讲爱国心及处世为事之道:'我国之少爱国心,由二因:一、家族关系。因少公德公益心。二、政体专制。因无干涉与闻之主权,遂养成利己之恶观念,演出我国贫弱之现像〔象〕。今者民智已稍开,今日之爱

---

① 庚子美国赔款有8 000万可作为教育费用,若浙江立大学,可得400万,鉴于浙江当时还没有大学,经亨颐提议浙江设立大学以争取教育经费。(经在日记中云,"庚子赔款,闻有无条件退还中国自办大学之说,若听中央计划,必不及吾浙。斯时,先自成立,则分得数百万基本金,亦可能之事。倘此案否决,岂不太可惜!"然校长交议,岂知付议不成,68名省议员却提议用这笔钱为每人增加80元俸薪,这让人们大为愤慨。5月22日,议会对设立大学一案未议即闭会,旁听的学生遂电话召"一师"在校学生,前来的学生冲入议会,围堵殴打那些主张给自己加薪的议员。关于此事,经日记记云:"忽闻本校学生全体出校,已在议会有所举动。即至商会,始悉因傍〔旁〕听不平,工商各界均有多人势不可遏,幸张喧初出为调人,始散,而议员已被殴辱。余即与工商界各要人,至商会开会,筹善后方法,均拟积极应付。"陈范予本人即为从学校赶往议会的增援者,对此一事件在其日记中有着详细的描述。

国心较前庚子之役，五月九日之举动诚进步非浅。惟此次举动必坚持到底，庶有望我国之成焉。"当天晚上，"演说。八时后，在礼堂讨论假定罢课之规则云。"

学生计划罢课，各校校长积极应对。5月25日，"各校校长在教育会开临时会议，余八时即往商议维持罢课事，亦无良策，十二时，与《教育潮》编辑同人至西泠印社便叙。日夕，返，至会一转，罢课事再四设法。顷据学生等会议结果，再缓三天。"他们得知学生决定罢课于29日进行。

对于即将而来的学生罢课，校长没有良法，官方持强硬态度，经亨颐奔走应对。5月26日，"八时，至金子麻巷，访冯仲贤兄弟，探悉省长对于学生事件决取严格主义，倘一见解散之命，则不知如何收拾？沪报载北京政府态度，未始无因，其何以善其后也？即至校，闻医学、一中已自今日罢课，本校尚能遵三天之约，取与联合会一致。定下午开临时职员会，即至教育会。学生等又在该处开会，余略述意见，拟以罢课为多次之举，为本会调停之余地。在会午膳后，又返校，与各职员讨论罢课后之办法，互认维持而已"[①]。

学生坚持罢课，官方亦有办法，即宣布放假以应对。5月27日，经亨颐仍为罢课事四处奔走，夹在学生和官方、新旧势力之间的他，成为众矢之的，他决定"自今日韬光行事"。

> 上午，先至校，又至会，至厅，至省公署，皆为罢课事奔走。省长之意，如明日万无他法，唯有以特别训令提前放假。返寓午膳后，又至校，至会。而余所处地位，新旧交攻，众矢之的。收放则可，而志不能

---

① 经亨颐：《经亨颐集》，张彬、经晖、林建平编，浙江大学出版社2011年版，第528页。

夺，自今日韬光行事。晚膳后，至缄甫家，谈多时，蔡谷清亦来。本拟请谷清向学生转述孑民先生之意，劝告留以有待，或有效力。而缄甫谓既有省长出任其肩仔，吾辈亦何乐不为，非但反应如何，殊不可料。①

可是学生为什么要坚持罢课呢？我们从陈范予的日记中可以看出学生一面行动的缘由。

5月26日，陈范予看到报上各种让人气闷的消息。"阅报至'北京学生开会则警察干涉，发《五七报》则阻止不行，结团讲演则出令阻抵。府政〔政府〕若是，精神已灭，食肉者若是，中国之思想可以睹矣。心好卖国，因借治安之好名目，因压制学生之爱国热。'阅至是，不竟汗出，头热。《西报》载及电来，胶澳似有归还希望。政府对诸学生将用严厉办法。窃思，中国成败在此一举，青年进退亦在是际。安不可尽心竭力以死抗？"5月27日，他在报上看到仍然是令人气闷的消息。"四时后，阅报，至政府之举动不胜汗出，学生之举动乃爱国之深忱，卖国贼置之不办，外交弃之不问，并且毋须有抵制日货之令，若是乎，吾知东海亦将心东矣。若举中国与之，抑何不可，何必借此以压制哉？"北京政府对学生爱国行动的一味压制，致使学生爱国感情无从发抒，愤闷异常，这便是全国学生以罢课来响应和支持北京学生的主要原因。

5月28日，杭州学生罢课之前一日，官厅发布"外和而内厉"的通告，经亨颐对学生训话，劝学生"适可而止"。其日记云："省长、督军有连署特别通告，措辞外和而内厉，因集全体学生，施临时训话：爱国与祸国不分，适可而止，留以有待。明日将罢课与放假合唱，谣言不一，其内含甚复杂，而台酋又思中伤。自思于教育以外无他目的，当局抑何神

---

① 经亨颐：《经亨颐集》，张彬、经晖、林建平编，浙江大学出版社2011年版，第529页。

经过敏也！下午三时，青年团董事等要求开会，做无聊之劝告。余又至教育厅，各校长已集，同赴省公署，其结果：决于明日放假。"

陈范予当日日记云："下午，本放假，因校长训话，讲罢课之深察，并研究其结果与夫政界社会之关系。晚，报告联合会决意罢课，并设新闻、纠察、演讲、调查诸部，以娱乐室为办事处。是则对于本校之独设也。本班选干事，余当选云。"

陈范予日记次日补记的一段文字，从语气和内容上看当系经亨颐5月28日劝阻学生罢课之演讲。经先生云，人家北京学生上课是为了挽蔡，这与我们杭州学生又有多大关系呢？其辞云：

今天官厅出示，其中对于学生之办法，尚有未及见处，故略为补充之。自北京事起后，而天津，而上海，遂及杭州，所讲题目则曰中国之现世、争回青岛、抵制日货。至今日之事体想到从前所经过的情形，却有不满意处，而学生所为之事诚出于爱国，况非杭所首倡，即如前示威事，余等一无所知。迄既发出，所以不得不尽教育者之责，生爱护学生之心。于是谕官厅令处处保护，至今官厅亦赞成学生之行，确有效见之处。至今有罢课之事，是更有可思想体察者，却谕前次示威运动，以四五千人集会，讵知先对教育会，惟教育会为学生直接之所，亦最关系最密切之所。一闻至，乃开门，余立门前，自首至尾其旗以还我青岛为多，即口呼亦然，而当时思欢迎非欢迎时，不觉骨寒，是毛吹尽立。所以为一事，即足以起不快之心。此事到今犹未觉意，即今日之事原为最后对待方法。试问"北京罢课何为乎？"曰："挽留蔡（元培）也。"前日子民弟（按，即蔡谷卿）说："蔡先生亦不赞罢课事，愿各安心求学。"蔡先生，吾浙人，感情之密切，自当存亲近之思想，表有同情。更试问："北京之举究善于吾乎？"吾人当审害，辨是非，不可因表同情、谋协进之心，因是非不顾。比如，二三知己一友失过，此三人当从而恶之欤？抑不与之？如与之，则事终无济；若不与，则同情与知心不见。惟有弃前事，一思最好之方法为补救之良剂则可。今日之事都类是，不可莽卤出之。若后有种种发现，令政界社会出特感是不可不察焉。余希望明日安然上课，另设法处事，倘得联合会之同认更当深慎焉。①

然而，经校长的劝说没用。

5月29日，学生开始罢课，官厅决定即日放假。陈范予日记云："今日罢课。因昨夜下训令，学生不得私行结会、演讲、调查，否则将武力干涉。又令今日即放假，照第五条章法行之。"经亨颐日记云："我校终日沉静。余即出，至中国银行一转，即返寓，不他出。闻他校有冲突者，有已散归者，西子湖头学生之爱国热，暂将闭幕矣！"

对那些没有罢课的学校，陈范予痛惜他们没有国家思想。他说："晓得有几个学校竟自行上课或放学返里。吾想'彼学生校长之心理，对于国家之观念感想已经消灭无见了，徒好自私并好玩耍。中国有此下等人，必无希望的一日。'但我们当决心坚定，心尽归国，命亦付国，思得一有利于国家人民，即使死了也甘心。万不可借公济私，重生命如泰山，视金钱如生命，畏法若雷霆，严令一出即散回家，干涉一至便壮气折。要晓得，此等皆非共和国之国民，尚没有共和国国民的人格，没有共和国民的毅力，为我们的罪人，为我们的仇人，必谋铲除恶类，然后中国尚有一点曙光呢。且他等人必无公德之心理，对于利民报国思想全然没有。"

正当陈范予发誓百折不挠以报效国家的话音刚落，第二天，5月30日，学校老师劝说他们赶紧回家，以免累及校长。"如在校一天即足以

---

① 〔日〕坂井洋史整理：《陈范予日记》，学林出版社1997年版，第103—104页。

增罪于校长,为校长计当遵令行之。所以各整物回家。下午,先得陈子韶先生劝诫云:回家后,各种集会、演讲事亦当慎其所发,否则许多罪状均矢集于校长矣。匆匆乘车至江干下船云"。① 于是他便乘船回乡了。

31日,经亨颐赴教育会,"拟一劝告文印刷"。此当为劝告罢课学生。

● 杭城罢市官方寂然,校长劝告勿要坚持

6月6日,听闻上海已罢市(按,上海系6月5日开始罢市),浙江教育会推经亨颐到上海了解情形。"八时,至教育会,开临时评议会。因昨闻北京学生数百人被捕,上海已罢市。商议之结果,推余即赴沪接洽。午膳后因即乘特别快车,行过松江时,知该处亦已罢市。七时,到南站,雇人力车至江苏省教育会,即晤信卿、梦麟。西门一带,军警森严,爱国青年往来不绝,店户尽闭,并表以不除国贼不开门等字样。借悉罢市原因亦非由学生触动。协谈至十一时,即宿于梦麟家"。

6月7日,他到部分商家了解罢市实情,及罢市中上海各方之交涉。"梦麟一早他出。余亦朝北,至宁波同乡会及相识商家,均抱有自动的勇气、民本的精神。闻卢护军使将有伪意的调和,先开市而后电请罢曹、陆、章。今日人民已非蒙童,岂尚被其凌欺!……仍至西门梦麟处晚膳。知今日南商会会议情形尤加愤激,恐酿奇祸。明日有罢工及水火全停之说。三日(按,指自五日罢市以来三天时间)间绝无暴动,已煞费苦心,善后办法尚无从说起。"

8日,经亨颐返杭。"王赓三、刘大白等五六人来,询上海实情,因

---

① 〔日〕坂井洋史整理:《陈范予日记》,学林出版社1997年版,第105—106页。

此间官厅伪告商会'沪已开市'也。吁！为民上者，以欺骗度日，可笑亦大可恨也！"

9日，杭州开始罢市。"今日省城全体罢市。八时，至教育会电探情形。又至中国银行，亦已决定。及午返寓，'不除国贼不开门'之（印）刷品，已遍贴矣！午后四时，至商会，正在开会讨论维持秩序方法。官厅尚无何等举动。"

迫于全国各地的压力，10日，徐世昌不得已罢免曹、陆、章。经亨颐觉得应当见好就收，他决定次日赴校劝学生不要外出讲演。"闻中等学生之在杭者，尽出而讲演维持秩序，而官厅仍寂然，其态度大可研究。阅沪报，有主述开市者，余亦赞同其说，恍知罢曹、陆、章有重大关系。拟明日劝学生撤回，不可不见机也。余终日不出，时事前途不可推测。"

11日，经亨颐赴校和教师学生谈话，劝他们"勿坚持"。"罢市已三日矣！晨六时，至校，与本校学生暨附校各教员谈时事要感：上海愈演愈剧，此间军警亦不怀好意，倘罢工后则更不堪收拾，嘱注意，勿坚持，非另想办法不可。返寓早食后，又至教育会、中国银行，闻有台人冒会友，电询本会如何举动，亦中伤之一策，可恨孰甚！晤谷清，知昨、前两日兑银已达三十余万元，杭城人士之浅见！下午，不他出，大白、肃文等来谈，阅申报知天津又罢市，而段且将上台，有意搅乱，伊于胡底！"其实，罢市更多的只是一种形式，一种姿态，倘真正长期实施，对谁都没有益处。

12日，人们得知曹、陆、章已罢免的消息，罢市目的已经达到。只是警察强迫开市，几乎引起暴动，而经氏与商会各业董事会以民间的身份执旗游街，劝告开市，效果良好。"七时到校，又到会，杭报已载曹、陆、章免职，可望开市，而警察有强迫行为，致人民又误会。清和坊一带，聚众不靖,几乎暴动。商会总理临时辞职,副会长金润泉邀余去商量办法,张暄初、夏定侯等均在,不得已主以仪式镇之。学生在公众运动场集议,余即往疏通。决议游行,表示感谢商界并劝告开市。至四时,与商会各业董事会合执旗同行,凡经过,皆鼓掌,店门均随之而辟矣!不费军警之力,可使其一大觉悟。官厅有愿同行者,且婉拒之。民治精神,可贺!可贺!"

6月13日,"大街秩序如常"。五四运动基本落幕。①

6月15日,经亨颐返乡避静半月余,直到7月1日返杭。经亨颐仍关心运动的善后事宜。7月4日,他分别访问来自北京的沈尹默以了解五四运动之详情和避居杭州的蔡元培以询问其赴京之日期。"上午,至庆春门,访沈尹默,来自北京,详谈五四运动事。本拟至会,雨过大,即顺入教育厅。十一时,与仲文同至饮马井巷,访蔡孑民,得晤为慰,询其赴北京尚无确期。"7月13日,经来到上海西门江苏省教育会,与江苏教育会的沈信卿、黄炎培二人"谈学界近事"。7月16日,"至教育会,集商会、律师公会等,讨论外交问题不签字后之方法及阻止补签之意见"②。

从经亨颐和陈范予的日记,我们大致可以了解浙一师和杭州的五四运动的概况。这些学生的活动中,想必也能看到一师学生汪寿华的身影。

---

① 罢市部分的日记可见经亨颐:《经亨颐集》,张彬、经晖、林建平编,浙江大学出版社2011年版,第530—532页。

② 经亨颐:《经亨颐集》,张彬、经晖、林建平编,浙江大学出版社2011年版,第535—537页。

（二）巴黎受挫咎自取

五四时期的青年，很少不受《新青年》《新潮》等鼓吹新思想、新文化的报刊的影响。汪寿华亦不例外。

欧战结束后，巴黎和会中国外交的失败是五四运动的导火索。汪寿华从当时的书报上对欧战的真相以及中国在巴黎和会上的失败有所了解和认识。

9月13日日记中云："看普世战争（按，即第一次世界大战），晓得欧洲大战的'原因'和'真相'。德国海陆军，当时纵横莫敌，到了后来，终归失败。各国为甚么统要起来入联盟、入协约二相血战？实在有一句话可以包括了，这一句是甚么话？'各图私利'。就是现在各国中，尚有野心勃勃，欲图他的私利的儿国，恐怕到德国地步的时候，懊悔来不及了。"他明白当时的国际关系莫不是根于利益关系，而事实上，在后来的"二战"中，这个贪得无厌的"儿国"日本正步了德国之后尘。

9月18日，他看了《星期评论》上的文章《答友问》，深有感触。他日记中这样写道："午膳后，去看《星期评论》，里面有一篇的《答友问》，是关于巴黎和会里面，和中国代表在巴黎的详情，讲得仔仔细细。使得我心悲伤叹息。此次外交失败，全从自己取来的。所以虽有美国极力帮忙，总是无能为力，你看可怜不可怜呢？"

- **万一他人肯交还，我们有保守的本事吗？**

《答友问》是亲身考察欧洲和会的徐谦对当时中国外交的观察和分析，分上下两篇分别刊载于《星期评论》1919年9月7日的第14号和9月14日的第15号上。

徐谦（1871—1940），字季龙，民国政治家。1912年4月任北京政府司法部次长，1916年随孙中山南下，任护法军政府参议。1921年9月任北京政府司法总长。1919年巴黎和会之末期，他经美国，到法国、英国，然后又途经美国，返回中国。在他的这篇长文中，"他把中国代表在和会上的态度，中国为山东问题提案的经过，中国外交失败的情况，美国威尔逊总统失败的原因，'三大''四大'跋扈的事实，都写得明明白白，清清楚楚"。

他说，这次巴黎和会，威尔逊主义完全失败，"弱国惟有忍受处分"，中国美好愿望落空，用一句话说，可谓是"乘兴而来，败兴而去"。中国外交的失败，固然可惜，但如果想一想的话，"我国从来有什么外交？失败是不是从今日起？"

他要我们思考这样的问题，权利义务，是相对应的，享受权利就要先尽义务，尽到义务才能要求权利，"我们对于欧战，究竟尽了甚么义务呢？（当然，中国"以工代兵"，曾往欧洲战场派出十三万六百七十八名青壮华工，可惜，他们的贡献长期以来，为欧人所无视，亦为我们所无视。）"现在欧战结束的时候，我们要争权利，就"无怪乎难得多数国家的承认了"。他说，这次外交失败倘能促使国人警醒，倒是好事，如果我们如愿以偿，倒不一定是好事。"这次的外交失败，全国人若能从此儆醒，未必不是国家生命的一大转机。倘若此次依着几个少年略费唇舌之劳,就轻轻将胶州青岛争了回来,恐怕国人看见做事这样容易,从此更要睡觉了。"

徐谦说,权利义务应当取得,也不难取得,但"难在享受",难在"没有本事保守"。退一步来讲,假如巴黎和会允许把胶州青岛交还中国,"试问我国有预备么?胶州是要紧的军港,中国政府能够继续修治吗?青岛是整齐的新市街,中国政府能继续管理么?胶济济顺高徐等铁路,已成的能有良善的运营么?未成的能赶快建筑么?我们一点都没有把握,没有预备,只口口声声说收回,万一他人肯说交还,恐怕我们还茫无头绪呢"。

上海租界的会审公堂与此相似,此一司法权力我们自然是应该收回的,"但是我国官吏的贪赃枉法是无可讳言,司法官也是贪赃枉法的,审判不用说向来是不公平的。如果会审公堂交还我们之后,审判更不公平,外国人必然说话。岂不能借口保护外国人,再把会审公堂重番拿去?"清末的粤汉铁路就是先例,粤汉铁路的权利倒是争了回来,可是在我们手中却一直没有建成。"可见争回的权力,倘若没有本事享受,依旧和不争回一样。"

徐谦说,从公理上说,土地是人类应当共有,应当公共享有的,倘若说哪一块土地专属某一种人,就如同阳光和空气可以专利一样荒唐,重要的是全国人人要实际地去"做工"。

他所说的这些问题,是五四运动中的国人很少考虑到的,也就是说我们一方面怨恨列强对我们的不公不平,但这种不公不平的根源都在于我们自己不努力、不争气。他的这些话无异于在当时那些热血沸腾的青年学生的头上浇了一盆凉水。

● 徐谦与陆征祥病室相谈

徐谦是政坛名流，他逗留巴黎时间虽短，却听闻特别是身历了巴黎和会中国代表团交涉之情形，在6月28日签订对德和约的当日，他亲到巴黎圣克鲁医院，见到在那里养病的中国代表团团长陆征祥，并和他有过一番对话。此一材料鲜为人提，弥足珍贵。

徐谦是对德和约签订前夕的6月20日抵达巴黎，此时，中国代表团委曲求全，然而和会列强蛮强无视，中国已无路可退，但签还是不签，政府和代表团内部，意见尚不统一。据徐谦观察，中国外交成员对签字的态度表现如下："王正廷、顾维钧是主张'如不保留即不签字'的，施肇基是赞成的，陆征祥是说滑头话的，魏宸组、胡维德、伍朝枢都是主张'签字'的。"况且6月25日，北京有电报签字的训令。所以，直到对德和约签字的最后时刻，签还是不签，似乎代表团内部都很纠结，这使得绝大多数国人都备感焦急和不安。

6月28日午后三时凡尔赛举行签字仪式，28日当天，徐谦等人"很不放心"，便同汪精卫和两个山东的代表，一大早离开巴黎到圣克鲁医院求见陆征祥。在那里，也有许多留法的学生要求面见陆征祥，陆征祥托病不见客，汪精卫气急了，就对陆征祥的秘书说，如此重大的事情，在这紧要的关头，身上担负着重大责任的他就是病得要死，也不能够托病不见客，"这样的滑头，可不能怪人家要反对他"。汪精卫一气之下便走了。

徐谦对陆征祥的秘书说："我从前和陆是同过事的，现在见面，说话要紧，彼此可以不拘礼节，他尽可以睡在那里，我随便立着，或是坐着，总是要与他谈谈的。现在王正廷、顾维钧两代表，还没有来，等他们来了,我也是要和他们一同见陆的。"

不久,王正廷、顾维钧、魏宸组、胡惟德等四人来了,他们对陆说徐某并不是暴徒,可以见见的。这时陆才请他进去。陆见了他的第一句话说,"请放心,决不能签字的"。这时,陆正在那里签三封一样的信,这是陆、王两人联名致克雷孟梭、威尔逊、路易乔治三人的信,以做最后的尝试,大略说,"中国对于德约,很愿签字。但请各国勿误会,莫谓中国将来遇适当之时机,不能有提出山东问题、请求再议之权云云"。这样的信,明知道无效,也不能不尽人事。陆签完字之后,徐谦和他有一段对话。情形如下:

陆签完字之后,我就问他说:

"我国对外是应当要一致的,现在国内的和议还没有解决,南北还是分开,南方已经议决,非保留不能签字,究竟你想怎么样呢?"

陆答我说:"不能签字。"但当时陆向王、顾、魏诸人说,"须致和平会议一封信,声明保留政府的最后决定。"我就向陆说:

"你的话我明白了。不过要留一个补签的余地,使北京倘若要补签的时候,还可以补签。但是我要再问你,北京如果有电报来,要补签,你究竟怎么办法?"

陆在这个时候,露出愧悔的样子说:

"我决意不再签字了,二十一条已经是我签的字,我那里还可以再签呢!"

这时候我不曾留神,后来听见山东代表说,"陆已经要流下眼泪来了",陆又说:

"北京如果要签字,除非再派别人,我总是不再签字了!"

我说:

"很好，你保全你自己的名誉很好。但是你这个人，尚不能够抱着一个洁身自好的主义，就可告无罪，你还要尽你自己的责任。我愿告诉你，你要晓得对外的关系，如不保留而签字，是有害无利的。至于说到对内的关系，更要晓得南方已经决意不保留便不签字，倘若北京仍主张签，南北的和议，必定破裂。还要晓得这个主张，并不是南方的主张，是全国的舆论如此。北京若是不顾舆情，恐怕国内人心愤激，更要发生意外的事变，你应该要令北京深明利害，不可签字才好。

陆听了我的话，只是唯唯地应着。我话已说完，便回巴黎去了。①

从这对话中可见，当外面的人还在为签字惴惴不安的时候，其实，陆征祥已经下了即便政府命令签字，他也不会签字的决心了。

当天，拒签合约之后，陆征祥给政府发送了一封电文说到不签字的情形：

此事我国节节退让，最初主张注入约内，不允，改附约后，又不允，改在约外，又不允，改为仅用声明不用保留字样，又不允，不得已改为临时分函，声明不能因签字而有妨将来之提请重议云云。直至今午时完全被拒，此事于我国领土完全及前途安固关系关系至巨。祥等所以始终不敢放松者，固欲使此问题留一线生机，亦免使所提他项希望条件生不祥影响。不料大会专横至此，竟不稍顾我国家纤微体面，曷胜愤慨。弱国交涉，始争终让，几成惯例，此次若再隐忍签字，我国前途将更无外交之可言。内省既觉不安，即征诸外人论调，亦群谓中国决无可以轻于签字之理。详审商榷，不得已当时不往签字，当即备函通知会长，声明保存我政府对于德约最后决定之权等

---

① 季龙：《答友问》上，《星期评论》第14号1919年9月7日，第1—2版。

语,姑留余地。①

在这篇文章中,徐谦还说到中国外交的消极应付。他说日本在美国活动非常用心,仅在纽约一处,每星期的活动费就有5万,而中国在美国连一点印刷费都没有着落。中国代表团成员与英国代表的交往也不积极,当然,因为英日早有勾结,中国代表即便积极联络,在事实上也无济于事。可是,在英国的媒体上,我们也没有进行有效的宣传,以至于他本人在英国问到英国朋友对中国拒签和约的看法时,英国人告诉他就英国的普通人看来,拒签和约责在中国,以中国为不是。他也为威尔逊总统为英、日等国的愚弄和要挟,放弃自己的主义和理想而惋惜。

靠别人是靠不住的,关键还要靠自己,问题还是出在我们自己身上。徐谦说,"我还有几句要警醒国人的话,就是我们从前,想在巴黎和平会议中争权利,那本是做梦。我们自己不振作,只想美国帮忙,那是做不到的。"

中国之病在于只有空谈,缺乏实干精神。徐谦在文章最后说:

> 我这回在外国的经验,就是看明了,吾国所缺乏的就是预备。我们不是没有思想,但是没有预备,那思想总不能成为事实。譬如我们要抵制日货,必须具备国货。即如火柴一项,我们自己做的不够行销,那欠缺的部分就难抵制了。何况自己制的,那磷与木及药纸等材料,仍旧多是日本来的,又怎么样抵制呢?那棉纱一项是日货进口最大的大宗,我听见说,那很细的纱,我们便纺不出来,又怎么样抵制呢?又如这次山东人民,举了两个代表赴巴黎,并无预备,只把两个人派出,就

---

① 《陆征祥致外交部》1919年7月2日到,王建朗主编:《中华民国时期外交文献汇编:1911—1949》第2卷上,中华书局2015年版,第169—170页。

专要靠这两个人,在国内并没有组织一个机关,做后路粮台,源源接济。……我们若想救国,从此以后,无论何人,并无论是做大事或是做小事,都要切实预备。

他还说,"预备"只是一种"手续"。"这个根本上的事,最要紧的,是组织人民团体"只有这样,才有力量。可是,怎样才算是真团体、好组织呢,"最根本的根本"就是"救国主义"。

对于徐谦这篇长文,戴季陶在编后记中说道:"倘若要主张权利,一定要自己工作,自己不工作,这手头的权力都是一番空话!""自己不造铁路,要拒绝人家侵占我们的敷设权,是拒绝不来的。自己不开矿山,要拒绝人家来侵占我们的采掘权,是拒绝不来的。自己不纺纱织布,要拒绝人家的纱布侵占我们的市场,是拒绝不来的。倘若我们要主张'中国是中国人的中国'。那么日本人欧洲人美洲人就要主张'世界是世界人的世界'。你们想想,我们主张的那一句话抵得过他们那一句话的理由充分吗?"①

徐谦的这些话可谓振聋发聩,一针见血。读过徐谦文章的汪寿华"悲伤叹息",认识到"此次外交失败,全从自己取来的"。

● **"此日本货也,你们还可买么?"**

9月6日,汪寿华为回家养病的朋友至倪万仁购买"开洋"(按,即虾仁干),被人质问号召大家抵制日货的学生为什么还买日货?汪寿华理屈词穷,唯有强辩。

---

① 季龙:《答友问》下,《星期评论》1919年9月14日第15号,1—2页。

时已四时四十余分,又十余分时,即开船,长裕嘱购食物,急行至倪万仁购开羊(洋)。时有人立旁,亦来购货,见余服色,知余为学生。责问曰:"此日本货也,你们还可买么?"余对曰:"此已早出中国之钱购来,明是中国货,则买也无妨。"其人曰:"如此,你们何必奔走东西,去劝导人家不买日货。"我说:"此店是倪万仁,在省城中是亨〔很〕有名的,想旧进日本货卖完之后,决不致再进日本货。"此时,余愧愤交集,初不知开羊〔洋〕是日本货,继由他指明之后,一时亦无理可说,只得如此强辩。自后宜谨慎小心,不再购日货罢了,此余心之私自计者也。各物购就后,即赴船交出,遂乘人力车回校,时已五时半矣。

而以前,他们学校的同学就因为买了日货而激起公愤。"因张炳南购日货事大动校中,良由爱国心所中。炳南特自申明,又躬赴店说明云。"① 这是陈范予日记中所记的一件事。

这也应了徐谦所说的,中国没有"预备",拿什么去抵制日货呢?

(三)中国之弱在无学

现存的汪寿华的1919年的日记中,主要记录了他在1919年秋季学期的学习生活,对一个普通的在校学生来说,他的生活相对简单纯粹,求知自然是他的最主要任务。

---

① 〔日〕坂井洋史整理:《陈范予日记》,学林出版社1997年版,第102页。

9月11日上午是国文考试,试题为"今后之学生当如何"。对于这个题目,汪寿华的答案是:"研究科学"和"开导民智"。"下半天,看得几种新杂志,觉得很有趣味,后来看见振海有一本青年讲话,我借来一看,晓得青年的责任是'养成身心健全的人,做纯粹神经作用的事。'全书我看得很好,当即去买二本来,就寄出一本给介民看看。"这便是他所认为的学生的职责和使命。

两天后的9月13日,他看到张溥泉,即张继发表在1919年6月22日《星期评论》的一篇名为《敬告学生诸君》的文章,深有感触,这和他在国文考试中的所思所想颇为契合。

在这篇文章中,张继告诉学生,学问是"国家的基础","求学"就是爱国。这显然是对着热衷于街头运动的学生所说的。

> 诸君,野战的利器是甚么?是枪炮。空中战的利器是甚么?是飞机飞船。海底战的利器是甚么?是潜航艇。文明战的利器是甚么?就是科学。
>
> 诸君呀!今天这个世界,没有学问是不行的了。做工要有学问,经商要有学问,务农要有学问。无论你做甚么,离了"科学知识"都是不中用的,诸君呀!爱国是要怎样爱法?顶真切的爱国是什么?就是求学,就是努力研究科学。为什么?因为"近代文明"就是科学的结晶,近代一切"真实的主义",就是科学的产物。现在的文明人就是科学的□化。

他痛陈中国之病在于"无学"。他说不久前一个法国人给他说,中国之问题在于没有"学问"。这个法国人对他说,"法国在一千八百七十年普法战争之后,失去了阿尔萨斯、劳兰两州,法国人把德国人恨澈入骨了。但是恨是不中用的,应该要晓得自己的缺点在哪里。中国和日本的关系已经成了德法的□子了,中国是失败多少次了。中国人就是要晓得自己的缺点,中国的缺点是甚么呢?就是没有学问。北京大学学生的程度,不过和我们法国初等学校一样。"

张继说他听到这些话,感到很羞愧和着急。他说,我们看看上海的棋盘街,这可谓是中国出版界的根据地,知识的大本营,可是大小书店里摆的无非是几种旧书的缩印版,浅陋的小学教科书,几本零零碎碎的科学书——十之九是抄译日本的,以及一百多种"某生者"一派的小说,几十种教人为恶的黑幕小说,中国的近代文明,几乎就是这些内容了。他痛切地说,"我们中国人做什么去了?除了吃饭睡觉之外,不是打麻将,就是吊膀子,书坊店这样的零落,新世界大世界那样的热闹。这真是亡国的镜象了,这真是'亡种'的征候。"

郑振铎在盘点1919年中国的出版时也说到同样的情形。我们一面有着发达的定期出版物,一面也有着发达的谈神鬼、论"先知术"的书籍。北京的琉璃厂的书铺里,充斥着《未卜先知术》《遁甲奇谈》《百灵书》这样的书。他说:

> 我统计这一年间出版的书籍,最多的是定期出版物,其次的就是黑幕及各种奇书小说,最少的却是哲学科学的书。除了《北京大学丛书》和尚志学会出版的丛书外,简直没有别的有价值的书了。我听见我的朋友说,某会出版的《欧战全史》,在北京只卖了百余部。我又看见许多朋友,每见一种杂志出版,都去买来看,他们的案头却不见别的科学的书籍。我尝问一个在某著名书馆办事的朋友说,你怎么不出版几部科学的专书?现在这类书,中国最是缺乏呵!他说:不差!我们也想出版一些。可是出版了几部,都没人买。我们怎么还敢再出版呢?

由这种事实,我们可以知道中国思想界的毛病了。我很愿意以后思想界要改变态度,下实在的研究的工夫才好。诸君!杂志不过是供我们参考的,不能在那里做我们的科学研究的工夫吓!但是同时出版界要多有这类科学的书出版才好。①

他一面为新刊物的蓬勃发展而乐观,一面为"大多数的文人,还是如此没有觉悟;中国的思想界,还是如此不长进"而悲观。

张继说他虽然感激并钦佩青年的爱国运动,"但是诸君还要更进一步,切切实实的、去做'苦学'的功夫。努力是很可敬重的、忍耐克苦更是可宝贵的。"②

汪寿华看到的是张继于6月份发表的旧文,他深为震动,亦深受教育。在日记中,他写道:

我看看是很有觉悟的地方,就是晓得我国真正的弱点,在无"学问"的一点。不过学问这一桩事,专有学生仔仔细细的研究,尚且没有学问,岂不是我们学生大愧的地方吗!我想起来,学生统是糊里糊涂的敷衍过去,学新式的一种皮毛就罢。咳?是这个样子,学问自然没有了。那么,拿甚么来做文明的武器?拿甚么来做国家的基础?所以我们今后当做"苦学"的工夫,再不可将差就差了。当时口占一首白话诗:"努力、努力,无时可息,制造文明的武器,来做国家的根基。"

他下决心"苦学",在读了几遍他写的这两句诗之后,他开始做代

---

① 郑振铎:《一九一九年的中国出版界》,《郑振铎文集》第四卷,人民文学出版社1985年版,第304—305页。

② 溥泉:《敬告学生诸君》,《星期评论》1919年第3期,第1—2页。

数,虽然没做出来。

学生的职责就是求学,求学的目的就是为了服务社会。因此,在他懈怠的时候,就会自警自励。"夜欲读英文,开卷杂念横存〔生〕,遂舍卷至花园游。明月影花,风动影移,秋声唧唧,不觉秋〔愀〕然而思家乡,念及境遇,如此得费之难,而吾偷闲度日,自问于心,愧愤交集。遂回案攻代数,吾寝铃振,往井旁洗冷水浴。浴毕,至花园间盘桓十余分时,始就寝。"

汪寿华特别喜欢下棋,嗜之成癖,用他的话说:"无奕为戏,是犹赤子之断乳。"所幸学校有娱乐室,娱乐室有各种棋子,对他来说,正好大过其瘾,"一入局场之中,胸中百事,漠焉无介"。

然而他清夜扪心,觉得如此蹉跎岁月,有碍求学之正业。"夫余之不避风尘,冒雨雪数百里外,负笈来此者,真欲学得为人之道,为出社会之准备,今以奕为事,则学问方面,安能不至荒芜。如此日月蹉跎,则青年误过,老悲已晚,可不自警。"于是,他决定与棋绝交,除非假日不弄,"夫学校之中,修德进业之不暇,安暇弄奕。青年真当努力,日月奚可差过。古人之所以博弈并戒者,诚恐青年之误之也。余久坐此习,日月之为误落者,不知凡几。误之已甚,安可再误。而今而后,非遇假日,誓与绝交,以一我求学之心。为奕者,谅亦我恕"。

作为学生的汪寿华明白,只有努力苦学,将来才能更好地服务社会,报效国家。

（四）"新眼光"衡"旧文明"

汪寿华接触比较多的新刊物是《新青年》和《星期评论》。9月18日日记云："看《新青年》，对于皮耳士先生所主张的'实验主义'，我很赞成的。"9月17日日记记有，"下半天，到法政华英寄宿舍，看俊德兄，谈至四时。所谈的话语，是关于新旧不同的地方。他脑子很旧，我很不满意。"可见，对于新的思想，他多能接受，而对于旧的文化，已不能满意。

他能自觉不自觉地用一种"新眼光"来裁判"旧文明"。

3月30日，汪寿华去寻找亲戚，因为地址不熟，跑了许多路没寻到，来到城隍山下，"遂寻石级上，山中寺院林立，香客并肩，均履红鞋，束黄带，装饰之俗，令人笑不自禁。入城隍庙中，见两旁货摊杂排，以欺愚民。佛座前，香烟满蔽，对面莫辨。和尚持竹旁立，四围满书'捐募香钱'四字，无知者不惜囊金，愿倾其有以入之，意为能增福矣，抑知徒供奸僧之用而已，其亦可慨也夫"。他之所以对那些求神拜佛的香客怪异装束和行为感到可笑，是因为在他看来这是一种迷信和欺骗。

1927年，毛泽东在湖南调查农民运动时，他就发现随着农民运动的发展，神权开始普遍动摇。很多地方禁迷信、打菩萨、烧菩萨之风盛行。

> 许多地方，农民协会占了神的庙宇做会所。一切地方的农民协会，都主张提取庙产办农民学校，做农会经费，名之曰"迷信公款"。

醴陵禁迷信、打菩萨之风颇盛行。北乡各区农民禁止家神老爷（傩神）游香。渌口伏波岭庙内有许多菩萨，因为办国民党区党部房屋不够，把大小菩萨堆于一角，农民无异言。自此以后，人家死了人，敬神、做道场、送大王灯的，就很少了。这事，因为是农会委员长孙小山倡首，当地的道士们颇恨孙小山。北三区龙凤庵农民和小学教员，砍了木菩萨煮肉吃。南区东富寺三十几个菩萨都给学生和农民共同烧掉了，只有两个小菩萨名"包公老爷"者，被一个老年农民抢去了，他说："莫造孽！"在农民势力占了统治地位的地方，信神的只有老年农民和妇女，青年和壮年农民都不信了。农民协会是青年和壮年农民当权，所以对于推翻神权，破除迷信，是各处都在进行中的。①

就和汪寿华所看到的情形，形成鲜明对比。

8月13日，浙江督军杨继善去世。杨系北洋皖系军阀，原是淞沪护军使，1917年11月进兵浙江夺得浙江督军一职。杨死后，淞沪护军使卢永祥继任。9月6日，杨继善出殡，仪式隆重，场面热闹，人们争相观礼，这天，汪寿华也在观礼的人群中，他对杨继善葬礼的奢靡浪费深感痛心，对葬礼上的四十余柄"万民伞"殊为不解。其在日记这样记载：

> 至湖滨观者如睹〔堵〕，一时交通断绝，颇形热闹。计万民伞四十余柄，灵棺则需七千余元，由上海购来，余则旗彩形目，军乐清耳。虽极一时热闹，然虚费十余万金。吾国又多增十余万之负担，余以为甚无为也。尤可笑者，杨莅浙三载，严厉待浙，纵北兵横行城中，人民敢恨

---

① 毛泽东：《湖南农民运动考察报告》1927年3月，载《毛泽东选集》第一卷，人民出版社1967年版，第32页。

而不敢告，且又尽令南军出城，以固其压制之手段。去年宁波独立，非民意反对之明证乎。生时如此，及死后用万民伞四十余柄。夫万民爱戴之主死后，万民方有万民伞之送。今杨督在时，民所不戴，死后何至如此。意者为谄谀得位之徒，臆行此事，以取媚继任之卢督耶，抑或效孔明之悲周郎耶？不解。

汪寿华的校长经亨颐也在其日记中记录了杨氏出殡情形：

> 甚热。今日故杨督军出殡，仪仗必多，城外乡人特来观者甚众。内子等亦往西园，每座须洋四角。九时，余至会，又至槐音别墅士绅公祭处一转，即返寓。报载灵榇出发下午四时；拟去城站一送，以尽地主之礼。三时特往，早已开去。①

汪寿华在日记中说杨继善治浙甚苛，风评不佳。杨氏去世后，经校长为杨吊过丧，参加过杨的追悼会。特别是9月1日在西湖先烈祠参加杨督军追悼会的时候，有人就劝他敷衍敷衍。"邀胡公冕（按，为一师兵操教员，后为浙南红十三军的创始人）、潘端甫（按，为一师数学老师）至西湖先烈祠，与故杨督军追悼会。十一时开幕，行礼。甫振铃，闻幕内哭而手狂拍不已。张喧（暄）初入劝，遭大骂，盖杨督军之妻也，闻者多非之。秩序有演说。先时，暄初要余敷衍，略谓：浙江舆论对于杨督军，认为治军严肃，治躬亦严肃，一则为督军之本务，一则为人生之本务。十二时散会。"② 从中略见，杨氏本人在浙人心目中形象并不怎样。然而在他去世的时候，不光大肆铺张，耗费民膏，而且浙人竟送"严厉待

---

① 经亨颐：《经亨颐集》，张彬、经晖、林建平编，浙江大学出版社2011年版，第546页。
② 经亨颐：《经亨颐集》，张彬、经晖、林建平编，浙江大学出版社2011年版，第545页。

浙"的杨继善四十柄万民伞以为其"贴金",这种不可理喻的虚伪和滑稽让汪寿华无法理解。

在汪寿华的日记中,他还记录了一个老百姓的葬礼。那是8月31日在他从家乡返杭的途中,他这样记道:

> 轮过尖山,见江边有一村落江滩,适行出殡礼。啼哭之声入耳,拜口之色侵目,不觉有动于心,而起丧父亡兄时之惨。岸旁立而观者,数十百人,有以此为乐,观而喜形于色者。噫!彼岂天良酷亡,毫无心肝者也。棺行,见亲人扶棺,三拖三进,知子女爱亲心切,有不愿父母入地下之意。始作是者,其明礼乎。

当丧家亲属生离死别、哭声震天之际,围观的人们却以他人的悲苦为乐,喜形于色,这种人与人情感不能沟通的麻木的看客的表现令他无法理解。

在这两个葬礼中,他看到了看客们的虚伪和麻木。

一个最终以革命为志业的人,一定是对社会底层抱持深切的同情。汪寿华便是如此。戊午年关,汪寿华在乡过年,在万家团圆之际,风雪交加之时,他看到富户对贫家叫嚣逼迫,以至贫寒人家不得安生。

> 戊午年终,余居家,值天雨雪,见悍富之迫寒贫,叫嚣躐突,虎骇狼暴,虽邻里亦惕警焉。是故贫者不得不冒风尘,冲雨雪,奔逐东西,以请孔方兄之来也。奈方兄心存势利,守匿于富宦之家,不肯屈驾于贫寒之舍,虽诱之以善言,迫之以畏〔威〕武,终不稍顾。当此年节,真合家圆聚之候,而贫者反眼珠纷纷,不能终三十夜,致父子东西,夫妻

分离,是谁之咎。方兄有知,其能辞乎!嗟嗟方兄,尔何诡谀,尔何胁贫;得尔者欢欣,失尔者丧气,尔固能制人于死者也。余今独不惧,尔来余固喜,尔去亦不悲,生死富贵其命夫。

父子东西,夫妻分离,"是谁之咎?"显然,此时的汪寿华还没有找到答案,也没有找到方法,只能将富贵生死,归诸天命,但这正是他以后参加革命的思想基础。

从汪寿华的日记中,我们能够看出他总能以一种科学、真诚、人道的新眼光来看他身边愚昧、虚伪、不义的旧事物。

(五)先生们的"教改"

汪寿华所在的浙江第一师范学校,在思想开通的校长经亨颐推动下,实施了学生自治①、教员专任、学科制、白话教育等项改革。特别是1919年秋季学期,经亨颐聘请了陈望道等一些新教员,实施了一些新改革,使得学校呈现出一片生机勃勃的景象。

---

① 一师的学生自治会成立于1919年11月16日,此举在全国亦属少见,徐白民、宣中华、曹聚仁、范尧生等曾分别担任过学生自治会主席。"该会自治的权限总算不小,如向来最容易闹风潮的饭厅厨房,管理最难的斋舍,学生出入的门禁,校长职员最易受'中饱'嫌疑的膳费,均由自治会管理。"(《五四运动后之浙江第一师范》,《时事新报》1919年12月15日,第2张第1版。)甚至学生自治会代表还出席校务会议,"我们那时的自治会,是要处理校政,出席校务会议,对校务有表决权的。"(曹聚仁:《我与我的世界》,人民文学出版社2000年版,第178页)。"不仅过问学校决策,还得决定教师去留。"(同上,第122页)。

烈士日记中的五四

● 陈望道的课堂

陈望道后来说,五四运动当年,思想文化的斗争场所主要有两个,一个是刊物,一个是学校。即"学校的学生组织、行政组织和中国语文课"。这其中,国文教育改革的意义非比寻常。"中国语文课尤其是当时学校新旧思想文化斗争的重要部门。斗争的范围涉及文章的古今中外的内容,也经常涉及文章所用的语言——文言和白话之争是当时的主要争端,有的地方对于这个问题斗争极为强烈,新文化的反对者不惜动用一切腐朽的力量来阻止新事物的成长和传播。"[①]

在1919年秋季开学之前,校长经亨颐陆续访求了陈望道、刘大白、李次九这样的一些提倡白话文、推行新文学的国文教员。从经亨颐的日记中可以看出他访求这些国文教员的情形。7月8日,"访大白,允就本校国文教员"。7月16日,"访沈尹默,介绍李次九为本校国文教员"。8月1日,"缮新聘国文教员刘、李二君证书"。随后,经亨颐还聘请陈望道出任一师国文教员,这被当时的人们戏称为"离'经'叛'道'"。陈望道于6月初从日本留学归国,寓居杭州。他认为"适应时代的,才可以叫做真理",而我们"主张适应时代的知识和道德的人,不过是服从真理"。[②] 8月6日,经亨颐"晤陈望道,面允就本校国文教员"。8月10日,经亨颐"又至泰丰旅馆访陈望道"。[③] 陈望道、刘大白、李次九等三人与一直在学校任教的夏丏尊,被称为"四大金刚"。这四个人中,夏丏尊

[①] 陈望道:《五四运动和文化运动》,复旦大学语言研究室:《陈望道文集》3卷,上海人民出版社1981年版,第686页。

[②] 陈望道:《致仲九》,复旦大学语言研究室:《陈望道文集》1卷,上海人民出版社1979年版,第551页。

[③] 经亨颐:《经亨颐集》,张彬、经晖、林建平编,浙江大学出版社2011年版,第536—541页。

比较温和，其次是刘大白，陈望道"较急进"，李次九"更急进"。

经亨颐虽然三顾茅庐诚聘各路英才，但他认为三顾而求者并非人才，中国的人才应当有主动的做事精神。8月19日，他在中国科学社第一次年会晚宴上的发言中说："须人才造事业，不可事业觅人才。三顾茅庐传为佳话，而吾国之人才遂为静，而非动。自谋进行者，为人才；三顾者，非人才；独善其身者，亦非人才。科学社之人才，可认为造事业之人才，尤望改造吾同静的人才之积习。"① 现在，他给了这批"新"教师大展宏图的机会和舞台。

9月15日，为开学之日。早晨8时，全体学生在礼堂开"始业式"。校长致训词。汪寿华在日记中记述校长训词，其大意说："感想和觉悟顺觉悟而行事，并与教员同学做一个思想的中心点，以期共同修养云。"经亨颐在其日记中记到他的训话大旨为："改造纯洁无私为纯洁有公；纠正纯洁空空，防止青年的冲动。"②

汪寿华日记中还记述了校长又报告与上年组织的不同，分三层说："第一层：职员组织之不同。第二层：提倡白话文。第三层：不留级，废除学年考试。主张结束考试，并各科并重，分数到毕业这年结算。如有一科不及格时，就不能毕业。"从这些与以往不同的措施中，可以看出经校长推行的大刀阔斧的变革。

开学典礼最后的环节是介绍新聘教员，"行相见礼毕，方散会"。这些新教员中就有新聘任的陈望道、刘大白、李次九等人。

新学期的教学改革最突出的亮点便是提倡白话文。经亨颐在浙江教育界"属于新倾向的老前辈"（陈望道语），其思想开通先进，容易接受并鼓舞新生事物。对白话文、拼音字母的态度正是如此。8月13日，

---

① 经亨颐：《经亨颐集》，张彬、经晖、林建平编，浙江大学出版社2011年版，第543页。
② 经亨颐：《经亨颐集》，张彬、经晖、林建平编，浙江大学出版社2011年版，第547页。

在准备青年团成立大会开会词时，他本人就开始"初试白话文"。在这个新的学期中，他决定在一师学校及其附属小学推行白话文和拼音字母。9月11日，在附属小学各级任教员会议上，他提出数事，有一条便是要求小学教员普及、教授注音字母。"注音字母，一月内附校各教员，应一律研究普及，实行教授。"①10月10日出版的《浙江省立第一师范学校校友会十日刊》第1号上就有，"从这个学年起，本校和附属小学国文科的教授，一律改用白话。"将传统的国文课改为白话，这并不是件小事。

而推行白话文这项工作正有赖于陈望道等"四大金刚"去实施。《校友会十日刊》中说："要想普及白话文，先要灌输注音字母，这是人人知道的。本校国文教授陈望道君，对于注音字母，很有心得，所以特地请他到上海吴稚晖君处再去研究一番。归来便传授给附属小学全体教员和本校全体职员学生斋夫。"②一师学生曹聚仁后来的回忆中，我们就可以看到陈望道赴沪向吴稚晖请教拼音的事。曹聚仁说："究竟陈师研究什么？语文教学法如何？我们毫无所知。只有一回，他到上海去，找了吴稚老，给稚老拖到西门黄家阙路一家小茶馆中去，边喝边教，把注音字母及拼音法门教了给他。他一回到了杭州，就教我们读注音字母，学拼音法。我们原是要教小学生学国语的，这倒替我们开了路；我们要写白话文，虽没提倡拼音文法，研究国语，也是一种途径。"③

9月15日的开学典礼结束后的下午，汪寿华"看《新青年》一点钟。对于白话文的价值，稍能了解一点了"。第二天，9月16日，陈望道为他们上国文课。汪寿华在其日记中比较详细地记录了陈望道给他们讲

---

① 经亨颐：《经亨颐集》，张彬、经晖、林建平编，浙江大学出版社2011年版，第547页。
② 《浙江第一师范校友会十日刊》第1号，1919年10月10日，邓以明：《陈望道传》，复旦大学出版社2005年版，第24—25页。
③ 曹聚仁：《我与我的世界》，人民文学出版社2000年版，第132页。

"文学改革上的道理",从中可见当年陈望道在课堂上鼓吹白话文之风采。

先说文字的本质,完全是发表(自)己的意思,使人家了解。既然文字的本质如此,所以不能不从容易方面做去。为甚么?因文字容易,个个人自然能够晓得我的意思。他如用典古的文字,必定要有我的程度,或高于我的程度,才能了解。其余普通一般人士,决定不能够了解我的意思。譬方一人,到这个大众面前,去发表言语。倘他不高声讲话,徒是口合两合;则人家那里能知道他来说什么话呢?用古典的文字,真如此一样呵!

陈望道讲了文字改革的三种方法:一是改用白话文,一是使用标点,一是改为横写。关于标点,1918年起,陈望道就发表了多篇提倡新式标点的文章,他"是最早在刊物上明确提倡使用新式标点符号的学者之一"[1]。他在1918年发表的《标点之革新》(《学艺》一卷三号)一文中说,标点乃文字之标识,"文字之标识不完备。则文句之组织经纬时或因之而晦。而歧义随以叠出。而语学浅者。尤非恃此为导莫能索解"。标点革新为文字革新外缘之事。对于文字改革,关系繁多,不易猝断,但对文字之外缘,标点的革新,"则无论其本身之为沿为革,绝不可不从新整理,使就简明"。而且标点之革新"又重且要于革新文字"。[2]

陈望道在"一师"的课堂上,举了几个有趣的例子来说明标点的重

---

[1] 复旦大学语言研究室:《陈望道同志传略》,载《陈望道文集》1卷,上海人民出版社1979年版,第13页。

[2] 陈望道:《标点之革新》,复旦大学语言研究室:《陈望道文集》3卷,上海人民出版社1981年版,第3页。

要性。汪寿华在其日记中记录了下来。"古来的文字传下来,往往后人容易误解。如孔子所说:'民可使由之,不可使知之。'本来照上所点,不过孔子当时所说的真意,推想上去,不至如此。宜作'民可,使由之,不可,使知之。'如此,方是很好的意思。又如俗语所说'今年正好晦气,全无财帛进门。'此句当作'今年正好,晦气全无,财帛进门'解说,正意才方达出。所以后人如此误会的缘故,实在当时没有一种特别标点以说明之,所以现在有大误会的地方。现想出许多特别记号,表示语意怎么样,这种记号,就是标点。"

后来在1920年寒假期间的"一师"学潮中,也有一个用不同的标点表示不同文意的例子。当时,当局要将经亨颐校长调离学校的时候,学生通过了一个"留经目的不达一致牺牲"的公约。后来经过蒋梦麟调解,学生同意姜琦接任校长,这时,有同学提出这样做就违背了当初的"留经目的不达一致牺牲"公约。这时候有学生把这句话做了两种解释。他说,"公约可以有两种解释,一种是'留经',目的不达,一致牺牲,着重点是'留经',还有一种是'留经目的不达',一致牺牲,意思是要达到'留经'的目的,'经'不一定要留。我是照后一种意思理解的,这样做没有违反公约。"[①] 也就是说,现在姜琦只要能做到"萧规曹随",留经的"目的"就算达到,自然就不算违反当初的公约了。该同学如此解释后,大家就"借坡下驴",无话可说。

关于改中国的传统竖写为横写的理由,陈望道说了几点,也颇为有趣。改为横写的好处有以下几点:一不致涂抹墨迹,二更合视觉习惯,三节省纸张。

---

① 赴并欢:《五四运动和"一师"学潮》,共青团浙江省委青运史资料征集小组编:《浙江省青年运动史研究参考资料》第一辑,1982年版,第10页。

"写的时候不便：因为小字，还不大有妨害。较大的字写起来，则写到后来的时光，先面的字的墨迹还没有燥，必定要涂得一片糊涂。要想免去这个弊病，不能够不用横行。

"为看时的便利：照人类目光的放光线，大都是从斜方横射的，可以一点见到前、左、右三面。决不是从上下二面射光的。这种，纸上是很不容易形容，最好各人自己去试，我想来各人都承认此说的。既然晓得目光是横行的，看得便当，那就应该改横行了。

"经济的便宜：直行长，横行狭，这是中国书籍的特别形状。倘使第一行写起到第二行首字意义已完，当另起头，则这一行所费空白是很多的。若以横行写字，就可省了一半的空白，积少成多，当然能省进许多空费的金钱。"

这都是当时的他们所遇到的，而今天的我们所不会遇到的问题。

有提倡，就有反对。9月17日，有反对白话文的同学在课堂上怼陈望道说："文言是数千年传下来的'国粹'，白话文也是假的。"陈望道的回答很机智且令人信服，他说，"什么为'国粹'，什么为'假'。若要讲'国粹'，则$(a+b)^2 = a^2+2ab+b^2$这种代数学，这种化学、物理学，难道统是'国粹'么？所以'粹'字则可以说，'国'字是不可泯说的。至于'假'的解说，原来要有二种比较的条件，中间用一点物事去评定他，才可晓是真是假的。若是没有东西拿来比较，臆说这是'假'的，这是很不信的。譬方一个瞎子，不看见这个人，是老的是小的，胡说这是老或小，试问他真当可算得晓得么？你现在不拿东西来比较，仿佛如瞎子一样呢！"

陈望道后来的回忆中还提到一桩反对白话文的学生愤而抓其领口之事。他说："我们四个国文教员经常在学生中进行文章思想性、艺术性、可变性等的教育。一个月后,我们曾出了'白话文言优劣论'的题目,叫同学们做作文。当时大部分同学都是讲白话文比文言文好;当然也有少数反对派。其中有一个学生,在作文中以文言文的体裁大骂白话文,这是我班的学生(我是第二班,由第一班里升上来的,第一班国文主任教员是省政府派来的那个秘书)。我在修改作文时,除了文章内容和文言文的形式不加修改外,对许多文理不通的地方都做了记号,并写了批语:写文言文也该写通顺一些,理路不通,无从改起,重新做好再改。在教室里发本子时,他一翻全是红××,就发火了,一把抓住我的领口,叫我去见教务处。这件事情发生后,在校务会议上曾先讨论过,在校长、夏丏尊(当时是学校国文课主任)的努力下作出这样的决定:除非陈望道先生不同意,不然要开除学籍。开除,我是不同意的,因不从思想上解决是不行的。后那学生哭到我的面前来,向我道歉。我对他进行许多教育,他认识到自己错误,此后这学生也倾向提倡白话文了。事后了解,才知道这学生是受那个反动教师的指使才这样做的。"[1]

一师的国文教员提倡白话文,传授注音字母,出版国语丛书,革新教学方法,编制新教材,多管齐下,推进语言文字、思想文化的革新。

他们的国文教学内容则是从当时的报刊中选取诸种问题,如人生问题、家族问题、贞操问题、文学问题,以与学生共同讨论。1919年12月15日,《时事新报》这样报道一师的国文教育,"该校暑假以后,对于国文教授,有改革。关于教授一方面,取研究的态度。以如人生最有关系的各种问题为纲,选择关于一问题的材料(都从杂志当中采取),印刷分送学生,使学生自己研究,教员随时指导,并和学生讨论。至于作

---

[1] 陈望道:《五四时期浙江新文化运动》,共青团浙江省委青运史资料征集小组编:《浙江省青年运动史研究参考资料》第一辑,1982年版,第4—5页。

文一方面,学生作白话文的,已占全数十分之九"①。

也正因为语文改革关乎思想斗争,就不免引起保守势力的批评和反对。当时,浙江省长齐燮元进京时,特地把该校的国语教材带去给北大校长蔡元培看,蔡先生对齐燮元说:"这种教材,选得不成系统。不过备学生底参考,也未始不可的。"又写信给经亨颐说:"这种文章,都从现在杂志上选出来,是学生所习见的,何以编入教本?""这到底是伦理教材?是国文教材?"当然,有人认为这是蔡先生"委曲求全",在齐面前批评一师,实则是有为一师帮忙的"苦衷"。②

不管蔡元培是不是有帮忙的"苦衷",他提的问题仍然是存在的,当"国文课变成了社会问题研究会"的时候,国文课还是国文课吗?曹聚仁后来也说到了他们当时的困惑和问题,"后来,上海新文化书局出版的社会问题讨论集、妇女问题讨论集,便是我们的国文讲义。经过了那一年半的讨论与研究,同学们既是浅陋得很,教师呢,也只知道一些皮毛;而教材不从语文本身去找,实在贫乏可怜,我们实在有点厌倦了"③。显然,纯粹着眼于社会问题、思想问题的国文教育,显然也偏离了国文教育的本质。

随后,当几个学校的学生创办的《浙江新潮》第2期发表出施存统的《非孝》一文之后,浙江省长齐燮元、教育厅长夏敬观终以"非孝、废孔、公妻、共产"等罪名调换经校长,查办"四大金刚",最终于1920年3月酿成轰动全国的"一师风潮"。

对于他们在一师的语文改革,陈望道后来也反省说,当初他们确实有一些急进,但在当时的情况下不急进又不行。"在这斗争中,我们

---

① 《五四运动后之浙江第一师范》,《时事新报》1919年12月15日,第2张第1版。
② 季陶:《蔡先生委曲求全的是非》,《星期评论》第39号,1920年2月29日。
③ 曹聚仁:《我与我的世界》,人民文学出版社2000年版,第136页。

现在检查起来是过于急进一点,有的界线也不很清楚,旧的一概否定。不过在当时情况下,不这样搞也不行,许多守旧的人物在向经校长围攻,是非不清,不急进点就不能团结同学。"①

● "以学生主动为标准"

一师的老师们还革新教学方法,即将以往以老师为主的、被动的教授,改为以学生为主的主动的学习,以调动课堂中学生的积极性和主动性。这种问题,一直到现在仍然存在,大家都能意识到这样的问题,但100多年已经过去了,我们却总是还没有完全解决,什么原因呢,对于老师来说,总是照本宣科易,循循善诱难。

革新教学方式,也是拥有一定实权的"学生自治会"对老师所提出的要求。"我们也曾向个别教师要求教学改革。例如英语教师,一向只是用他们自己以前从教会学校读过的书本(如《莎士乐府本事》、《伊尔文见闻杂记》、《纳斯非尔文法》之类)来教我们,我们要求改用新教材,来培养我们阅读新书的能力。"②

可见,一师的老师和学生都不满于过去的那种灌输式的教学,都有改革教学方式的要求。

就国文教学来说,先生们不光改革教学内容,而且也改革教学方法。一师的国文教学 "令学生自己研究,教员处指导的地位"。"原来五四的第二年,我们已经在教室中尝试着道尔顿制的教学法,抛开先生讲学生听的老办法,如旧式书院一样,让学生自由阅读;教师只

---

① 陈望道:《五四时期浙江新文化运动》,共青团浙江省委青运史资料征集小组编:《浙江省青年运动史研究参考资料》第一辑,1982年版,第5页。

② 傅彬然:《五四前后》,中国社会科学院近代史研究所编:《五四运动回忆录》下,中国社会科学出版社1979年版,第746页。

是我们的顾问。顶热闹的却是开讨论会,国文课变成了社会问题研究会。"①

国文教学的具体方法有以下10条:

一、说明。教员提出要研究的问题,并分发材料。二、答问。学生有不懂的可以问询教员。三、分析。学生将文章分为数大段,分别定标题,概括大意。四、综合。比较分析各篇文章的同异,做出关于此一问题的大纲。五、书面的批评。在大纲基础上做成札记。六、口头的批评。取几个学生的"大纲"和"批评",请各学生口头批评。七、学生讲演。请学生轮流在讲台上讲演其"大纲"和"批评",教员和学生共同批评。八、辩难。请不同意见方互相辩难。九、教员讲演。教员总批学生札记,并发表自己的对此一问题的意见。十、批改札记。② 从这些方法来看,在语文学习中,学生时时居于学习的第一线。

与国文课的讨论相比,数学要以学生为中心则较为不易。然而,汪寿华的数学老师潘端甫也试验"以学生主动为标准"的教学改革,他说,"上年所教授的,做先生的,只晓得仔仔细细的讲。过去学生在这个下面听着,如同木头一样。这是完全先生好像自动的,学生是完全被动的。现在,要想学生自动,勿再作被动的样子。"潘先生尝试让学生成为课堂学习的主角,通过积极主动的探索和质难来达到学习的目的,而老师则由前台退居幕后,充当裁判和指导。其具体方法如下:

> 第一点钟上课时,由先生指定预习课,到这个第二点钟的时候,由你们中一人,跑上讲台上面来,我坐在旁边,给他一张教授案,互相质问,用多数表决法,定他的是非,表决是者,举右手侧出;表不是者,

---

① 曹聚仁:《我与我的世界》,人民文学出版社2000年版,第136页。
② 《浙江学潮底动机》,《星期评论》第39号,1920年2月29日

举左手侧出。由主席记牢,先问是者(抽一人来)的道理,究竟怎么样。讲来之后,又问全体赞成这个理么?再用表决法决之。如前次以为不是的人,这次仍旧表示不是,则呼他讲不是的理。倘使主席一时有不能回答的地方,则来问我。我不过是一种指导的人,照此行去,成绩也从此而记,下日不再考试。因为,考试是很无意思的一桩事,是很不能够表示成绩的,所以绝对的要废除他。

对于这种方法,汪寿华认为很好,"不过能够勿能够行得好是一个最大的问题"。不过,他还是要求先行预习过所要学的内容,9月17日,"晚上预备代数,把疑处摘出,预备明日质问"。次日,潘先生试验了他先一天所拟定的教学方法,潘先生充"学生主席"以为示范,结果下来,同学非常满意,无不叫好。汪寿华在日记中说,"这个法儿,真真是好,全班的同学,统称赞他的,后来想必能够收多大的效果呢!"

修身课的教授与以往也有不同。校长经亨颐教授修身课,以往的修身课"是把修身教科书上面死板规矩的讲去",现在,"校长把教科书制打消,随时对于人生观上有感觉处和疑心处,统可以拿来讨论讨论,就作为修身的材料。"

对于新来的教员孙选清的物理课,汪寿华亦称其"所授很足使人信仰的"。可惜他没有记述上课的具体情形。

经亨颐执掌的一师,正是拥有这么一群善于、勇于、敢于探索和革新的老师,培育出一批像宣钟华(宣中华)、赵平复(柔石)、施存统、俞秀松(原名俞寿松)、汪寿华、梁柏台、杨贤江、曹聚仁、冯雪峰、汪静之、魏金枝这样的一批人才。这其中就有多位早期中共党员,并因奉献革命而牺牲。①

要之，1919年五四运动的时候，汪寿华正在浙江第一师范学校求学，虽然他在该年总共只记了31天日记，特别是五四运动最关键的五六月份，他的日记付之阙如。然而我们仍能从篇幅不多的日记中可以看出，在这所注重新思想、新文化，具有革新精神的学校里，他的学习、生活、思考和志向。

汪寿华虽然没有留下具体的"五四日记"，但我们可以从他的校长经亨颐和他的校友陈范予的日记中，大概梳理出一师学生在杭州五四运动中的活动，而他本人想必亦不外乎于这些活动。受当时提倡新思想、新文化的报刊的影响，他认识到当时中国外交失败的根本原因并不在于列强的压迫，而在于自己的"无能"。……在他的日记中，我们还能看到1919年秋季学期，经亨颐执掌的一师进行的一系列改革。特别是陈望道等"四大金刚"在学校推行白话文和改革国文教育，以及一师的先生们进行的"以学生主动为标准"的教学改革。从他的日记中，我们可以看到当时的社会新思想和学校新气象如何把一个青年塑造成一个"新人"。

---

① 为什么一师的学生多具有革命性，曾为一师的学生傅彬然这样分析说："一师在'五四'前后是浙江新文化运动的中心。参加浙江新潮社的也以一师学生为多。其原因大抵有三：一是师范生的家庭经济情况绝大多数都比较清寒，因而他们的革命性一般比较强。其次是在省会杭州，地当沪杭铁路的终点，上海、北京出版的书刊容易看到，接触新人物的机会也较多。而最主要的原因是校长经子渊（名亨颐）所起的作用。他对教育有理想，有识见，办事认真，和当时一般把校长岗位当作个人地盘和饭碗者大不相同。学校延聘的教师，特别是国文、艺术等科的教师，颇多有真才实学的知名之士。"（傅彬然：《回忆浙江新潮社》，中共浙江省委党史资料征集研究委员会，中共杭州市委党史资料征集研究委员会编：《浙江一师风潮》，浙江大学出版社1990年版，第383页）。说到一师学生的家庭经济情况，曹聚仁也这样说，"杭州一师学生，大部都是穷小子，穿着一色的布校服，顶布帽子，仿佛是我们的商标。"（曹聚仁：《我与我的世界》，人民文学出版社2000年版，第103页）。